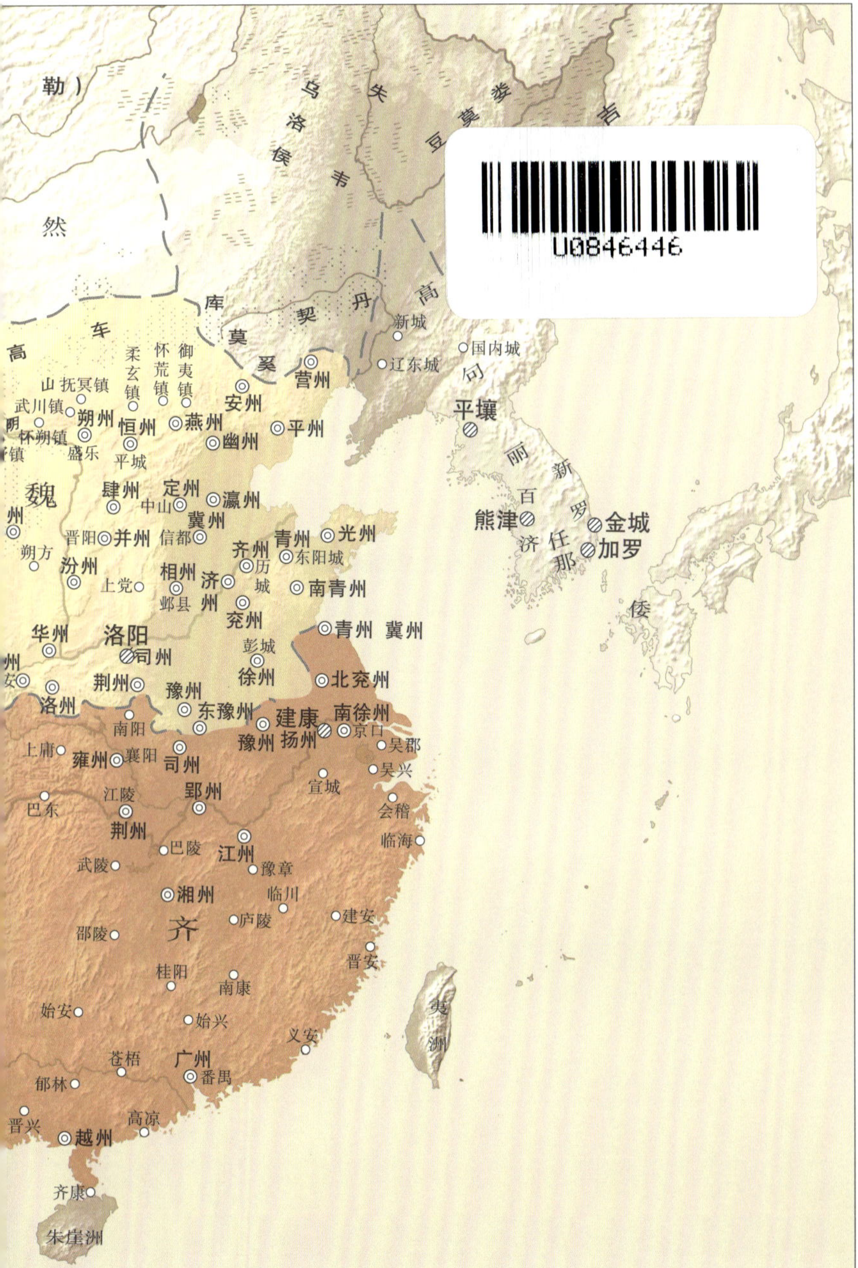

勒）
然
乌洛侯
失韦
豆莫娄
吉
高车
库莫奚
契丹
高句丽
新城
国内城
辽东城
平壤
百济
熊津
新罗
金城
任那
加罗
倭
柔玄镇
怀荒镇
御夷镇
抚冥镇
武川镇
怀朔镇
朔州
恒州
燕州
安州
营州
平州
幽州
盛乐
平城
魏
肆州
定州
中山
瀛州
冀州
晋阳
并州
信都
青州
光州
齐州
东阳城
历城
朔方
汾州
上党
相州
邺县
济州
南青州
兖州
华州
洛阳
司州
彭城
青州
冀州
徐州
北兖州
荆州
洛州
豫州
东豫州
建康
南徐州
南阳
豫州
扬州
京口
吴郡
上庸
雍州
襄阳
司州
吴兴
宣城
郢州
江陵
巴东
荆州
会稽
临海
巴陵
江州
武陵
豫章
湘州
临川
齐
邵陵
庐陵
建安
晋安
桂阳
南康
始安
始兴
义安
夷洲
苍梧
广州
番禺
郁林
晋兴
高凉
越州
齐康
朱崖洲

想象另一种可能

理
想
国

imaginist

A History of China

05

讲谈社·中国的历史

中华的崩溃与扩大：魏晋南北朝

图一

图一　贴金彩绘石雕佛菩萨三尊立像——龙兴寺的遗址位于山东省青州。1996年10月，从龙兴寺发掘出大量的佛像。出土的文物多种多样，包括菩萨像、三尊像、供养人像、罗汉像等，造像时期跨度很大，从北魏经东魏、北齐，到隋唐、北宋。尤其是北魏到北齐时期的造像数量最多，体型也大。大的造像超过3米高。青州早在西晋时期便建造了宁福寺，后赵的石虎也建了广化寺。398年，在山东建立南燕政权的慕容德也对佛教虔诚尊崇。另外，大家可能都知道，五世纪时法显从印度经海路回国，便是在青州登陆。出土的这批从北魏至北齐的流丽典雅的石像群，便是在经由陆路、海路进行的伟大交流中产生的文化结晶。（龙兴寺遗址出土）

05

讲谈社·中国的历史

中华的崩溃与扩大

魏晋南北朝

【日】川本芳昭 著
余晓潮 译

广西师范大学出版社
·桂林·

推荐序

日本历史学家的系列著作《中国的历史》，将以中文出版，提供给中国的历史爱好者，其中有九州大学教授川本芳昭先生的著作《中华的崩溃与扩大》。

川本先生的专业为东亚古代史。他以中国为中心，对东亚的政治史、民族问题与国际关系等进行过长期的研究。这部《中华的崩溃与扩大》深入浅出，文笔兼平实与活泼之致，颇具可读性；其对魏晋南北朝史的叙述和解说，来自川本先生长期研究的个人心得，也能反映日本学界对此期历史的许多看法。被译为中文的日本中国史论著，越来越多了。《中国的历史》这个系列，包括川本先生的这部著作，应能推动中国读者进一步了解日本学界的相关成果。

因地缘临近的关系和悠久的文化交流，日本对中国史的了解较早且相当深入。其传统学风本来就具有细密扎实的特点，中国乾嘉考据学的影响，强化了其浓厚的实证精神。明治以来，欧洲史学的学风、方法和论点，又催生了现代的新鲜眼光。对中国语言的熟悉，更是其超过西方学者的得天独厚优势。有的中国学者这样评价：在中国之外，日本学者的中国史研究成绩，在总体上超过欧美。

在宏观框架和具体史实的解释上，中日学者各有见仁见智之处。这一点自是读者所当注意且最有启迪的。例如，川本先生在本书的“前言”部分申说：“魏晋南北朝时期一般被称为‘贵族制’的时期。这固然是由于东汉末年的混乱中出现的身为贵族的文人知识分子既成为乡村社会的领导，又进入中央和地方政界的统治阶层，从而备受后人的关注。”所谓“贵族制”，乃是日本学者长久研讨的论题，涉及了其对魏晋南北朝的总体看法。文史专业的中国读者，对之当然不会陌生；而对非文史专业的读者，就未必都清楚了。

近代以来，在用新眼光审视中国史上，日本学者比中国学者先行一步。“京都学派”的创始人内藤湖南，把中国史分为上古、中世、近世三大段。所谓“上古”或“古代”，至东汉中期而止，被看成是中国文化的形成、发展和扩张期。经东汉中期到西晋的过渡，进入了六朝这个“中世”时代，其最大特点是“贵族制”：“六朝至唐中叶，是贵族政治最盛的时代。这个时期的贵族制度，并不是天子赐予人民领土，而是由地方有名望的家族长期自然相续，从这种关系中产生世家……君主是贵族的共有物。”（内藤湖南《概括的唐宋时代观》）唐宋之际，中国又向“近世”推进。这个“三段论”的模式，看上去与西欧史的古代、中世纪、现代三段论，有某种可比之处。“近世”的各种变化，是参照西欧“近世”而被阐述的。又，法国学者白乐日、谢和耐所勾勒的中国史分期，与之有类似之处。

“古代国家”、“六朝贵族”、“唐宋变革”等论题，此后被京都学派的学者们不断地充实、深化。在“贵族制”的长久讨论中，各种观点纷纷涌现，异彩纷呈。矢野主税、越智重明等学人，与京都学派不尽相同，对中古“贵族的自律性”的评估没那么大，对此期的君权和官僚身份，则有更多的强调。矢野认为，“贵族因国家权力的存在才得以成立”，“贵族就是寄生官僚”（《门阀社会成立史》）。越智主张，贵族阶层因国家权力才能得以成立，从而凸显了君主对于贵族阶级的优越性（《魏晋南朝之贵族制》）。

川本先生是越智的学生。其对“贵族制”的认知，构成了本书中相关人物、事件、制度的背景。例如本书第一章第一节，阐述了“公权力之私有化与‘公’之再建构趋势”；第四章的标题是“江南贵族社会”，其第一节的标题是“东晋的贵族社会”，都反映了这样一点。这是中国读者所当注意的。又如，第四章第三节的标题被译为“向贵族制的转变与宋齐军事政权”（原文是“貴族制の変容と宋·斉軍事政権”），所申说的实际是“该政权并非由贵族所建，而是由军人创立”，“军人政权可以说是宋朝以后各王朝的一大特征”，“贵族的式微因寒门、平民的抬头而日益彰显”。这就是在提示读者，由贵族制到军人政权，其间已发生了某种“转变”。按，此前越智已提出，自刘宋到梁武帝天监年间，由于皇帝改革，通过起用寒人阶层而加强了皇权，贵族便丧失了“自律性”。宫崎市定对此期政治变动的阐述，是“军阀帝王与贵族结合的政治”（《九品官人法的研究》序）。中国学者田余庆先生，则把刘裕集团视为“门阀政治的掘墓人”（《东晋门阀政治》）。相关论点的同异，不妨对照观看。

中国现代史学的萌发过程中，一代宗师也在不断涌现。除了各个专题、断代研究的巨大进步外，在历史分期方面，两千年传统史学家们闻所未闻的原始社会、母系氏族、父系氏族、奴隶社会、封建社会、资本主义社会等概念，被学人纳入视野，越来越多地使用了。其中郭沫若先生运用唯物史观、借助“五种生产方式”所建构的框架，最富理论性。日本学者西嶋定生称之为“一个划时代的功业”（《二十等爵制研究》序章）。在郭氏的最终看法中，夏商周是“奴隶社会”，战国进入“封建社会”；魏晋南北朝的时代特殊性之一，在于“豪强士族地主”。因种种原因，郭氏的分期之法进入了大学与中学教科书。很多非历史专业的人士和书刊，至今仍然习用着“战国以来的封建社会”的说法。

魏晋南北朝史的若干名家，在历史分期上主张“魏晋封建论”。何兹全先生在上世纪三四十年代提出，战国秦汉是“古代社会”，汉末三国进入封建社会，此期出现了如下变化：由城市交换经济到农村自然经济，由自由民、奴隶到部曲、客，由土地兼并到人口争夺，由民流到地著(《读史集》)。唐长孺先生说：“魏晋户口下降的原因虽有多方面，但根本的原因在于魏晋时期封建大土地所有制的发展，使大量户口沦为私家的佃客。”(《魏晋南北朝隋唐史三论》) 王仲荦先生说：“魏晋南北朝时期，封建土地所有制的形态，是世家大地主占有了大量土地和不完全占有土地上的耕作者依附农民——部曲、佃客。”(《魏晋南北朝史》)

在相当一段时间中，因以唯物史观为本，中国学者更多聚焦于“所有制”的辨析之上。而日本学界对“贵族制”的讨论，通过各种事象辨析皇权、贵族、官僚之关系，相对更为细密，其分析方法，即便从现代政治学的角度看，也颇多可圈可点之处。当然，对士族门阀现象，中国学者仍有非常出色的研究，如唐长孺先生对士族升降沉浮等现象的讨论，如田余庆先生对“东晋门阀政治”

的阐述。同时在“二战”之后，唯物史观深刻影响了日本史学，对经济关系大为重视了，发展出了把汉唐间的社会视为奴隶制、农奴制或亚细亚生产方式等等新看法；京都学派的“三段论”，也更多地从经济层面（如租佃制）和社会层面（如“共同体”）推进了。

“战国封建论”与战国秦汉的剧烈社会转型合拍。这时发生了一个剧烈转型，古人也作此观感。王夫之有“战国者，天地一大变革之会”之论，赵翼有“盖秦汉间为天地间一大变局”之说。“魏晋封建论”把汉晋之交处理为两大社会形态的转捩之点，自此之后，就一直“封建”下去了。在这里，以及在京都学派的“三段论”中，战国的那场历史巨变不够鲜明。“唐宋变革”的提法，令中国史的中后期波澜再起，以此来解说唐宋间的各种变化，研究者会感觉很“给力”。改革开放之后，国内学界对“唐宋变革”的关注大增，若干唐宋史学者乐于在不同程度上、以各种方式参用其说。在内藤的“三段论”中，“贵族制”与“唐宋变革”是相关的。“变革”的表现之一被认为是君主独裁，而六朝的“贵族制”，就反衬出了唐宋间的变化足以构成“变革”，是划时代的。但如认为六朝大体仍是皇权主导，贵族制只是一种政治现象，而非社会形态，那么它与宋代君主独裁的反差到底有多大，是否大到足以构成“变革”的程度，就应再行推敲了。

除了“贵族制”之外，民族问题，一向被看做魏晋南北朝的又一时代主题。东亚民族研究，是川本先生用力最勤的课题之一，有专著专论。本书也把此期确定为一个“汉民族与异民族、异文化之间的大对抗、大融合时期”，并揭举了这样的任务：“自汉帝国以后，经过与诸多异族和异文化之间的对立和融合，汉族文化和文明发展演变至今日。运用这种民族形成的视角对魏晋南北朝时期进行分析梳理之后，这个时期将会有什么样的真相浮出水面？”进而对十六国北朝的胡汉民族、胡汉政治集团和胡汉文化的冲突融合，对相关的政治发展，提供了系统的论述。（当然，南方少数族问题也未被忽略）

对此期胡汉关系的大趋势，作者使用了“中国化”一词。第七章第二节的一个论断，就是“孝文帝的各项改革实质上是北魏王朝的中国化”。“中国化”的用词，也被用于解释此期中国文化的域外影响，即对东亚各地区的外部辐射。这也是川本先生长期致力的论题之一。较早时候，中国学者在论述十六国北朝时，除了使用“汉化”一词之外，还有人使用过“封建化”的概念。这个“封建化”概念，其实是容易引起疑问的，因为对什么是封建制，有很不相同的定义。川本先生还进一步提出“华夷秩序的变貌”的问题：原属夷狄、从五胡中崛起的北朝发展为隋唐，成为中国的正统王朝，“这是一种逆转现象”，“原来非正统的王朝成为了正统，这里展现了一段非常耐人寻味的历史发展进程”。确实，此期北方少数族对中国史进程的影响，其最耐人寻味之处是什么？无疑值得深思。

内藤湖南的上古、中古和近世“三段论”，不妨说是一种“文化史观”。如内藤之所云：“我之所谓东洋史，就是中国文化发展的历史。”（《中国上古史》绪言）内藤认为，受中国文化浸润的异民族，又给了中国本土以反作用，使中国这个逐步衰颓的民族得以“返青”（《新支那论》）。进而，宫崎市定伸张“朴素主义”之说，意谓中华文明一经成熟，便走向纤细颓靡；而胡族入主带来的“朴素主义”，使中华得以克服了“文明主义”的颓靡（《东洋朴素主义的民族和文明主义的社会》）。这类论点因其背后的政治意向，即适应当时日本在东亚扩张的意向，在“二战”之后受到批判。中国学者的常见表述，是此期的所谓“五胡”经“汉化”而融入了中华民族大家庭，从而在经历了民族冲突之后，迎来了中华民族文化的新发展。

唐长孺先生在若干年前提出了“南朝化”理论。这个理论认为，进入唐朝之后，北朝在经济、文化、制度等方面的残留影响，就在不断地淡化，并向南朝所代表的方向转变；由此看来，十六国北朝只是中国史上的一段不必要的曲折。这一论点，突出了中国文化的连续性和周边少数族“汉化”的必然性。而数十年前陈寅恪先生论唐史，曾有“取塞外野蛮精悍之血，注入中原文化颓废之躯，旧染既除，新机重启，扩大恢张，遂能别创空前之世局”之说(《李唐氏族之推测后记》。其另一表述是“唐代以异族入主中原，以新兴之精神，强健活泼之血脉，注入于久远而陈腐之文化，故其结果灿烂辉煌”，吴宓转述)。如果这样的话，北朝就不完全是中国史上的一段不必要的曲折了。李唐皇室血统的考证，连带引发了陈氏的这一感想，但无更进一步的具体讨论。钱穆先生认为，魏晋南北朝是一个“文化病”的时代，而北朝受病较浅；北周继承了汉代儒学，用周礼改制，遂重开中国历史之光昌盛运（钱穆：《纵论南北朝隋唐的儒学》,《略论魏晋南北朝学术文化与当时门第之关系》)。钱穆既承认北朝的振兴政治之功，又将之归结为中华文化之功，而且把它具体化了，具体化到儒学、周礼之上了。田余庆先生又有“从宏观来看东晋南朝和十六国北朝全部历史运动的总体，其主流毕竟在北而不在南”的论断(《东晋门阀政治》)。对十六国北朝史的不同认识，在更大范围上说，还涉及了历次北方少数民族入主华夏的现象对中国史进程的影响这一重大问题。程树德、陈寅恪都曾对南北朝的制度源流关系提出专论。集权官僚政治制度的南北差异，是又一个非常有潜力的话题，并且可以在借鉴政治学方法，在政治结构、政治集团、政治文化多方面深入下去。近年李治安先生还以“南制—北制”视角观察元明时代，进而提出了“第二个南北朝”的论题(《两个南北朝与中古以来的历史发展线索》)。

“经济史观”所使用奴隶社会、封建社会、资本主义社会进化模式，来自西方史学；将其用于中国史，难免会引发另一些学者的“生硬”之感。基于“文化史观”的“三段论”，与西欧史的“三阶段”有神似处。而中国史发展的内在节奏与韵律，是否被淡化了呢？在内藤湖南观察欧洲思想史时，已看到了一个分裂、统一、再分裂、再统一的进程。日本学者讨论日本史的“近世”，比照西欧从文艺复兴向绝对王权的发展，以镰仓、室町时代为“近世”，由此进及中国史的“近世”，即以宋元明为“近世”。学界曾有“打破王朝体系”的尝试。内藤云：“从历史特别是从文化史的角度来看，‘唐宋时代’这个惯用语是没有意义的。”打破了“王朝体系”，很多新鲜线索随即就能映入眼帘；但王朝的治、乱、分、合，其实也是中国史的固有发展逻辑的一个反映。六朝与隋唐被划入了一个时代，可它们一个分裂动荡，一个是统一帝国，其政治社会面貌，存在着巨大差异。借用西欧近代化的诸特点来解释唐宋历史，未必尽皆贴合。还有“中国封建社会后期”的提法，也并非不能质疑。若无外力推动，而是沿着自己的“历史中轴线”自然前行，明清真的进入“后期”了吗？实际上，大多数的中日研究者，仍是在力图发掘中国历史之独特性的。像“贵族制”、“非封建的中世”等提法，日本学者认为恰好就是中国有异于西欧中世纪的独特之处。而郭沫若的封建分期，也被评论为“最具‘中国作风和中国气派’的”（何怀宏：《世袭社会及其解体：中国历史上的春秋时代》）。各种史观，好比从不同角度投向历史客体的一束束探照灯光，它们各自照亮了不同景象，也必然各有所见不及之处。学术进步，就在于不断探索、寻找新的角度。

1978 年以来中国的改革开放，尤其是这个改革与东欧、俄罗斯改革的重大差异，给了学人新的刺激与想象。一些日本学者再度反省中国史，指出了“经济史观”（主要是“五种生产方式”）、“文化史观”（即前述“三段论”）的不足之处，提出了“专制国家论”的新切入路径，或采用“世界体系”、“全球化”等视角观察中国近代，等等，很多尝试已超越了旧说。近年来，我揭举“制度史观”，参考田余庆先生的若干论述，试图用“常态—变态—回归”等概念，为叙述魏晋南北朝史提供一个新模式。所谓“制度史观”，除了强调政治体系、政治形态、政治制度在塑造中国社会面貌上的巨大权重、强调中国史发展的连续性与波动性之外，其又一个目的，就是尝试回归于中国史自身的发展逻辑。详见我近年的相关论述，这里就不多说了。无论如何，值21世纪，期望“中国历史独特性”和“全球化”两点，能给认识中国史研究提供新的启示。

当然，并不是所有人都关心魏晋南北朝史的历史地位这样的宏大问题的。从系统、结构上看历史，与从其他视角看历史，各有千秋。毕竟，每一个具体的人物、事件或现象，都有其独一无二、无限丰富的意义，其与“史观”的关系，只是理解它们的无数途径之一，远非全部。那么，川本先生此书对各个人物、事件与现象的具体论述，各具匠心、各有胜境，其与中国学者的观点异同，相信同样能够引发阅读兴趣。无论如何，来自异域的“他山之石”，有助于磨砺中国读者的眼力与思维。

因编辑杨晓燕女士力促，勉为此序，仅就个人眼下思绪所及，表达若干感想而已。写作之中，王铿、徐冲、孙正军诸君分别提供了有益的意见，谨此致谢。

阎步克

北京大学中国古代史研究中心

2011年12月30日

中文版自序

正如本书开头所记述的那样，本书对夹在汉唐统一帝国两段历史中的所谓魏晋南北朝时期进行了整体的简单描画，特别是中国北部的胡汉问题、中国南部的蛮汉问题，以及东亚全境内的国际关系。本书最初的基本视角主要设定为面向日本读者。

众所周知，日本东洋史学建设者之一、至今仍对日本国内研究有着很大影响的内藤湖南，从政治体制的角度对中国社会的内部发展进行研究，将到唐代为止的时期视为贵族政治时期，而将宋代之后的时期视为君主独裁政治时期。同时，内藤湖南还将中国历史划分为以下几个阶段：从中国外部发展暂时停滞的东汉中期到西晋的时期（第一过渡期）、从外部种族的自觉导致外族反过来影响中国内部的五胡十六国时期到唐代中叶的时期（第二期）、随后从外部势力在中国达到最高峰的唐末到五代时期（第二过渡期）、近代前期的宋元时代（第三期）。这两种时代划分的方法，在内藤湖南的史观中紧密地结合在一起。

后来，这一视角由日本学者宫崎市定、谷川道雄所继承，展开了所谓贵族制的研究，乃至今日。笔者蝇附骥尾，一直以来对上述“外部种族的自觉”、“外族势力反过来影响中国”的视角进一步展开研究，对以魏晋南北朝时期为中心，特别是胡族对中国的影响状况展开考察。另外，把目光投向同时期的中国南方，就会发现那里存在广泛的“蛮族”。这些民族是所谓中国的重要构成要素，并非内藤所指的“外部”存在。笔者从汉民族的形成这一观点，一直致力于阐明其实际状况。本书中也收载了这部分的研究成果。

另外，本书在论述魏晋南北朝时期的民族问题时，从东亚的观点也对朝鲜、日本的问题进行了研究。也许有些中国读者会认为，这种视角应该从民族问题和国际关系这两个方面进行明确的区分。但作为日本的一个研究者，笔者认为在关注日本从当时东亚的国际关系中出现时，民族问题和国际关系这两方面存在着难以分割的关联。正是基于这样的原因，本书以这样的观点对东亚问题进行了论述，而北朝的发展孕育出隋唐统一帝国，大概也揭示了这种研究视角的有效性。

拙著便是基于以上的观点而写成。无论如何，本书中文版由笔者所尊敬的阎步克先生推荐，笔者深感荣幸。另外，本书在出版过程中得到各位人士的大力支持，笔者在此表示衷心感谢。

川本芳昭

目 录

前 言

长达四百年的大分裂时期

通观中国历史，我们会发现存在这么一个规律，即政治上错综混乱的时期与比较安定的时期以巨大的周期交互更替。例如，在各国割据的春秋战国时期之后便是缔造了中国早期统一国家的秦汉帝国时期，随后紧接着又出现了分裂混乱的魏晋南北朝时期，继而又迎来了隋唐帝国绚烂的大统一时期。

本卷所研究的魏晋南北朝时期，正是夹在前后两个大统一时期之间、跨度大约四百年的一个大分裂时期，是名副其实的一段“乱世”。

然而，这个时期却孕育出了六朝文化，其中的代表是留存至今的壮观的云冈、龙门佛教遗迹群，以及王羲之、陶渊明等文人和诗人。这是一个绝非“黑暗”可概括的时代，而是一个风流竞逐、异彩纷呈的时代，它是国际色彩丰富的隋唐时代的渊源，而后者对日本的古代文化产生了极为重大的影响。

画圣顾恺之的画风、汇编了众多锦绣文章的诗文总集《文

1 云冈第 20 窟露座大佛 主佛高 13.8 米。云冈石窟于北魏前期文成帝时（460 年前后）开始营建。现存的昙曜五窟是这段时期开窟的石窟群，第 20 窟位于五窟中最西，展现出昙曜五窟的宏伟气魄

选》、老庄思想的盛行、道教的出现等等，都是这个时期留给后世的伟大遗产。

秦汉帝国之前的春秋战国时期也绝非单纯是“乱世”，那个时代有所谓的诸子百家争鸣，那时候的人意气风发，充满活力。从这一点上看，魏晋南北朝时期可谓与之一脉相承。

活跃于乡村社会和中央政界的贵族阶层

从表面上看，这种“乱世”局面与文化上的绚烂状况显得相互矛盾，却又混杂在一起。我们应该如何理解这个时期？这可以说是本卷所探讨的一个中心课题。

魏晋南北朝时期一般被称为“贵族制”的时期。这固然是由于东汉末年的混乱中出现的身为贵族的文人知识分子既成为乡

村社会的领导，又进入中央和地方政界的统治阶层，从而备受后人的关注，同时我们也可以看出，这段政治混乱的时代之所以能够呈现出丰富多彩的社会面貌，与这些读书人的作为不无关系。

换言之，正是因为有了这些知识分子凭着强韧的精神所发挥出的巨大作用，在漫长的“乱世”中，文明、文化之花才非但没有凋零，反而得以繁盛绽放，吐露芳华。

不过这一活力时代的创造者并非只是贵族。作为造成“乱世”的另一方推手，胡族对中华文明也起到了保护和发展的作用，尽管表面上看这种判断似乎有点似是而非。

另外，魏晋南北朝时期佛教的兴盛以及在拥有广阔未开发地的江南地区的大规模开发等方面所取得的进展，其背后则是不可计数的无名民众毫不倦怠的辛勤经营与劳作。

在本卷中，笔者也力图基于上述的视角对文明的演变和继承等问题进行探讨。

汉民族与非汉民族之间对立与融合的历史

我们知道，这个时期出现了世界性的民族大迁移活动，例如欧洲日耳曼民族的大迁徙。在中国，发生了被称为五胡的民族（匈奴、鲜卑、羯、氐、羌）之大迁移，甚至还有学者认为，引发日耳曼民族大迁徙的，便是侵入西方世界的匈奴人。

以这种“民族”迁徙时期的观点来审视这个时期时，我们究竟能够看到些什么呢？思考这个问题时应当提请注意的是，中国

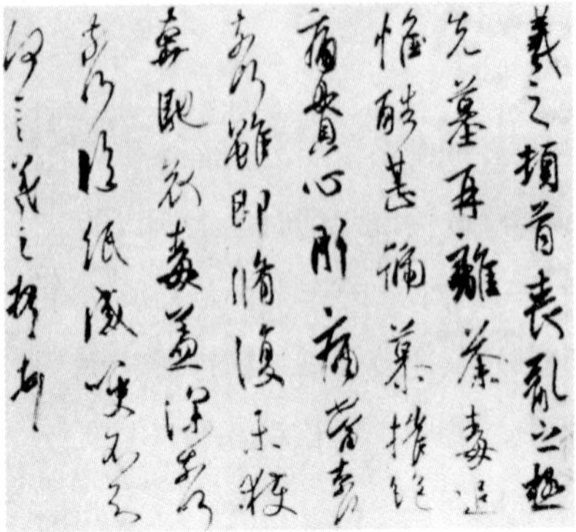

2 王羲之《丧乱帖》（宫内厅三之丸尚藏馆藏）
集王羲之的书简于一卷的书法作品。虽然不是王羲之的真迹，但被认为深具王羲之的笔法神韵。原藏于正仓院

有着日本不可比拟的诸多民族——尽管我们不能说在日本完全不存在这种情况——自古以来便在这片大地上繁衍生息，于是演化形成了中国的历史。

这一点从现在中国有蒙古、壮、苗等五十六个民族的情形便能容易看出。在中国现有的五十六个民族中，占人口大多数的民族是汉族。

然而，在考察汉民族的问题时，我们也不能忘记，历史上汉民族本身也是经过与其他各民族的抗争与融合，才一步步形成现在的格局和状态。例如，我们很容易就能发现现代中国北方和南方的汉族之间存在形质上的区别（比方说北方人的平均身高比南方人高），还有北京官话、粤语等多种多样的方言，并且存在川菜、粤菜等多样性的饮食文化。

十二世纪宋代著作《容斋随笔》中记述道：古代周的时期，中国的疆域最为狭小。就如今（即宋代）的地域而言，吴、越、楚、蜀、闽均为蛮夷之地，淮南也属蛮地，秦则是戎地……洛阳为天下之中心，为王城之所在地，然而其周边有杨拒、泉皋、蛮氏、陆浑、伊雒等戎族。此后成为宋朝皇都的开封，原本生活

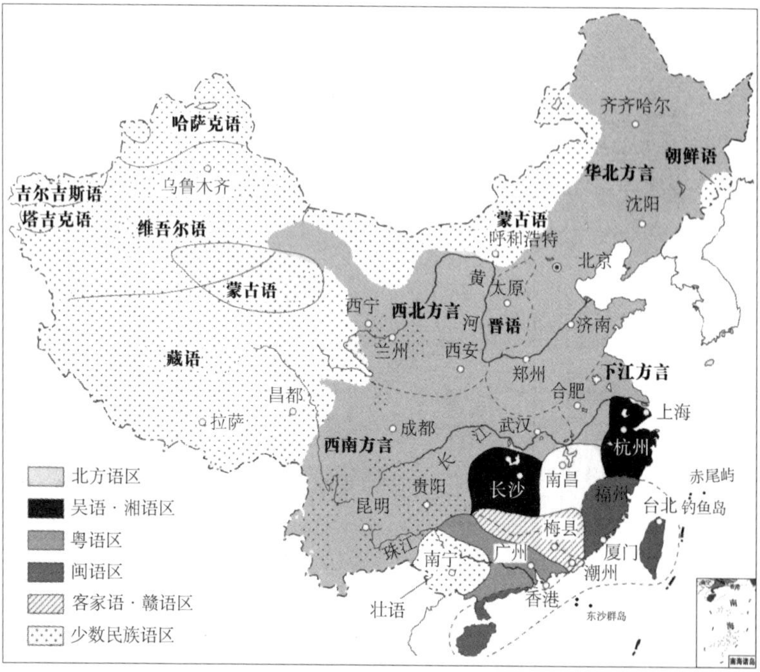

3 中国的方言分布（参考周刊朝日百科《世界的食物》） 现代汉语分为北方话、吴语、粤语、闽语、客家话等五大方言

着莱、牟、介、莒等夷族……当时可称作中国的地域，仅为晋、卫、齐、鲁、宋、郑、陈、许等国而已，全部加起来……不过是宋代天下的五分之一。[1]

这段文字是站在宋代对古代周朝的回顾。换言之，在比春秋战国更早的时期，与宋代相比，所谓的“中国”其范围极为有限。

然而，当代中国的疆域进一步扩大，包括西藏、新疆、蒙古南部以及过去的满洲等地区。由此看来，我们不得不说，宋代的

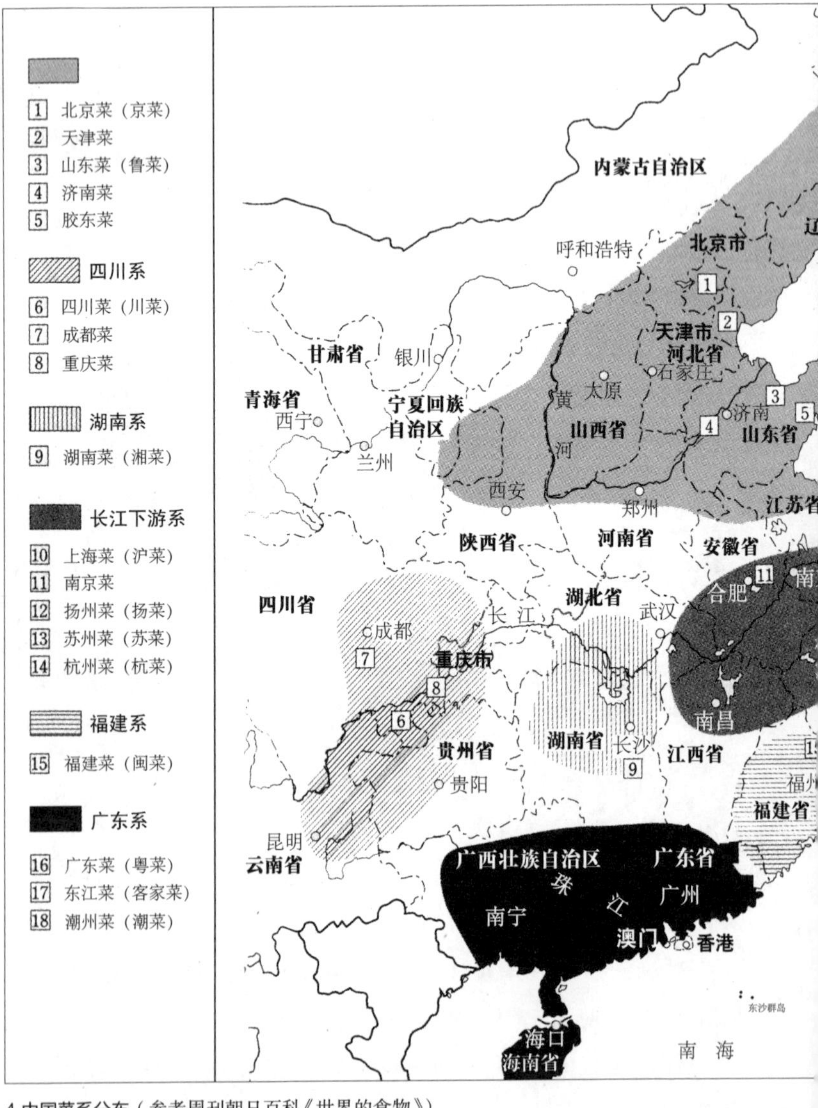

4 中国菜系分布（参考周刊朝日百科《世界的食物》）

“中国”与现在的范围相比，只能算是“狭小”的。

经过历史的变迁，当今中国境内居住的人口中，汉族占十分之九以上，这种状况真实地反映了汉族自身经历了过去与上述各个民族之间的融合，才形成如今的状态。

以这种观点考察“民族”时期的魏晋南北朝时，我们应该如何在整个中国历史中对这一时期进行定位？这个问题也是本卷力图探讨的一个课题。

从用语上来说，在中国历史上第一次维持超过四百年统一的汉帝国出现以前，被称为“汉族”的民族尚未出现。自汉帝国以后，经过与诸多异民族和异文化之间的对立和融合，汉族的文化和文明发展演变至今日。

运用这种民族形成的视角对魏晋南北朝时期进行分析梳理之后，这个时期将会有什么样的真相浮出水面？我在本卷中，试图对这一课题进行研究。

“中国化”浪潮及其历史意义

然而，魏晋南北朝时期由于中原的战乱，引发了规模庞大的人口迁徙和移居。这股浪潮从北亚地区向华北、继而从华北向江南、从华北向朝鲜半岛等，波及东西南北各个方向，这一迁徙的焦点是作为黄河文明摇篮的华北平原。正因为如此，这个地区深受暴力和破坏的严重伤害。

因战乱逃亡而产生的大规模迁徙人潮，集中地涌向了江南，结果使得这片此前尚未开发的广袤区域得到迅速开发，对此后中国历史的发展产生了极为深远的影响。现今中国出现北京（政治中心）和上海（经济中心）这种政治中心和经济中心分离的格局，其中一个渊源，可以追溯到这里。当然，人口向江南等地区的移居所造成的格局变化并非就此打住，它还给以中国为中心的东亚地区带来了其他种种重大的变化。其中的一个变化，即是中国周边地区在广义上的“中国化”进程。

例如，据被认为成书于日本镰仓时代的古籍《拾介抄》记载：“京都……东部号曰洛阳城，西部号曰长安城。”书中出现的“京都”无疑是日本的京都，然而日本人却用“洛阳”作为日本都城京都的雅称。而历史上把进京称作“上洛”，还有《洛中洛外图屏风》（狩野永德作）等作品，这些都清楚地表明“洛阳”留在京都的痕迹。然而，众所周知，洛阳可谓是中国都城中的都城，正如其又被称作“土中”（中国的中心）那样，洛阳长久以来一直都被视为“中国”、“中华”的中心。

日本人将自己的国都京都比作洛阳，这说明在古代日本，存在与中国同样的中华思想，即以中国的思想为范本的中华思想。

在我们追寻日本古代国家形成的轨迹时，可以发现这种推断是可靠的，而在日本形成这种中华思想的过程中，本卷所研究的魏晋南北朝时期的发展趋势，在其中发挥了极为重大的作用。

除了日本以外，当时中国的周边地区、高句丽、百济等同样也出现了“中国化”的趋势。对这种“中国化”的实际情况及其影响的历史意义进行阐释，也是本卷力图探讨的另一个课题。

第一章

魏晋南北朝时期之序幕

奔向新时代的滚滚浪潮

公权力之私有化与“公”之再建构趋势

魏晋南北朝时期是夹在秦汉和隋唐两个大统一时期的一段“乱世”。长达四百多年的秦汉帝国时代，自东汉中期以后便开始衰退，紧接着陷入了东汉末年及三国时期的混乱时代以及比起东汉末年及三国时期有过之而无不及的五胡十六国分崩离析的时代。

因此，如何消除混乱、构筑新的和平时代，可以说是这个时期所面临的一个根本性问题。

从大格局来看，秦汉帝国长期的和平局面，使中国的社会、经济、文化受惠极大，中国作为东亚古典文明发祥地，在文化和经济上取得了巨大的发展。这种发展的成果惠及社会各个角落，

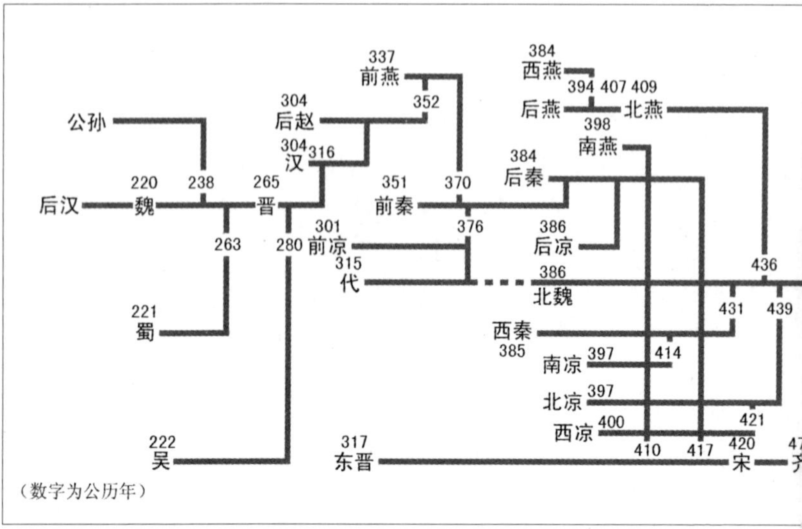

5 魏晋南北朝王朝兴亡表

平民阶层也广泛受益。其结果，财富的创造和积累以前所未有的规模，从国家层面向平民阶层逐渐推进。

随着这种状况的发展，在原本经济水平上几乎没有差别的平民阶层中，也出现了广泛的贫富差距，从而产生了阶层分化的新局面。

这种阶层分化在地方社会中普遍催生了形态各异的豪族阶层，其中上层的人士跃升到地方和中央的政界而成为官宦，地位进一步得以巩固。然而，这种由各阶层所构成的国家和社会的“分层化”，对于一君万民、主权在君的秦汉帝国类型的国家而言，可谓是对政权存立本身都有影响的结构性变化。

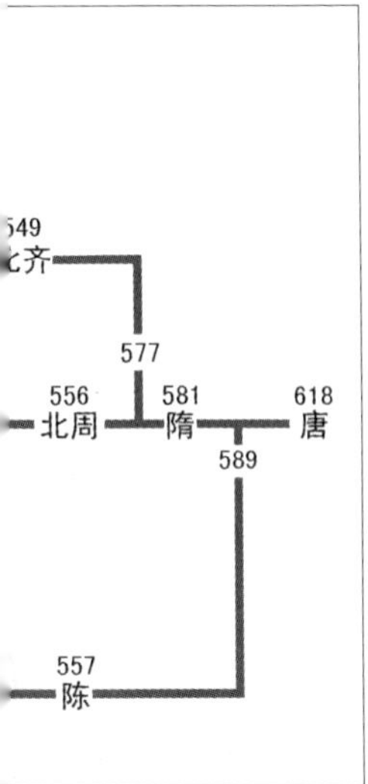

之所以这么说，是因为秦汉帝国的基本原则是，在唯一绝对的皇帝统治下，存在着数量庞大、基本上是均质的民众，凭借他们缴纳的赋税和所服兵役，国家财政和军政得以维持，而财政和军政的执行，则托付给皇帝的仆人,即作为“王之耳目”、勤勉于国事的官僚群体。

这种一致性逐渐瓦解并形成分层，其上层则逐步向地方和中央晋级并巩固其地位，朝着否定“一君万民”结构的方向突破，社会和国家可以说一步步滑入极为不稳定的结构当中。

更直白地说，这时出现的豪族阶层将普通平民拢入自己的势力范围之中，将本来应当集中到国家层级的税收纳为己有，这种局面在全国范围内的不断纵深发展，是东汉至魏晋南北朝时期的产物。这种局面固然引发了公权力的弱化，然而正如我们可以从外戚、宦官或异族对朝政的专断以及由此所产生的混乱中所看到的那样，公权力本身也经历着权力私有化的冲击。

另一方面，在汉代推行儒教国教化之后，涌现了具有儒教素养的官僚群体以及作为其基础的全国各地规模庞大的官僚预备军。割据一方的各地豪族中，也出现了为数不少的以儒教素养为根基、誉满天下的名人高士，他们对垄断、兼并平民土地等对公权力的破坏行为表示抗拒，在乡里社会的支持下，成为集结点。

这种行动最后对朝政的发展也产生了影响，而东汉末年党人的集结大概可说是其中最早的事件。

公权力私有化的潮流，以及立足于乡里与之对抗并由此力图对“公”实施再建构的行动，可说是汉代社会瓦解过程中所产生的时代的不同两面，这也成为这个时期群雄割据、动荡不安的一大根源。

因此，对于魏晋南北朝的国家而言，为了消除这种不稳定性从而重新统一中国，如何突破这种结构可谓是其中的关键所在。

这个时期所面临的问题并不仅仅只有我们现在所讨论的这一个。前面讲到，汉代长期的和平使中国的社会、经济、文化受惠极大，中国作为东亚古典文明发祥地，在文化和经济上取得了巨大的发展，这种文明之光亦普照到中国以外的东亚、北亚等地区。

这表现为作为文明中心的中国对中国以外地区的各民族有着极大的吸引力，而东汉末年中国愈演愈烈的混乱局面又推动了这种状况的进一步发展，大量的非汉民族向中国内地迁移或入侵。

换言之，当时非汉民族与汉民族这些不可调和的集团混杂分布于中国的大地上，这种现象成了日常状态，必然导致各集团之间激烈的冲突。于是如前所述由马赛克般分层所组成的国家，在这种混乱和冲突面前便显得不堪一击。因此，如何解决汉民族与非汉民族之间的对立局面，可谓这个时期所面临的另一问题。

人们处在这个混乱、动荡不安的社会、国家中，深切地关注自己的内心，同时执著地追求精神和灵魂的救赎。当时人们潜心于诗文绘画等艺术中，倾心笃信佛教和道教，这在某种意义上可说是这个时代的必然。生活在这个时代的人们的精神状态，与刚才所述的这一时代所面临的问题之间，存在着联动的关系。

那么，这个时代的人们当时是如何对待这个问题的呢？让我们开始一段旅程，进入这个波澜壮阔的画卷般的世界吧。让我们从“三国”的时代开始，先概述一下本系列第四卷《三国志的世界》中所讲述的经过。

东汉末年爆发的民众大叛乱：“黄巾之乱”

东汉中期以后，天灾和饥馑接连不断，从二世纪上半叶汉顺帝在位时起，几乎每年各地都会爆发农民反抗运动。此外，士大夫、宦官之间的对立导致内政纷乱，民众疲惫不堪。其中爆发的最大规模的农民反抗运动是黄巾之乱。

之所以称之为“黄巾军”，是因为参加起义的人都用黄布包头，其基础组织是河北省钜鹿人张角所创立的太平道。东汉顺帝时期，有个名叫干吉的人得到一本神书——《太平清领书》，传播神仙之教。张角在此基础上加入民间信仰，倡导太平道这种宗教。

张角声称自己是黄天之神的使者，自称大贤良师，通过护符和灵药为受疾病之苦的人们进行治疗，向民众宣扬通过反省罪过和忏悔实现救赎，并派遣弟子到各地，扩大太平道的网络。当时，对生活、疾病怀有不安和恐惧的贫苦大众，以及豪族阶层都深受太平道的吸引，在公元 170 年后的十多年间，从华北东部到长江流域，信众多达数十万。

当时深陷政治斗争泥潭的政府对这种局势的发展感到大为惊慌，屡次对太平道进行镇压，并责令其解散。然而，这反而促进了信众的团结，强化了其反政府的特性，最终与当时民众中酝酿的反政府情绪相结合，发展成以革命为目标的运动。

184 年（中平元年、东汉灵帝甲子年），他们终于以“苍天已死，黄天当立”为号，以分布在全国各地的组织——“方”为核心，一同揭竿而起。面对这次全国性的反抗运动，中央暂时停止了朝廷的权力斗争，全力镇压黄巾军。碰巧当年秋天张角病死，尽管由于失去了这位能干的领导人黄巾军的主力衰落了，但是火势已在各地熊熊烧起，在混乱中乘势而起的地方黄巾军以及与黄巾军相互呼应的各地农民军，仍然具有强大的力量。其中最具实力的是河北的黑山军以及在陕西、四川等地活动的五斗米道的军队。朝廷又经过长达二十年的时间，才把这些农民军镇压下去。

从肃清宦官势力到群雄割据

平定了黄巾军的主力部队之后，朝廷上外戚和宦官之间的权力斗争复又上演。不过，189 年外戚何进等人密谋的诛灭宦官计划泄露，何进被宦官所杀，何进的部下、出身名族的袁绍于是

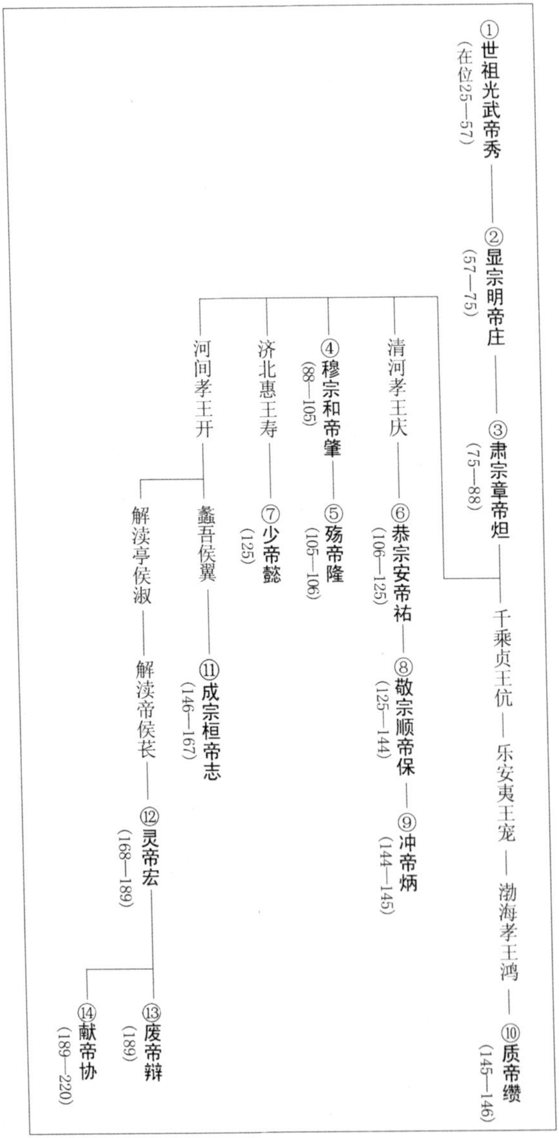
①世祖光武帝秀
（在位25—57）
②显宗明帝庄
（57—75）
③肃宗章帝炟
（75—88）
清河孝王庆
④穆宗和帝肇
（88—105）
济北惠王寿
河间孝王开
千乘贞王伉
乐安夷王宠
渤海孝王鸿
⑩质帝缵
（145—146）
⑥恭宗安帝祐
（106—125）
⑧敬宗顺帝保
（125—144）
⑨冲帝炳
（144—145）
⑤殇帝隆
（105—106）
⑦少帝懿
（125）
蠡吾侯翼
⑪成宗桓帝志
（146—167）
解渎亭侯淑
解渎帝侯苌
⑫灵帝宏
（168—189）
⑬废帝辩
（189）
⑭献帝协
（189—220）

6 东汉系图

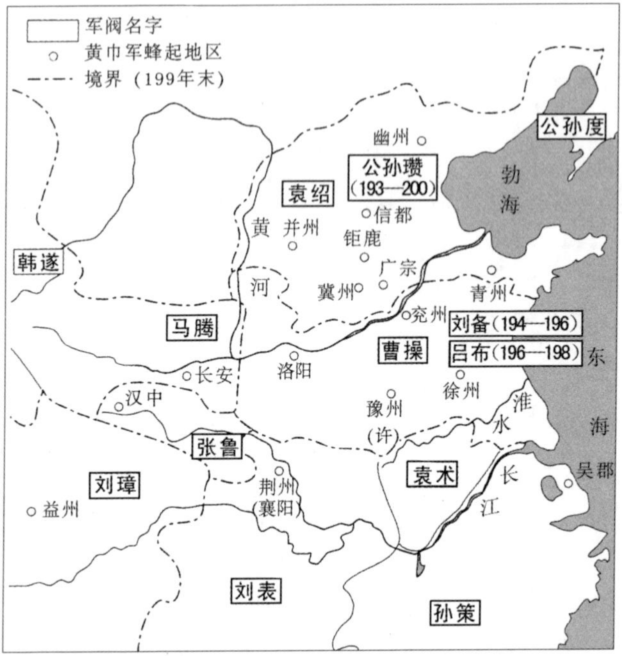

7 东汉末群雄割据图

反过来将两千多名宦官全部杀掉。至此，之前把持大权、垄断东汉朝政的宦官势力被肃清，历史进入了一个大的发展阶段。

在何进密谋诛灭宦官时，甘肃省临洮这个地方出了个叫董卓的人物。他与当时逐渐强大的羌族联合，率领强大的军队，观望着时局。随后到了189年，董卓配合何进的诛灭宦官计划，向洛阳进军，拥立汉献帝，掌握了政权。

然而，董卓的施政非常暴虐，190年，若干军队组成讨伐董卓的联军，推举袁绍为盟主。为此董卓将都城迁到长安，但其暴政并无收敛，最终被部下吕布所杀，局势越发混乱不堪。

经过黄巾之乱以及随后的董卓暴政，汉室名存实亡了，天下进入了群雄割据的时代。其中，出身汉朝四世三公的汝南汝阳（今河南省商水县）名门望族的袁绍于191年以邺（今河北省临漳县）为根据地，称霸黄河以北地区。

然而，不久曹操便在黄河以南的地区开始发展势力，于是当年曾一同团结在讨伐董卓旗下的曹操和袁绍，两人之间的对立便急速加深，以至于200年在官渡（今河南省中牟县）展开了激战。官渡之战以曹操的胜利告终，此后袁绍的儿子之间发生内讧，曹操在华北地区确立霸权更是势如破竹。

魏、蜀、吴三国鼎立的形成

曹操将汉献帝迎奉到许，不久又谋划将势力扩大到长江中游。不过，他的企图被因讨伐黄巾之乱而获得功名的刘备以及在江南割据一方的孙权阻止。

当初刘备流落在群雄之间时，曾投靠荆州的刘表。刘表一去世，曹操便挥师南征。刘备为了抵抗曹操，采纳了诸葛亮（孔明）的策略，与当时倾向于对曹操主战的孙权结成同盟，在赤壁之战中大破曹操的军队（208年）。

此后，曹操将势力延伸到关中，控制了华北全境，企图对蜀地发起进攻。当时益州牧刘璋请求刘备入川支援，刘备攻陷刘璋地盘，将益州据为己有。此时，刘备却与孙权之间就长江中游

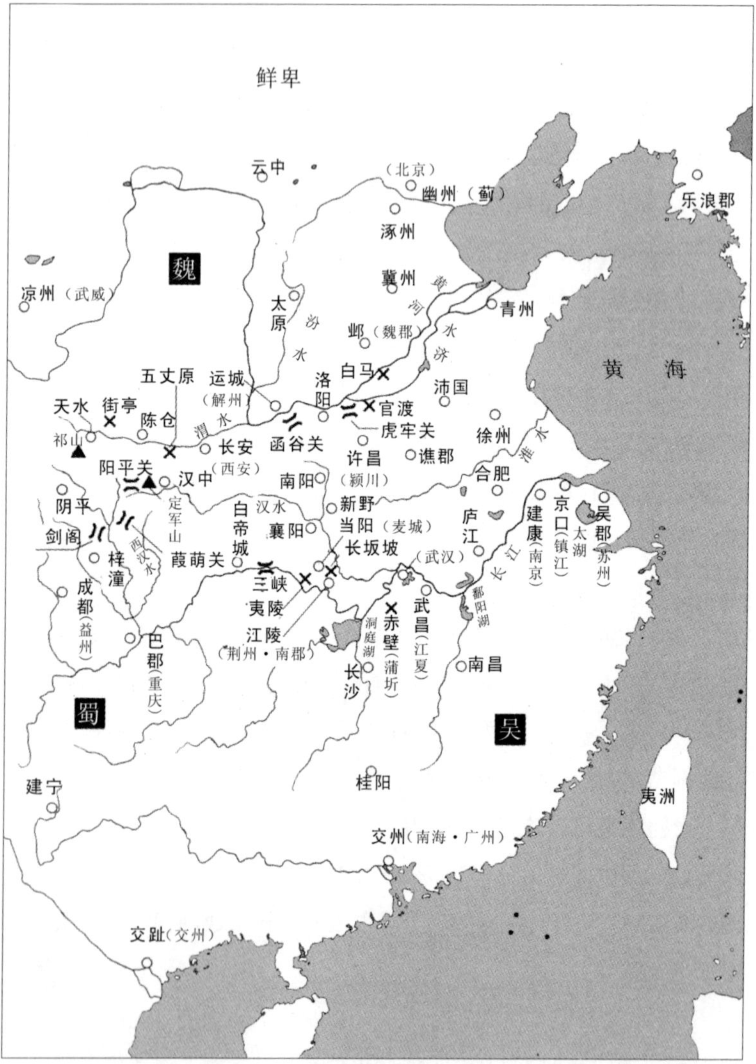
鲜卑
云中
（北京）
幽州（蓟）
乐浪郡
涿州
魏
冀州
黄河
凉州（武威）
太原
汾水
邺（魏郡）
青州
济水
黄海
五丈原
运城（解州）
洛阳
白马
沛国
天水
街亭
陈仓
官渡
虎牢关
祁山
渭水
长安（西安）
函谷关
许昌（颍川）
谯郡
徐州
淮水
阳平关
汉中
南阳
合肥
阴平
定军山
白帝城
汉水
新野
庐江
建康（南京）
京口（镇江）
吴郡（苏州）
太湖
剑阁
西汉水
当阳（麦城）
襄阳
长坂坡
梓潼
葭萌关
三峡
（武汉）
长江
成都（益州）
夷陵
江陵（荆州・南郡）
武昌（江夏）
赤壁（蒲圻）
鄱阳湖
洞庭湖
巴郡（重庆）
长沙
南昌
蜀
吴
桂阳
建宁
夷洲
交州（南海・广州）
交趾（交州）

8 三国时期关系地图

的要冲荆州的归属发生冲突，刘备与孙权之间的同盟关系遭遇挫折。

孙权与曹操联合，谋划夺取荆州，袭击蜀军守将关羽，成功夺下荆州。至此，三国鼎立的局面形成（219年），魏（曹操）占有华北，蜀（刘备）据有四川，吴（孙权）则控制着荆州以东的地区。

次年曹操去世，其子曹丕（文帝）逼迫汉献帝禅让帝位，建立了魏国。得到这个消息，自称为汉室末裔的蜀国的刘备，也随后称帝（221年）。吴国的孙权即帝位的时间稍晚，那是229年的事情。

刘备即位后虽然力图夺回荆州，但未果病逝。诸葛亮辅佐刘备的儿子刘禅，与魏对峙。虽然诸葛亮善战，但在他去世后蜀国的国势不

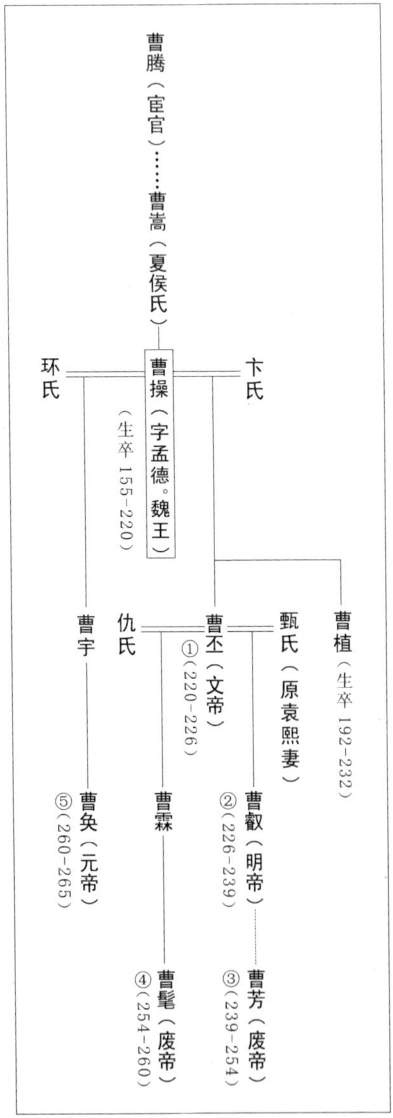

9 魏（曹氏）系图

振，263 年魏军攻陷成都，蜀灭。

然而，魏国自身在第二代明帝以后国势便逐渐衰败，而同时权臣司马懿（仲达）势力日增。最终在 265 年，魏国被司马懿之孙司马炎所灭。

另一方面，统治着江南的吴国围绕着孙权继承人的问题在朝廷内部发生争执，此后朝政混乱，国力渐衰。随后，魏晋革命得手的司马炎在 280 年平定吴国，成功使中国再次统一，始于东汉末年的动乱至此结束了。

地方长官握有军事权力的政治体制

如前所述，东汉末年涌现了大批豪族，而东汉末年割据一方的群雄大多依靠这些地方豪族获得兵源。群雄的军事基础，正是这些在西汉、东汉时期发展壮大的豪族势力。然而，各地群雄在扩大其势力时，绝没有忽视当时所存在的汉家体制。曹操拥戴东汉献帝，标榜其正当性，以实现其野心；刘备标榜辅弼汉室，建立蜀汉政权。这些都可说是在名义上利用原有体制的象征性事例。

东汉末年的群雄大多身为汉室官僚，努力争夺地方长官的地位（州牧、刺史），并以此作为自身势力正当性的根据。刺史原是由中央派遣到地方的监察官，不久就变成驻扎在地方负责行政的长官，成为东汉末年拥有豪族势力和军事实力的集团领袖，这是其一大特征。地方长官刺史掌握了军队，这种局面一直维持下去，成为魏晋南北朝时期特有的政治体制。

在考察这一时期时需要注意的是，袁绍、袁术、刘璋等汉王朝的名士相继灭亡，而曹操、刘备、孙权这种难以称得上是名士的战略家群体则胜者为王。

自东汉起，豪族阶层在地方和中央逐渐扩大和巩固其势力，这的确是魏晋南北朝时期的一大特征，而当我们审视三国时期时，则当注意，曹操起用人才的唯一标准是才能，而无视品行。刘备、孙权等人在选用人才时虽不像曹操那么彻底，却也大致如此。

后来由于贵族制影响日强，这种做法被迫中止，不过我们可以说，当老迈的汉帝国逐渐衰落乃至崩溃之时，唯才是举的选士方式体现了从过去的传统中解放出来的新时代的一个侧面。

九品官人法

九品官人法这种官吏选用法创始于汉魏革命的前夕。这一制度表现了在新时代来临之际，根据与此前完全不同的方针创建国家制度的强烈意愿。

这一官吏选用法以一品到九品共九个等级，作为担任官职的依据，因此称为九品官人法（后来也称为“九品中正制”）。220年曹丕接受汉献帝的禅让建立魏王朝时，其重臣陈群（？—236）为了根据个人才能和德行将汉朝官僚吸纳到新政府中，建议实施这个办法。曹丕接受了其建议，推行九品官人法，此后九品官人法也成为整个魏晋南北朝时期一直采用的选士制度。

这种选士制度一改汉代所实施的以秩100石、秩2000石等为秩禄的等级制度，将中央官职分成一品至九品的级别，称之为“官品”。并在地方的郡中设立中正官，令其对该郡出身的现任官吏或有希望出仕为官之人，在乡里舆论的基础上进行调查，将其才能和德行的高下分为与官品相仿的一品至九品，向中央报告。这被称为“乡品”，中央根据中正官的报告选用人才，授予其九等乡品所对应的合适的官品职位。

九品官人法在汉魏革命实现后仍继续使用，随后演变成专门适用于地方豪族或贵族的子弟最初担任官职即所谓的起家时的一种制度。相应的，原则上以低于乡品四等的官品起任，例如乡品二品的人从六品官起家，最终升迁到与乡品同级的官品。

这个时期适逢各地豪族顺应东汉末年以来的趋势、努力扩大各自势力并在上层豪族中形成特权的贵族阶级之际。九品官人法这一起家制度，正是在这样的背景之下产生的。

前面讲到，九品官人法的初衷是为了根据乡里的舆论按才能和德行选拔人才。然而，当这种设计在执行中变成趋炎附势的起家制度时，其根本精神便被歪曲了。

贵族豪族阶层依靠这个制度，在中央和地方的政界不断巩固其磐石般的势力。自东汉末年以舆论为基础的公权恢复的趋势至此，在贵族门阀化的走向面前发生了一百八十度的大转弯。

司马氏时期

司马懿的登场

179年，司马懿出生于河内一户名门望族。后来，他作为魏军的统帅与诸葛亮在五丈原对战，奠定了统一三国的西晋王朝的基础。司马懿出生时正值东汉末年，社会动乱之前夜。当时儒家官僚遭受宦官势力的镇压，因“登龙门”的典故而广为人知的士人领袖李膺等人被捕入狱，史称“党锢之禁”（169年）。不久黄巾之乱（184年）爆发。

司马懿的家世自称是秦灭亡后与项羽、刘邦等同期活跃在历史舞台上的殷王司马印之后，到了东汉时期，司马氏已成为郡守辈出的名族。司马氏家族与曹操的关系早在司马懿的父亲司马防的时候就已建立，他本人则在 208 年到曹操手下供职。此后担任曹操的参谋，并辅佐曹操嫡子曹丕，在曹操的丞相府中确立了自己的地位。

220 年，一代英雄曹操去世。在由此可能引发政情混乱之际，作为丞相府的司马，司马懿管理丧葬诸事，接着在拥戴曹丕继任丞相并夺取帝位（即位后为魏文帝）的过程中立下大功。因此，司马懿深得魏文帝的信任和器重，甚至被文帝比作汉高祖刘邦时期的宰相萧何。

重用司马懿的魏文帝作为一位有名的文人皇帝，曾如此论述和颂扬文学的价值：“盖文章者，经国之大业，不朽之盛事。”226

10 司马懿（历代古人像赞）

年这位皇帝临终时，将刚立为皇太子不久的曹叡（魏明帝）托付给宗室曹真、曹休、建议实施九品官人法的陈群以及司马懿等四人后，便一命归西了。

这时，诸葛亮向对此政治形势感到不安的魏国边关守将孟达派遣使者，劝说其归顺蜀汉。孟达为此所动准备反叛魏国，对此司马懿巧施谋略镇压了这起谋反，成功地挫败了诸葛亮的北进之志。

这一次诸葛亮并没有与司马懿直接过招，这个回合可谓从228年起到234年诸葛亮在五丈原的阵中去世为止蜀国所进行的五次北伐战争的前哨战。就这样，司马懿担负着魏国军事行动的最高责任，与蜀国的诸葛亮对峙，直到234年诸葛亮在五丈原去世，成功抑制了蜀国的威势。此后，司马懿掉转马头，于238年讨伐东方辽东地区的割据势力、屡次与吴国联合攻打魏国的公孙渊。而司马懿在魏国内的威势则稳如磐石。

据正史《三国志》的记载，就在这时卧病在床的明帝召见回到河内的司马懿，握着他的手说道："吾疾甚，以后事属君，君其与爽辅少子。吾得见君，无所恨。"随后驾崩。

司马懿接受遗诏辅佐新皇帝齐王芳，却与同为顾命大臣的魏朝宗室曹爽不和，事态愈演愈烈，甚至发展到司马懿的实权一时被剥夺的程度。

11 从五丈原远望渭水　诸葛亮为了与司马懿对战，在五丈原布下阵势。五丈原北临渭水，东西都是深沟，有石头河、麦里河流过，是面积为 100 多平方公里的一处台地

虚虚实实明争暗斗
七旬老翁夺取权力

然而，249 年司马懿却通过政变诛灭了曹爽一派，将魏国的实权完全掌握在自己的手里。在本系列的第四卷中也有介绍，这段时期司马懿与曹爽之间展开虚虚实实的明争暗斗，从史书记载的以下片段中可窥一斑。虽然这段记述真伪莫辨，但时至今日我们依然能够明显地感受到当时的紧迫状况。

247 年四月，司马懿之妻张春华去世（年五十九岁）。五月，司马懿称病，不再过问朝政。曹爽阵营中的一人、国都所属辖区河南郡的郡守李胜被任命为荆州（湖南省）的长官，假装前来向司马懿告别，实际上是为了探听他的虚实。当时，司马懿在两个婢女的搀扶下出来迎接，衣服却从手上滑落。他用手指了指嘴，意思是口渴了，婢女把粥端上来后，司马懿不用汤勺，直接端起碗喝，粥全都流了出来，弄湿了胸口。李胜说道：“听说太傅旧病复发，却不曾想有这么严重。”司马懿气息奄奄地说道：“年老卧病在床，死期将至了。你说你要被派到并州（今山西省），并州离北方胡人的地方很近，请多加防备。恐怕下次你回来就见不到我了。我的儿子司马师、司马昭兄弟还请你多关照。”李胜回答说：“我要去的是老家荆州，不是并州。”但司马懿仍然弄错了，问道：“你要去并州吧？”李胜只好再说一遍：“我被任命到荆州。”司马懿回答道：“我年纪大了，头脑不中用了，刚才没听清楚你的话。原来你是要回老家当长官呀！太好了，好好干！”李胜离开司马懿家，紧急向曹爽汇报说：“司马公恐不久于人世，他的身体和精神已经分离。您可以放心了。”

然而，249年正月初六，齐王芳（废帝）外出拜谒明帝的陵墓，曹爽阵营的人全都跟随皇帝一同前往。司马懿伺机发动政变。结果，曹爽及其所有党羽全家一同被拉到闹市处斩。至此司马懿的霸权形成，上边下诏任命他为丞相。这时司马懿七十一岁，在当时来说是稀有的高龄。

司马师、司马昭兄弟的时期

政变两年后，251年八月，司马懿结束了其波折跌宕的一生。司马懿有九个儿子，继承司马懿事业的司马师、继承司马师事业的司马昭这两兄弟为其元配张春华所生（参看插图12）。

据说发动政变时，司马懿和司马师两人一起仔细谋划，司马师及其私下募养的“死士”三千人为政变的胜利作出了很大贡献，而在司马懿去世后，司马师是否有能力作为继承人担负起重任，后人不得而知。

就在这时，252年魏国与吴国在东关展开大战，魏国大败。这是一次由魏国勇将毌丘俭、诸葛诞等所领军的大规模对吴作战。魏军被当时吴国大将诸葛恪的军队击溃，这时朝廷准备对从军的诸将问罪。

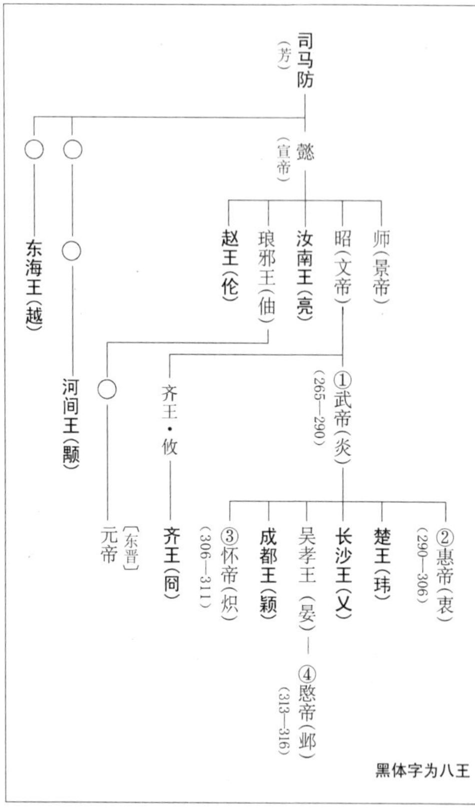

12 西晋（司马氏）系图

然而，司马师却说："不听谏言才落得这个地步。这是我的过错，诸将何罪之有？"史书记载，由于司马师自己承担败军之罪，众人感到羞愧，佩服其度量。对于这一举动，《资治通鉴》的注释人、著名的胡三省给予了辛辣的评价："（司马师如此言行）是为了巩固自己的权力。盗贼也有道，更何况司马师盗的是国家！"[2] 总之，司马师通过这些做法，在司马懿去世后成功地收揽了人心，之后便向魏晋禅让的计划逐步前进。

254年二月发生了一件事，中书令李丰等人密谋反对司马师，事情泄露后，与此有牵连的人都被处死。皇帝（齐王芳）也参与了这一事件，司马师借皇太后懿旨，斥责皇帝堕落，将其废黜。随后将文帝之孙、明帝之弟高贵乡公曹髦（被称为魏后废帝）立为傀儡皇帝。

然而，这一擅权的废立之举招致了在对吴战线的重镇驻防的毌丘俭、文钦等魏国众宿将的强烈反对，事态进一步发展，乃至于司马师亲自率军镇压叛乱（255年正月）。虽然打了胜仗，但司马师那只病眼却在战争中掉了出来，为了避免动摇军心，他隐瞒了病情继续领军作战，情形非常悲壮。司马师的病情进一步恶化，在叛乱的主谋毌丘俭死后，过了七天，司马师在班师回洛阳的途中，于许昌（今河南省许昌县东）病逝。

当时奉哥哥的命令留守都城洛阳的弟弟司马昭急忙赶到许昌。司马师在临终前将全军委托给司马昭，而皇帝（高贵乡公）却打出了起死回生的一招。他对司马昭下令说，由于东南之地刚刚平定，你暂时先在许昌驻守。同时又令尚书傅嘏率领待命的各路军队回师洛阳。

这是皇帝趁司马师之死而统帅暂缺之机发动的夺权行动。然而司马昭察觉出皇帝的意图，不顾高贵乡公的命令回到洛阳，二月司马昭就任大将军和录尚书事，达到军权和行政权的顶点。

13 竹林七贤 发自东汉末年清议的清谈，受到弹压后，在魏代更偏向于哲学上的谈论。所谓竹林七贤超逸脱俗的清谈也属于这一源流，在篡夺魏王朝的行动逐渐浮出水面之时，他们的清谈潜藏着对魏晋更替的政局的愤怒和忧虑

当时，在毌丘俭死后，诸葛诞驻守在对吴作战的重镇寿春。他属于琅邪诸葛氏，与蜀国诸葛亮、吴国诸葛瑾（亮之兄）诸葛恪父子同族。司马昭一掌握辅政大权，便派遣心腹贾充去见诸葛诞，打探其动静。

于是，贾充试探问道："洛阳诸贤都希望魏向晋禅代，不知您是怎么想的？"诸葛诞厉声回答："君乃贾逵之子，枉你世受魏恩，怎么能够想到把社稷送给他人？倘若洛阳有变，我将以命相护。"结果，257 年五月讨伐诸葛诞的诏令下来，司马昭奉皇帝和皇太后之命，派遣二十六万大军前去镇压。之所以假借皇帝和皇太后的旗号，其意图为的是在司马昭离开洛阳时防止出现拥立皇帝的势力。

通过如此缜密的作战安排，次年二月司马昭一方取得了胜利。诸葛诞被斩杀，全族被诛灭。据史书记载，诸葛诞的亲兵数百人，相邻两人交叉着手排成一列，对方每斩杀一个人都劝说其他人投降，然而谁都没有动摇，直到最后一个。

260 年五月，即位五年多以来未能从司马氏手上夺权的皇帝（高贵乡公）死于非命，年仅二十岁。皇帝聪明好学，随着年纪渐长，对司马氏的专权越加愤懑，最终爆发。

260 年五月己丑之日，皇帝召见近臣王沈、王经、王业三人，说道："司马昭之心，路人所知也。吾不能坐受废辱，今日当与卿等自出讨之。"然而，王沈、王业马上将这个密谋计划向司马昭报告。

皇帝拔出身上的佩剑，带着几个宿营的兵士出击，贾充从外面来到皇宫，与皇帝在南面的门阙相遇。皇帝拔剑而立，贾充的随从怯而后退。据说，这时贾充对自幼被司马昭抚养成人的成济说道："司马公养你何用？正为今日之事也！今日无论发生何事，概不问罪。"成济得此授意，上前将皇帝刺杀。听到皇帝被刺身亡的消息，司马昭大惊，晕倒在地。

就这样，司马昭使魏后废帝曹髦死于非命，而他慎重地判断舆论对此作何反应，随后以魏晋禅代为目标，积极讨伐在诸葛亮去世后日薄西山的蜀国，希望在世人的一片赞誉声中一鼓作气实现禅代。

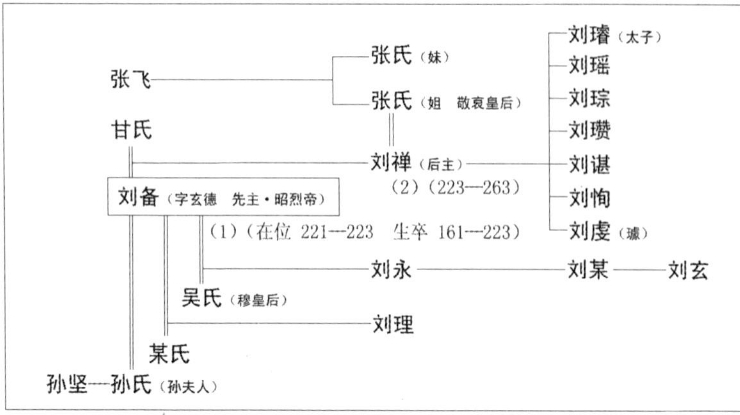

14 蜀（刘氏）系图

蜀国灭亡与司马昭进封晋王

在曹爽与司马懿争权夺势的过程中，魏对蜀的远征始终未能成行。然而，到 263 年五月，终于下达了征讨蜀国的诏书，八月从国内动员了十八万军队，由钟会等人率领向蜀国方向进发。

十月，钟会的军团控制了汉中，与防守入蜀咽喉之地剑阁（今四川省北部）的蜀国大将姜维对峙。另一方面，从关中南下的邓艾绕过剑阁，从阴平穿越崇山峻岭地带进入江油（今四川省北部），对蜀发动突然袭击，在绵竹大破诸葛亮之子诸葛瞻所率领的蜀军。蜀国对魏军的突然攻入和己方的大败感到非常吃惊，经朝议决定投降。刘禅亲自来到驻扎在都城成都北部的邓艾军营前，将双手反绑在背后，并用车载着一口棺材表示自己犯有当死之罪（面缚舆榇），向魏国投降（十一月）。

至此，蜀汉经刘备、刘禅两代四十三年而灭亡。此后，钟会与邓艾产生矛盾，与蜀国故将姜维联合发动叛乱，蜀地仍不时陷入混乱状态，但终究没人能够逆时代的潮流而行。

263 年十月，平定蜀国的大势已非常明朗，这时朝廷下诏封司马昭为晋公，司马昭接受了。在此之前，尽管下面曾几次劝进，司马昭都坚决地推辞了，这时才接受了进封，是因为司马昭判断时机终于成熟，有了坚定的决心。

此后的行动便非常迅速。同样有禅代企图的曹操，从魏公到就任魏王等了三年时间，而司马昭则在成为晋公的六个月后便进为晋王（264 年三月），五月将司马懿和司马师分别追谥为晋国的宣王和景王，十月将嫡长子司马炎立为晋国的世子。

另外，在 264 年五月，对五品官骑督以上的文武官员六百名分别授予了公、侯、伯、子、男的爵位，并根据爵位高低封给有爵位的人从五千户到四百户的食邑。这是为魏晋禅代做准备而对魏臣的一种“本领安堵”[3]，对群臣进行一番安抚，以确保禅代万无一失。

到了七月，对礼仪、法令、官制等进行全面修订，禅让的准备基本就绪。然而就在这一关口，265 年八月，司马昭突然去世，其子司马炎最终成就了禅代大业。

至此我们回顾了司马懿、司马师、司马昭父子三人利用权谋术数篡夺王朝的过程。历史上留下的几乎都是这场历经父子二代的政治斗争鲜血淋漓的情景。然而，在关于这个时代的史书中，我们也能看到与这种论调不大相同的评价。

东晋时期有一位名叫习凿齿的史学家，关于魏军在东关之战中遭受大败时司马师不问诸将之罪而一人承担所有责任一事，他作出如下评价：

> 这真可谓智者之举。倘若讳言失败推卸责任，归咎于各种原因，经常自伐其功而隐匿失误，使上上下下离心离德，各种人才分散解体，那谬误就太大了！[4]

另外，孙吴的张悌评论道：曹操虽然功盖中原，却玩弄诈术，战事不绝。因此百姓畏惧他的威严却不感念他的恩德。曹丕、曹叡继承了这种作风，刑罚苛繁劳役沉重，在内大兴土木营造宫殿，对外连年征战不休。魏早就失去了民心。司马懿父子掌握大权后累建大功，废除苛政，实行对百姓较为平和有利的政策，为百姓谋划着想，解救他们的疾苦，民心归顺司马氏已经很久了。因此淮南（寿春）出现叛乱却动摇不到根本；曹髦（高贵乡公）被杀而死，四方也没有引起叛乱。而且能够任用贤能，使他们各尽其心。

这些不同的评价是根据什么历史背景而作出的？下一节我们将对这一点进行详述。

司马炎使中国再度统一

司马炎的登场

司马炎是司马昭的嫡长子，出生于魏青龙四年（236年）。其母亲叫王元姬，外曾祖父是魏国元勋王朗，外祖父是著名的思想家王肃。年轻时司马炎是一位贵公子，人称“宽惠仁厚，深沉而有度量”，甚至据说在根据九品中正制度评定乡品时，其出生地河内郡无人能比。

出仕后他历任祖父司马懿、伯父司马师曾担任过的官职，264年被立为晋国的世子，进而在父亲去世后，于265年八月继任司马昭原来的晋王和相国的官爵。紧接着在十二月终于接受魏帝（元帝）的禅让，即帝位（十七日），改年号咸熙（魏）为泰始。

当我们审视司马炎初期的政治时，首先值得注意的一点是，他所任命的重臣大多是学识与礼教并重的名望人士。这与曹操重才干轻德行的方针大为迥异。司马炎即位后，马上送出了一道厚礼，恢复了因三国的混乱而一度中断的民爵赐予，而且一律提升五级。

民爵赐予是指汉代重视乡村的年龄秩序，赐予乡村的父老爵位和酒肉，并由父老在乡村的社中主持祭礼，由此实现国家营造下至平民、上至皇帝的国家成员的一体感和秩序化的目的。

司马炎的这份民爵“大礼”有着强烈的倾向性，其意图是在西晋王朝建国之初笼络民心。然而，我们在审视前述司马炎重视礼教的施政特色时，从中也可以看出其努力克服东汉末年至魏朝的苛政，构筑以礼教为基础的国家。

15 晋武帝司马炎（历代帝王图）

另外，司马炎在即位后的次月，即泰始二年正月，分封司马氏一族二十七人为郡王。魏朝除了魏明帝时期稍有缓和之外，根据曹丕的遗命，王族宗室之人一概不得就任官职，并始终处在国家的监视之下。曹丕与因七步诗而闻名的曹植兄弟之间的“相煎”便是这种宗室关系的一个明证。这种宗室抑止政策，从某一方面上看也是东汉末年以来同族之间难以互信的混乱时代的产物。

然而，西晋时期却与此相反，允许宗室出仕甚至就任高官，且宗室所受到的优待不只如此。这种政策的推行，某种程度上具有强干弱枝的性质，而考虑到前面所说的魏朝情况，我们确实可以看出司马炎希望纠正魏朝的过酷政局，将政治建立在宗室之间团结友爱的基础上。

泰始元年，司马炎解除了汉魏时期宗室任官的禁令，对官员的任用显示出极为宽大的态度，例如任命曹植之子曹志为太守，任用诸葛亮的子孙为官等。这方面也跟他的政治姿态有关。

吴的灭亡与天下复归统一

吴国方面，在241年孙权晚年时，皇太子孙登去世，新皇太子孙和与备受孙权宠

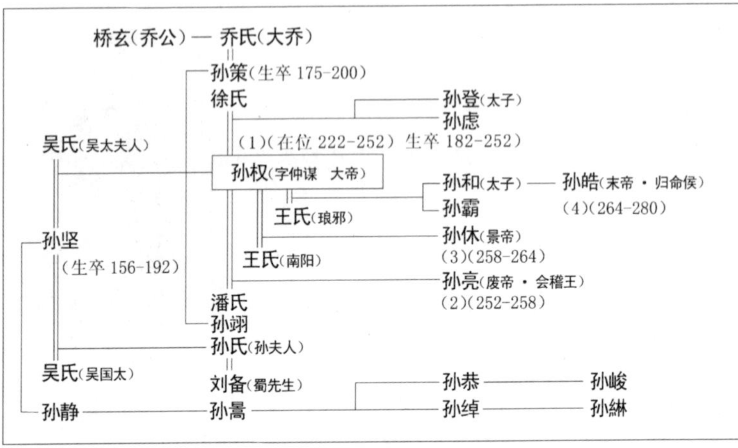

16 吴（孙氏）系图

爱的孙霸两派的支持者之间的斗争愈演愈烈，最终不可收拾，发展到 250 年孙和被废、孙霸被赐死的结局。雪上加霜的是，不久孙权去世（252 年），臣下之间的分裂进一步扩大。旧太子党的诸葛恪与孙霸派的孙峻、孙綝等人明争暗斗，专权擅势，吴王朝开始一步步滑向自我瓦解的边缘。

在这种情形下，孙权之孙、年少的孙皓于 264 年即位。然而，他却不顾王朝濒于崩溃的危机，热心营造宫殿，不断实施残虐之举。这些所作所为大概反映了孙皓对王朝临近灭亡的不安以及年少皇帝为了确立权威而带有的焦虑，而他也就成了此后南朝各个暴虐的末代皇帝的嚆矢。

孙皓即位与司马炎称帝时间很接近。这是司马炎再次统一天下的一次绝佳机会。司马炎的心腹羊祜以及羊祜事业的继承人杜预等人大力劝说司马炎发动讨灭孙吴的军事行动。然而，朝廷内部持谨慎意见的人很多，在司马氏禅代中立下大功的贾充甚至对此表示强烈反对。其中的很多人之所以反对，只是因为他们有的是不希望帝权进一步加强的贵族阶层；有的认为讨吴的计划是皇帝与少数几个人之间的密议而自己被排斥在外，因而感到焦虑；有的觉得天下统一时自己无法参与论功行赏而心怀不满。

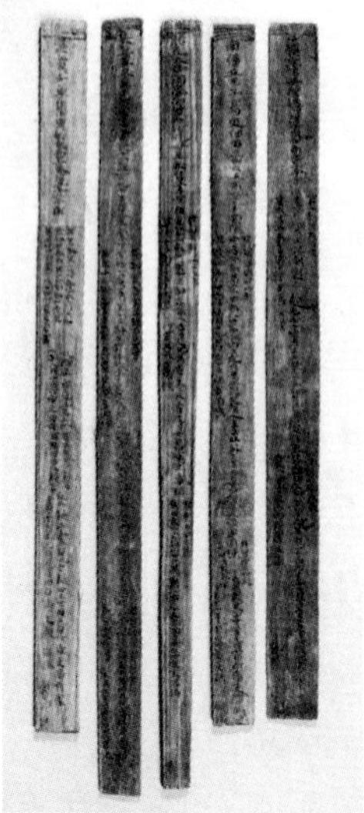

17 走马楼木简　1996 年，湖南省长沙市走马楼建设工地出土了大约 10 万件简牍，其中有很多吴简，期待取得研究成果

这一点与后来西晋末年所蔓延的先私后公、罔误国事的风气可谓“一脉相承”，需要我们注意。不过结束东汉末年以来的混乱政局，使天下复归统一的计划如箭在弦，并没有构成其实施统一计划的障碍。

279 年十一月，讨伐孙吴的诏书终于发布。东西两路大军二十余万人马从淮南和湖北一同南下，水军则从已成为晋朝领土许久的蜀地顺着长江而下。晋军很快在次年二月便攻陷吴国的江陵，三月攻入吴都建业的防守要地石头城，随后攻破建业。孙皓依照亡国之礼，肉袒面缚，向晋军投降。至此持续了四代五十二年的吴国灭亡，中国在晋代复归统一。

根据晋朝查抄的当时的记录，吴国共计户数五十二万三千，人口二百三十万，吏三万两千，兵二十三万。

军备撤废与户调式

武帝统一天下后，实施了两大政策。其一是军备撤废，即除了若干例外，将州郡所属的士兵解散归农。这项政策是为了从长期延续的战时体制回归到平时体制而在军事上进行的改革，有情况时便将驻扎在洛阳等军事要冲的中央军派遣到地方，旨在结束地方分权的军事格局。

其二，武帝制定了占田课田制的土地制度以及相应的征税制度。占田法规定，男子一人七十亩（约五公亩）、女子三十亩，按夫妇一户为单位向国家申领耕地耕种。另外，对于官员，第一品五十顷（一顷为一百亩），以下逐品递减五顷，到第九品为十顷，承认其耕地所有权，根据其身份制定土地所有权的上限，对大土地所有进行限制。

同时制定的课田制规定，按男子五十亩、女子二十亩、次丁男减半（二十五亩），各分摊应课税的土地数量[5]。东汉末年，196 年曹操在其老巢许县开始实施屯田制，不久推广到邺、洛阳、长安等地的郊外，在中央司农卿的管辖下致力于农业生产。当时被称作“典农部民”、“屯田客”的这些屯田民，配给官牛的有义务向国家缴纳收成的六成，而自带私牛的则需缴纳五成。从屯田制中所得到的收益，为魏国国力的充实作出了重大的贡献。

除了民屯以外，在近邻吴、蜀前线的淮南、关中等地则设置以军事为主要目的的军屯。司马炎称帝之后不久，军屯在魏晋革命时便废除，而民屯则在平定吴国之后便被取消，屯田民全部编入一般州郡的户口中，其负担也与普通民众齐平。然后在平定吴国之后又颁布了课田制，从这里可以看出课田制是以魏朝的旧屯田民为实施对象的，反映了政治方针从战时体制向平时体制的大转变。

18 **石头城** 位于南京城西北。南北全长约 3000 米。原为楚威王的金陵邑，筑于公元前 333 年，211 年孙权重新在此筑城，命名为石头城。是建业（建康）攻防的要地

通过占田课田制农民分配得到一定的土地，保证了再生产，并需承担义务，按户为单位向国家缴纳在耕地上生产的谷物（田租）和绢（调）。

280 年武帝实施了基于占田课田制的户调式税法，将汉代人头税方式的课税变更为以户为单位，是一种划时代的税法。

除掉齐王司马攸的计划

齐王司马攸比司马炎小十岁，是司马炎仅有的一位同母胞弟。司马攸聪颖过人，受人爱戴，从小祖父司马懿就对他寄予厚望。司马懿让他过继给司马师做后嗣，也清楚地反映了这种心态。其父司马昭对他也多有关照，在生前曾表示："我现在是替死去的兄长（司马师）代掌相国之位。我去世之后，大业应该由司马攸继承"、"这是景王的天下。我怎么能够取而代之呢？"然而，最终这一安排并没有实现，齐王司马攸在晋朝建立后，在朝政的中心一直没有受到重视。

天下统一两年之后，282 年，司马炎命令齐王攸前往自己的

封国齐国。其背景是兄弟之间的不和，这与曹操的儿子曹丕、曹植这两个同母兄弟一样。另外，司马炎的嫡子司马衷（后来的惠帝）是个政治低能儿，是后来引发八王之乱、导致中国大崩溃的一个关键人物。当时许多朝臣早就对此忧心忡忡，因此在司马炎的继承人选上，司马攸乃人心所向，被寄予了厚望。

在灭吴前的275年，国都洛阳流行疫病，死者过半，事态非常严重。司马炎自己也身患重病，一般认为正是从这个时候起，司马炎就认真考虑要将司马攸除掉了。

于是几年后就有了司马炎强令司马攸到其封国赴任，当时有许多朝臣谏言反对，然而司马炎禁止这种进谏，但凡提出谏言的朝臣都遭到降职等处罚，因此皇帝的一意孤行未被阻止。

司马攸自己对这个命令感到忧愤交加，终于生病。尽管司马攸身体有恙却仍被勒令启程，两天后在途中吐血身亡。震撼朝廷的事件就此告一段落，但自此以后不再有朝臣向皇帝秉言直谏，西晋王朝原来开明的舆论环境不可避免地变得闭塞了。

愚昧的皇帝司马衷

武帝之后即位的惠帝司马衷，是武帝与皇后杨艳所生的次子。其长子年幼夭折，在平定蜀国之后，267年正月，司马衷被册立为皇太子。

惠帝愚昧无能，在听到因战乱而无粮食的难民闹饥荒时，竟然问“何不食肉糜？”如前所述，从司马衷做皇太子时起，朝臣均已知其无能，重臣卫瓘在宴席上跪在武帝面前，摸着武帝的御座，叹息说：“这个座位太可惜了！”从这个故事我们可以清楚地看出，朝臣从这个时候起就对武帝逝世后司马衷能否承担起皇帝的职责表示怀疑。

武帝自己大概也不会看不出皇太子的问题，但据说由于亲生母亲杨皇后的宠爱，再加上对皇太子之子司马遹存有寄托未来的期待，便打消了废太子的念头。当时朝廷有的大臣希望废掉愚昧的皇太子，改由司马攸继承皇位，有的大臣主张由司马攸辅佐惠帝，掌握实权，总之对司马攸舆望甚高。然而，正如前面所述，武帝最终并没有采纳这些意见，而是选择了一条让舆论失望的道路。

后来，武帝晚年的朝政被杨皇后的族人杨骏所掌控，武帝死后杨骏出任辅政大臣，宛如东汉末年外戚专权的情形再现。

司马氏三代之功过

至此我们已经论述了司马懿父子通过权谋术数，实现了魏晋禅代的过程。这可以说是司马氏一族追求私利的结果。然而，另一方面我们也不能否认，他们生于东汉末年的动乱之中，作为具有儒教修养、名望很高的人士，也具有经世济民之志。

他们恐怕深刻地认识到舆论对于结束东汉末年直到三国时期严酷乱局的热切期望。前面我们所审视的民心从曹魏转移到司马氏，也与这种舆论的趋势有着密切关联。正因为如此，这种民心向背强烈地要求通过魏晋禅代而即帝位的武帝审时度势，排除私利，确立公权。

关于前面所论述的占田课田制，尽管研究者围绕着其实际情况存在各种不同的对立意见，但都不怀疑这种土地制度对豪族以追求私利为驱动的大土地所有制的限制，也认同这种土地制度的主要目的是为了保护遍布各地的自耕农的再生产。占田课田制还为此后北魏、隋唐时期的均田制所继承。另外，在司马氏三代间逐步确立了贵族制，在这种贵族制是根据当地的舆论形成的情况下，它对公权的再度确立发挥了很大的作用。

然而，与这种公权再确立的趋势背道而驰的是司马氏政权内部始终存在权力的私有化行动。例如司马炎即位后，马上恢复了因三国的混乱而一度中断的民爵赐予，希望由此实现国家营造下至平民、上至皇帝的国家成员的一体感和秩序化的目的。然而我们从一律提升五级的赏赐“大礼”中，可以看穿他企图以此诱导舆论的恣意心态。

皇太子与司马攸争位一事也明显地反映出在本应视为公权之要的下任皇帝选定上，司马炎存有私心。当此后局势一步步陷入外戚专权的深渊时，可以说后续时期混乱的端倪，已在此时若隐若现。

第二章

胡汉的抗争

五胡十六国时期

八王之乱与永嘉之乱

结束三国时代、使中国再度统一的西晋武帝司马炎于290年四月驾崩，从此中国就像从时代的斜坡上滑落一样，进入即便是在中国历史上也不多见的大混乱时期。首先是从西晋宗室的皇位争夺战开始。

武帝去世后，皇太子司马衷（惠帝）即位，由于他的愚昧，武帝的皇后杨皇太后任命自己的父亲杨骏为辅政，杨氏家族开始专权。然而，惠帝的皇后贾氏不甘受人摆布，便借助汝南王司马亮、楚王司马玮的力量杀掉杨骏，而后除掉司马亮和司马玮，掌握了实权。

政治斗争本身便是如此激烈的事情，在贾后夺取权力后不

民族	王朝	创始者	都城
匈奴	汉→前赵 夏 北凉	刘渊 赫连勃勃 沮渠蒙逊	左国城 · 平阳 · 长安 统万城 张掖 · 武威
羯	后赵	石勒	襄国 · 邺
鲜卑	前燕 后燕 * 西燕 南燕 * 代→北魏 西秦 南凉	慕容皝 慕容垂 慕容冲 慕容德 拓跋猗卢 乞伏国仁 秃发乌孤	棘城 · 龙城 · 蓟 · 邺 中山 · 襄国 长安 广固 盛乐 · 平城 · 洛阳 苑川 · 武威 乐都 · 武威
氐	前秦 成（汉） 后凉	苻健 李特 吕光	长安 成都 武威
羌	后秦	姚苌	长安
汉人	前凉 * 冉魏 西凉 北燕	张轨 冉闵 李暠 冯跋	武威 邺 敦煌 · 酒泉 龙城

19 五胡十六国王朝表

到十年的一段时间里，由于有名望人士张华、裴頠等人力挽危局，政治局势才勉强保持安定。

然而，由于299年十二月皇太子司马遹被贾后废掉并杀害，朝野愤激，局面开始急转直下。300年四月，赵王司马伦铲除了贾后一派，次年一月幽禁了惠帝，自己即帝位。此举招致诸王的一同反抗、共同讨伐司马伦，诸王之间的斗争陷入了泥沼，中原一片大混乱。

这场大乱史称“八王之乱”，一直持续到东海王司马越拥立怀帝司马炽即位。这时不再服从中央威严的诸势力已在各地割据，西晋衰亡的惨状，竟至不堪入目的地步。

勉强支撑着西晋王朝的东海王司马越在311年去世，华北的混乱便揭开了第二幕。当时山西的匈奴王刘渊，利用羯族的石勒和汉族流民的首领王弥等人派兵席卷了河南、山东等地。石勒向由于东海王的去世而出现混乱的晋朝发动攻击，捕杀其将士十万余人。这时刘渊已死，其子刘聪即位，刘聪趁机派遣部下武将刘曜和王弥大举进攻洛阳，极尽掠夺暴行之能事（311 年六月）。

当时的年号为永嘉，故这场动乱史称“永嘉之乱”，洛阳被战火烧光，被夺走性命的人多达数万之众。怀帝和玉玺也被掳至匈奴的老巢平阳（今山西临汾），惠帝的皇后羊氏被刘曜霸占。至此西晋事实上已经灭亡。

怀帝在平阳被杀，武帝之孙司马邺便在长安即位（愍帝），后也被匈奴攻击，同样被掳至平阳，317 年，惨遭杀害。

五胡十六国的各个政权

永嘉之乱的主角匈奴于 304 年自立，国号为汉（后来的前赵）。从 304 年到 439 年匈奴政权北凉被鲜卑政权北魏所灭、华北再度统一，各民族、各政权相继兴亡的这一百三十六年间被称为“五胡十六国”时期。“五胡”是指匈奴、羯、鲜卑、氐、羌等五个民族。严格地说，这段时期兴亡更替的各个政权共有十九个，此后建立北魏、更改国号的代、短命的西燕、汉族建立的政权冉魏一般都不计算在内，前赵、后赵、前燕、前秦、后燕、后秦、南燕、北燕、西秦、前凉、后凉、南凉、北凉、西凉、成（汉）、夏等政权被称为“十六国”，后来与“五胡”连在一起，成为对这一时期的称谓。

“五胡”并非趁着前述西晋末年的混乱才入侵华北地区的，

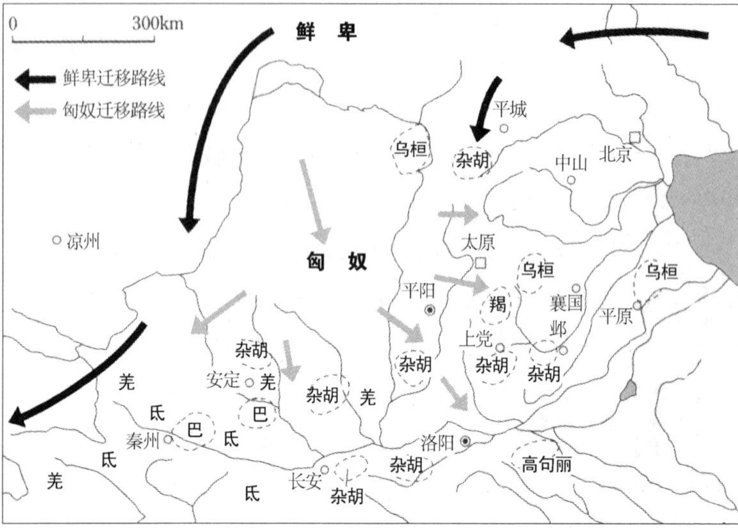

20 西晋时期五胡的分布

他们从东汉到三国时期起就开始通过迁移和入侵，加深了与中原的接触。

其中的先驱是匈奴。东汉初期内附于中原的匈奴，在曹魏时代居住在陕西北部至山西中部一带，西晋时期迁到山西汾水流域定居，也有不少人受汉人役使从事农耕生活。羯也被看做匈奴的一个分支，在山西居住，与匈奴的情况相似。鲜卑当时分为慕容、宇文、段、拓跋等各个部落，居住地分布在辽河上游到河北、山西北部。氐族、羌族从东汉末年以来，也来到陕西、甘肃地区定居。

西晋内部对这种情况感到担心。郭钦上疏建议将胡族迁到域外，江统则提出“徙戎论”敲响警钟，认为如此放任不理恐会出现可怕的事态。郭钦阐述道：“戎狄强犷，历古为患。魏初民少，西北诸郡，皆为戎居，内及京兆、魏郡、弘农，往往有之。今虽服从，若百年之后有风尘之警，胡骑自平阳、上党不三日而至孟津，北地、西河、太原、冯翊、安定、上郡尽为狄庭矣。”为使“裔不乱华”，应“渐徙平阳、弘农、魏郡、京兆、上党杂胡，峻四夷出入之防”。结果皇帝并没有采纳他的意见。

匈奴的政权

八王之乱就是在华北处于此种情势下爆发的。304 年，刘渊即大单于之位，成为匈奴首领，以“汉”为国号。他分封郡县给同族人以及羯族出身的石勒等功臣，于 309 年定都平阳，大有南下之势。第二年，刘渊去世，其子刘聪继位，派遣石勒和同族的刘曜进攻洛阳，俘虏了西晋怀帝，然后又命令刘曜进攻长安，又将继怀帝之后被立为皇帝的愍帝俘虏，灭了西晋。318 年刘聪去世，国内立即爆发内乱，刘曜和石勒镇压叛乱之后，刘曜定都长安，改国号为赵（前赵）。另一方面，石勒也加紧了自立的步伐，以襄国（今河北省邢台县）为都，建立后赵，与前赵呈对抗之势。

这个时期令人目不暇接的各个势力之间的斗争，从地区的观点来看，可以说是位于华北两大战略要地的两大势力——以长安为中心、据于关中地区的势力和以襄国、邺（今河北省临漳县）、中山（今河北省定县）等地为中心、据于关东的势力——之间的角逐。据于关中的前赵与据于关东的后赵之间的对立，之后发

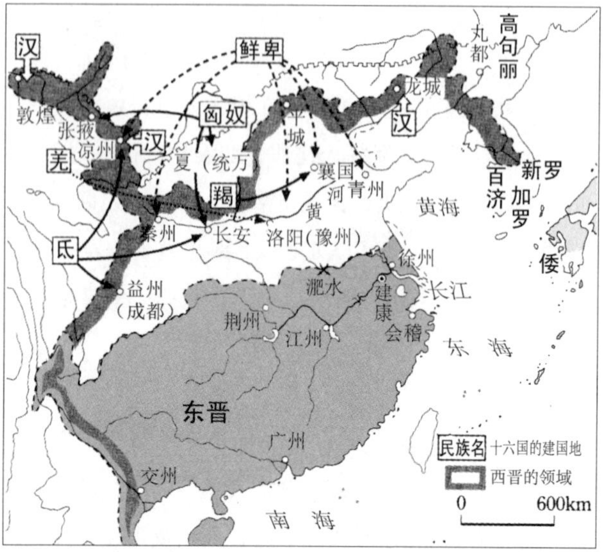

21 五胡十六国时期地图

展演变为后赵与进入关东的前燕之间的对立，据于关东的前燕与据于关中的前秦之间的对立，据于关中的后秦与据于关东的后燕之间的对立，据于关中的后秦、夏与进入关东的北魏之间的对立。这种政治上的分裂，一直持续到鲜卑拓跋部所建立的北魏政权于 439 年统一华北为止。

另外，在南北朝后期北魏分裂以后，据于关中的西魏与据于关东的东魏之间互相对立，以及在此格局下发生朝代更迭后出现了北周和北齐之间的对立。当我们通观南北朝时期时，据于关中的势力与据于关东的势力使得华北一分为二的分裂格局，从四世纪初开始的五胡十六国时期一直持续到六世纪末北周灭掉北齐、统一华北为止，这可说是这一时期华北历史发展过程的一大特征。

关中和关东自秦汉以来作为华北地区的经济文化中心，成为各自政治势力的根据地，因此才产生了后来华北两个政权之间的东西对立，而石勒和刘曜的独立，可说是五胡十六国时期地区间对立最初的一个例子。

刘曜在长安修建宗庙和宫殿，让许多民众移居到这里，使长安得到充实，并且兴办太学和小学，致力于发展教育。这些政策表明他对中国文化有着相当的了解。据史书记载，刘曜好读书，常写文章，甚至还擅长书写草书和隶书。一提起胡人的君主，很容易让人联想起蛮横而对中国文化几乎一无所知、或缺乏理解的形象，事实上并非如此。匈奴的刘渊熟读儒教经典《春秋》《左传》等历史书，甚至还通晓《孙子》等诸子的著作。相传建立前赵政权的刘聪也是如此，他从小聪明过人，熟悉经典、史书和诸子的著作，善于书法，工于诗赋。到了后来前秦的苻坚、北魏的拓跋宏（孝文帝）在学识上也继承了这些胡人君主的传统。

羯族石勒的登场

统一关东之后，后赵的国力得到充实，于329年灭了前赵。建立后赵政权的石勒出生时是居住在山西省武乡这个地方的匈奴羌渠部的一支——羯族族长的儿子。二十岁时惨遭不幸，当时山西发生饥馑，他被别人掳走，卖到山东做奴隶。

据匈奴之刘渊传记载，刘渊在建立汉政权前夕，他的族人刘宣对他说：“晋人无道，将我们当做奴隶一样控制。”这是刘渊、刘宣等匈奴人将汉人对待他们的态度比作对待奴隶一样，而石勒则确实地落入奴隶的境地之中。他在被卖到山东的时候，还有许多头戴枷锁的胡人一路同行，从这里我们可以局部地了解到，当时胡人在中国内地的状况有多悲惨。

后来石勒发动了众多奴隶，变成盗贼团伙，成为首领，不断扩大其势力。此时刘渊反叛西晋，建立汉政权，中原则一片混乱。石勒审时度势，率领部下投奔刘渊，后得到刘渊的信任，被委以管理关东地区的重任。这为他后来飞黄腾达，登上皇帝宝座奠定了基础。

当时，汉致力于关中的经略，而石勒则采纳了谋士张宾的计谋，扎扎实实地培养自己的势力，以襄国为根据地，成功地在关东地区扩大其势力。而后在 319 年，当刘曜将都城迁到关中的长安，并将国号“汉”改为“赵”（前赵）时，石勒随即自立，将自己控制下的二十四郡作为赵国，即赵王兼大单于之位，史称“后赵”。石勒随后逐步西进，于 329 年灭掉前赵，第二年称帝。

石勒对汉族实施保护政策，严禁胡人凌辱汉人。另外，他还重视中原文化，严禁汉族厌恶的胡族风俗，如娶亡故父兄的妻妾为妻，以及服丧中结婚等。

当时，胡族与汉族相互之间的不信任处于最糟糕的状态，这种状况导致了胡汉之间的严重对立，杀戮和掠夺横行。在这种形势下，石勒推行这些政策的目的可说是为了缓和胡汉之间的对立。这与后来历史发展由胡汉对立向胡汉融和、融合的演变，存在着耐人寻味的关联。换言之，从后来的历史发展来看，当时石勒所采取的政策具有一定的预见性。关于胡汉的融和与融合，我们将在后面的章节中进行阐述。

佛教与后赵

石勒之所以采取融和政策，佛教在其中发挥了很大的影响。尤其是促使其皈依佛教的西域僧人佛图澄，起到了很关键的作用。

佛图澄是西域龟兹人。他在乌苌出家，在克什米尔学佛。当时，北印度、龟兹信奉的是小乘佛教，因此他传到中国来的想必也应该是小乘佛教。310 年，佛图澄来到洛阳，痛心于石勒军队杀人如麻，便向石勒宣讲杀戮的不对，并谆谆诱导，最终成功使石勒信佛。

关于石勒皈依佛教的过程，流传着一些逸事。据说，有一天，石勒宠爱的儿子石斌突然死去，佛图澄竟然让石斌起死回生。为此石勒把所有孩子都送到佛寺养育，并在四月八日释迦牟尼佛圣诞日这天亲自到寺院灌佛发愿。

另外，根据佛图澄传的记载，他使用许多奇异的魔术手法，例如当众根据铃声预言未来的凶吉，让加满水的钵中开出莲花，将腹中的五脏六腑拉出、放在水中清洗后再放回腹中，等等，让以石勒为首的同时代的人们信服。

22 邺城遗址　汉代，邺为魏郡的治所。三国魏的时期，邺城被列为五都之一，《魏都赋》吟咏了其繁华。石虎的豪奢生活详细记载在《邺中记》里

由于这个时代战乱频仍，原有的价值观瓦解，越来越多的民众狂热地信仰从印度传入的、宣扬来世救赎的佛教。这时，佛图澄以及后来后秦时期因翻译法华经等经典而出名的鸠摩罗什等具有神异色彩和新知识的僧侣来到中国，对佛教的传播起了很大作用。石勒之所以保护佛教，固然与其自身信仰有关，但大概也是因为他充分认识到，在招揽人心方面宗教具有的强大力量。

然而，当时佛教也并非没有受到排斥。333 年石勒去世，石虎废掉其继承人石弘，并于 334 年成为后赵的领导者。石虎当政期间，汉族出身的王度上奏曰："佛，外国之神，非诸华所应祠奉。汉代初传其道，惟听西域人得立寺都邑，以奉其神，汉人皆不出家……今可断赵人悉不听诣寺烧香礼拜……其有犯者，与淫祀同罪。其赵人为沙门者，还服百姓。"朝廷的官员大多赞同这个意见。

不过，对于这一废佛的建议，石虎却下书曰："朕出自边戎，忝君诸夏，至于飨祀，应从本俗。佛是戎神，所应兼奉，其夷赵百姓有乐事佛者，特听之。"

换言之，关于佛教的信仰，存在着佛是否属于外来之神的争论，其中潜伏着胡汉之间的对立。这个问题对我们思考此后五

胡十六国、北朝各国对佛教的尊崇与王朝权力之间的关系，有很大的启发作用。

石虎即位后，便将都城迁至邺。他是有能力的武将，但征用了过多的百姓充当劳役，其统治极尽奢侈淫虐。因此人心离反，石虎一死，后赵便大乱，其部下、汉人冉闵建立了魏国（冉魏）。

鲜卑的崛起

此时，位于辽西的鲜卑族人慕容皝于 337 年定都龙城，称燕王，伺机准备南下。鲜卑的名字在历史上第一次出现是在西汉末，而据记述东汉历史的《后汉书》记载，鲜卑是战国时期在蒙古地区发展壮大的东胡的子孙后代。东胡被匈奴灭掉后（前 206 年），鲜卑便被匈奴统治，在西拉木伦河流域游牧。到了一世纪初，随着匈奴的衰落，鲜卑逐渐显露出独立的迹象。二世纪中叶，檀石槐成为首领（166 年），统一鲜卑诸部，完全控制了蒙古全境，并积极向东汉发起进攻。到了三世纪初，以慕容、宇文、乞伏、拓跋等部为中心的鲜卑系部族，跋扈横行于内蒙古各地，同时由于晋朝的软弱无力，他们便向华北迁移。

在檀石槐的时候，慕容部便是鲜卑的一个组成部族，在右北平到上谷一带（今遵化到北京一带）游牧。到了三世纪初，从大凌河流域迁移到辽西，进行游牧的同时还从事农耕。

慕容皝是前燕（十六国之一）政权的建立者，他是鲜卑慕容部的首领慕容廆的儿子。

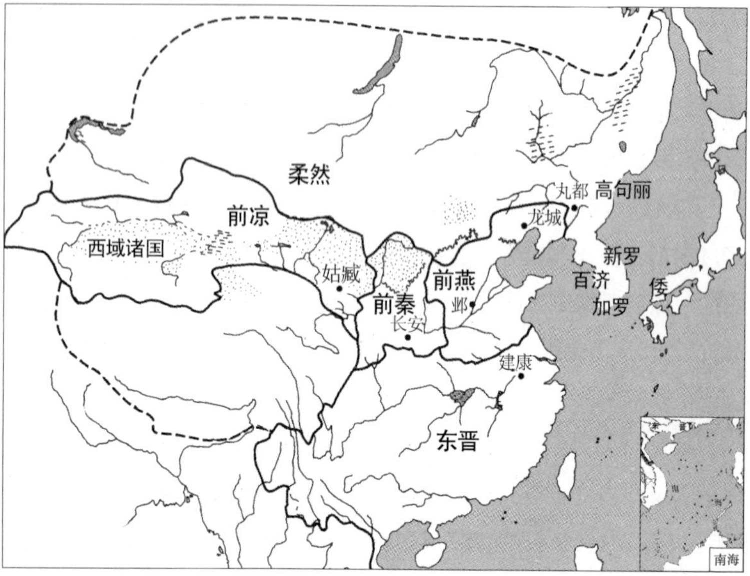

23 东晋 · 十六国时期（四世纪）图

在 342 年到 346 年间，慕容皝对辽东、辽西地区的对立势力发动进攻，攻陷了高句丽的国都丸都，灭掉了夙敌宇文部，并再接再厉，成功灭掉了扶余。在这个过程中，他于 345 年改用自己的年号，巩固了前燕作为东北亚强国的地位。

348 年，慕容皝去世，其子慕容儁继位，进一步扩大了前燕的势力，趁后赵混乱之机出兵席卷河北。357 年，将都城迁往邺（原后赵的国都），一跃成为中原的大国，成为此后诸燕国，即前燕之后的后燕、在山东建立政权的南燕、在河北建立政权的北燕等多个政权的滥觞。

此时，在华北另一中心即关中生活着吐蕃系的氐、羌两个民族。后赵发生混乱时，氐族酋帅苻洪和羌族酋帅姚弋仲争夺霸权，苻洪的儿子苻健取胜后，于351年在长安建立前秦政权。这时，华北地区迎来了氐族的前秦和鲜卑的前燕这两个大国东西对峙的时期。

不久，五胡十六国时期屈指可数的英主苻坚即前秦帝位，灭掉前燕后，强力推行由石勒试验过的胡汉融和政策。自此五胡十六国时期的历史，发生巨大的转变。

胡汉双方的情结

非我族类，其心必异

我们曾提到，八王之乱的中心人物之一、成都王司马颖（汉）被幽州刺史王浚（汉）所败，向匈奴的刘渊求救时，匈奴方面刘宣对此提出反对，认为“晋为无道，奴隶御我”，力谏刘渊不要理睬。另一方面，当时的汉族对刘渊则提出“非我族类，其心必异”，怀有强烈的敌忾之情。

就这样，在西晋、五胡十六国时期，胡族和汉族之间各自存在着自己（我）和他者（非我族类）的严格区别，各自怀有属于完全不同的集团的强烈意识，相互否定对方。

在整个五胡十六国时期，胡汉双方基于这种意识，不断进行着鲜血淋漓的抗争，而这个时期，在胡族和汉族之间，围绕着什么样的人才最适合成为中华世界的王者这个问题，意见上针锋相对，这种局面耐人寻味。

有一次西晋的忠臣、汉族人刘琨曾写信给羯族的石勒，请求派遣援军。他说道："自古以来，诚无狄戎为帝王者，至于名臣建功业者，则有之矣。将军长于军略，必建勋功。"

看起来，汉族人刘琨的口气还真不小，明明是向石勒求救，还对胡族说你们反正是当不了帝王的。

永嘉之乱时群雄中有一位汉族人王浚，他后来觊觎皇帝之位，石勒便适时劝进，反倒招致王浚对其野心的怀疑。据史书记载，对此，石勒的使者借用之前汉族人刘琨写给石勒的话，说道："且自古诚胡人而为名臣者实有之，帝王则未之有也。石将军非所以恶帝王而让明公也，顾取之不为天人所许耳。愿公勿疑。"（见《晋书·石勒载记》）王浚闻言，大悦。

石勒使者的口才之所以能发挥作用，是因为他想到这一逻辑肯定能够说服王浚。而事实表明，他的估计是正确的。

刘琨和王浚的事例说明，尽管当时汉族承认胡族的军事实力，并不得不依存于胡族的军事力量，但在汉族间却普遍存在一种歪曲的思想，认为胡族终归不能当帝王。考虑到当时的时代状况，与胡族相比，汉族在文化上处于优越的地位，而政治上、军事上却不得不屈服于胡族的压力，当汉族仍持有原来的夷狄观——夷狄禽兽不如，天生不过是汉族的奴仆——而又不得不应对现实的局面时，这种歪曲的思想便显露出来。

另一方面，与之相反的思想，也可见载于当时的史书中。匈奴的刘渊曾说道："夫帝王岂有常哉？大禹出于西戎，文王生于东夷，顾惟德所授耳。"

鲜卑慕容部所建立的前燕政权的始祖慕容廆曾想招揽出身汉族名望世家的高瞻到自己胡族政权中为官，遭到拒绝，他不由感叹道："奈何以华夷之异，有怀介然。且大禹出于西羌，文王生于东夷，但问志略如何耳。"

这里所表明的是与前面完全相反的思想，即胡族也能当帝王。刘渊、慕容廆虽然是胡族君主，却对"胡族终归不能当帝王"的汉族思想进行反驳，从他们的口中表现出超越这种思维的逻辑。

胡族的意识结构

然而，胡族一方的反驳却呈现出更为复杂的形态。前赵、后赵时期关中羌族的统帅姚弋仲有四十个儿女，他总是教诲这些子女说："自古以来未有戎狄作天子者。我死，汝便归晋，当竭尽臣节，无为不义之事。"并最终在晚年时向东晋派遣使者，请求归属。

姚弋仲是五胡十六国之一后秦的创建人姚苌的父亲，他的思想与刘渊、慕容廆不同，沿袭的是前述汉族的立场。那么姚弋仲为什么会持有这种思想呢？当时的史书并没有明确说明其原因。由于姚弋仲上面的那段话是在后赵灭亡后不久说出的，可以推测大概这一政治形势的变化对他产生了直接的影响吧。

然而，从更宏观或更本质的立场来看，也可以认为这大致反映了姚弋仲对汉文化存在着某种情结或自卑心理。因为当时胡族文化的发展水平不如汉族文化、胡族在农耕化过程中表现出对自身文化的抛弃和自身文化的丧失以及与之相联动的，对汉文化的接受等，不管是有意为之，还是无意为之，都会产生这样的情结。

另一方面，前面说到西晋的忠臣刘琨向石勒求援，对此石勒在回信中说："君当逞节本朝，吾自夷，难为效。"并厚待使者，赠予名马珍宝，其后断绝来往。

还有，前面也提到的王浚觊觎帝位时，石勒在呈送给王浚的上表文中，自称"勒本小胡，出于戎裔"。

在这里石勒对汉族的刘琨和王浚自称"夷"、"小胡"、"戎裔"等，显得十分自卑。表面上看石勒似乎与姚弋仲有着相同的思想，但石勒以"夷"自居的结果，是跟刘琨断交，虽然石勒在王浚面前表现得非常谦卑，实际上却想着吞并对方。从这里我们可以看出，他的想法与姚弋仲差得很远。

也就是说，他虽然自称"夷"、"小胡"，内心却是对汉族的强烈不满，有着走向独立的意志。

胡汉相互之间的他者认识

石勒的思想与姚弋仲的大不相同。那么，在当时的胡族中，具有姚弋仲那样思想的人，以及接近于石勒思维的人，是否是各自单独存在的？乍一看好像是这样的。

然而，当我们再往他们的内心深处迈进一步，并注意到当时胡族进入汉族地域并成为其统治者的这种时代背景时，对这个问题就不能如此简单地下结论了。

由于这种心理因素很难作为史料留存下来，我们就很难具体地探求当时胡族的心态，如果硬要对此进行想象，我们自然就会想到，在胡族的内心或说在他们自己也未能充分意识到的思想深处，他们对汉族和汉文化的情结与他们对于独立的志向之间，存在着复杂的联系。

另外，前面我们也提到，鲜卑出身、奠定了五胡十六国之一的前燕政权基础的慕容廆，以胡族君主的权威作背景，要华北的汉族名望人士高瞻出仕，为自己的政权服务。胡族政权吸收这类汉族士大夫进入自己的官僚机构，是看中了他们身上所具有的行政能力，或作为豪族在地方社会的影响力等，这是胡族经营汉地的必要条件。因此慕容廆才会力邀高瞻出仕，却被胸怀夷狄观的高瞻拒绝了。

虽然高瞻的这种态度引起慕容廆的强烈不满，并有了前述的一番感叹，然而最终慕容廆并没有因此而处置他。

不过，据当时的史书记载，高瞻害怕受到处置，烦闷不堪，最终竟然担惊受怕而死。高瞻致死的事件是一个合适的案例，向今天的我们真实地传达了当时胡族错综复杂的心态，以及汉族对此的心态。

虽然个案不尽相同，但从整体来看，可以认为在当时的汉族人心里，存在着在文化上对胡族具有优越感的夷狄观，以及在政治上、军事上被胡族压抑的屈辱感和恐惧感。而在胡族心里，或多或少地在军事上对汉族的优越感、对汉族和汉文化的情结或否定的心态等混杂在一起，既有歪曲的成分，也有摇摆不定的成分，特别是当时的胡族统治者，注定要将“优越性”摆在最前面。

汉族和胡族所产生的变化

华北士大夫与江南政权

上一节我们论述了永嘉之乱以后，失去了正统王朝西晋作为依靠的华北汉族士大夫对席卷华北地区的非汉族王朝所持有的种种态度。在上一节中，没有探讨这一时期华北汉族对江南汉族王朝的心态，以下就这点展开论述。

既然汉族对胡族有所忌避，那么我们就很容易误以为他们会心系同样由汉族在江南建立的东晋新政权。然而，实际上这个时期的汉族并非异口同声地认同东晋为继承西晋的正统王朝。另一方面，正如前面提到的羌族酋帅姚弋仲那样，胡族也并非人人都忌避汉族的东晋政权，也有胡族承认汉族政权、希望归属汉族政权。在这些情形背后，都隐藏着什么样的思想意识呢？

五胡十六国中有一个由汉族建立的王朝——前凉。在晋末战乱的时候，前凉政权的始祖张轨看到家乡安定（今甘肃省平凉）以西延绵的河西绿洲地带，农牧物产丰富，又兼有与西域交易的便利条件，同时还不会受到中原地区战乱的影响，于是要求前往担任地方官，随后成了半独立的状态。这是前凉的前史。

西晋灭亡后，西晋皇族、琅邪王司马睿在江南建立东晋政权，改年号为太兴。这时前凉的领导者为张轨之子张寔，一直延续使用西晋愍帝的年号建兴，仍称建兴六年。后来，前凉也曾使用自己的年号（如年号和平），不久又恢复为建兴。此后在前凉使用建兴年号期间，李俨在前凉的领域内试图自立，尊奉东晋的年号，被前凉领导者张玄靓率众讨伐。

史书中有对这个时期局势的记载，说前凉民众听到李俨准备尊奉东晋的年号都非常高兴。这些记载表明，尽管西晋已灭亡将近四十年，前凉仍存在着尊奉西晋和尊奉东晋的两派势力之间的纷争。

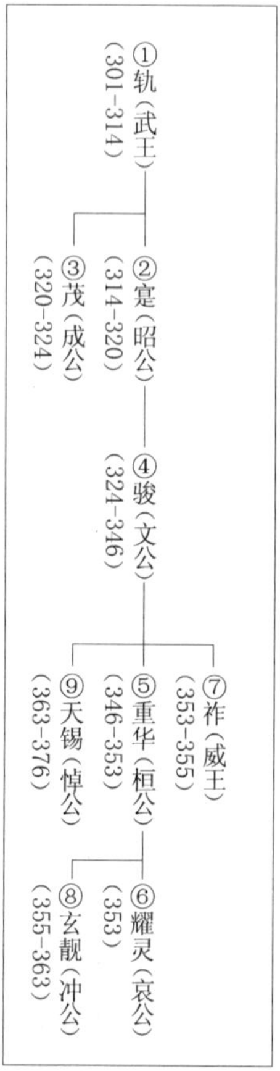

24 前凉系图

换言之，在西晋向东晋过渡的过程中，在汉族内部产生了对于东晋政权的正统性的怀疑。然而我们可以指出，尽管如此，胡族政权下的华北汉族士大夫大多心系晋家皇族司马睿在江南建立的东晋政权，这也是实情。

宋的正统性

到了东晋之后的下一个江南汉族王朝——宋的时期，这种状况似乎又出现了变化。在东晋灭亡、东晋将军汉族人刘裕建立宋的前夕，东晋皇族司马国璠、司马叔道逃亡到五胡之一的羌族在长安所建立的后秦。

当时后秦皇帝姚兴问他们："刘裕匡复晋室，卿等何故来也？"国璠等人回答说："裕与不逞之徒削弱王室，宗门能自修立者莫不害之。"由此，姚兴看到此时在长江中游和上游的四川的东晋将士中，有许多反对宋的力量，于是意欲联合他们对宋发起战争。

另外，这时在丝绸之路沿线、河西地区的酒泉，存在着五胡十六国的一个政权——西凉。西凉政权的王室自称是西汉将军李广的子孙，世代担任敦煌太守。最近，在甘肃省酒泉市区以西八公里的地方，发掘出据判断是魏晋时期最大的一处古墓，墓主被认定为西凉王朝的始祖李暠。而在晋宋更迭之时的西凉王李歆正是李暠的儿子。李歆在位四年，正值江南政权更替，此时李歆也计划率军讨伐刘宋。

司马国璠等人对刘裕的反抗，属于从江南出逃的人士、长江中游地区的将士的反抗，而李歆的反对则是河西地区汉族君主的反对，并不代表华北士大夫对刘裕的反对。然而，既然当时华北士大夫倾心归附于东晋政权，那么可以认为，我们前面所看到的逃亡人士对宋的创建者刘裕的抗拒，同样也存在于华北士大夫身上。

更何况刘裕出身贫寒，并非像司马氏那样的贵族。考虑到这个时代人们具有强烈的身份意识，正如贵族的存在所明确展现的那样，华北士大夫对刘宋政权的强烈抗拒，并不仅仅是因为刘裕灭掉了东晋而篡夺了政权，他的出身问题也是一个重要因素。

25 河西走廊　从长安到堪称丝绸之路大门的敦煌，所经过的路线叫河西走廊。照片为武威地区的景观

五胡十六国时期，由于厌恶战乱和胡人的统治，许多人从华北移居到江南。而应该注意的是，这种现象也只是出现在东晋时期。自刘宋篡位以后，几乎再难看到有华北士大夫逃亡江南，这与此前的情况截然不同。这与江南士大夫对刘宋政权的抵触，也有一定的关系。

换言之，刘裕建立的宋王朝，是一个正统性备受华北汉族士大夫质疑的政权，同时引起了他们"对江南政权的离心"。刘宋建国时华北士大夫出现了一种趋势，他们对待胡族政权不再像本章前面所论述的那样采取忌避的态度，而是在华北统一的背景下，承认终于逐渐进入安定期的胡族政权为中原王朝，并给予支持。详情将在后面的章节展开。

五世纪上半叶鲜卑拓跋部使华北再度统一，建立了北魏政权。在记载北魏历史的《魏书》中，为建立东晋政权的司马睿立传时，称其为"僭晋"即"僭越而称晋的司马睿"，而在为后来刘裕及其以后的江南诸朝皇帝立传时，都一律称之为“岛夷某人”，例如“岛夷刘裕”。华北汉族士大夫思想发生了很大变化，甚至连这种记载上的变化都受到影响(把江南政权视为夷狄)。

汉族士大夫追求的道路

反过来想想，在这个时期置身于异民族的统治之下或不断遭受异民族侵扰进攻的华北士大夫，他们可以选择的道路包括接受异民族的统治在其王朝中出仕为官、虽然置身于异民族的统治却拒不出仕以显示身为汉族的矜持、尊奉江南王朝为盟主反抗异民族，等等。应该引起我们关注的是，当时的华北士大夫尽管身不由己，但只要条件允许，他们当中有实力的人士就会力图形成一股独立的势力。

为西晋而在边境之地独守孤垒的前凉张重华(张轨的曾孙)，曾在348年接待了东晋派来的使者，对方许诺封给他大将军的官位和侯爵的爵位。当时鲜卑的慕容皝所自称的燕国王爵已得到东晋王朝的承认。“为什么我们世代为晋尽忠守节，却只能封个侯爵，处在并非忠臣的鲜卑的下风?”因此张重华感到很生气，拒绝受领东晋使者带来的诏书。

到了张祚这一代，终于称帝，设置百官，不再尊奉西晋建兴的年号(当时为建兴四十二年)，而改用自己的年号，为和平元年。

然而，在前凉阵营中，依然存在反对这次革命的势力。从建兴改元为和平的这一年二月，灾异频发。于是郎中劝谏他说：进行革命之事，臣窃以为不可。华夷之所以归系大凉，义兵之所以千里响应而至，是因为陛下是守晋的忠臣。现在自称承受天命，即位称帝，天下人看到这种行为，恐怕就不会再相信陛下了。前面我们提到李俨自立，尊奉东晋的年号，反对张祚，正是发生在这次革命事件之际。

换言之，当时前凉阵营中，同时存在着几种倾向，很难形成统一的舆论，既有尊奉西晋的（使用西晋年号，称建兴四十三年），也有尊奉东晋的（以中兴为年号），还有希望独立的（进行革命）。

前凉的张天赐执掌了朝政之后，在建兴四十九年改元升平（东晋年号）。这是受东晋大将桓温北伐、其军威声震华北的影响，而此后前凉一直尊奉东晋的年号咸安，直至灭亡。（桓温北伐详情将在本书第四章展开）

至此，我们主要以五胡十六国之一前凉的政局变化为例进行了论述，审视了这一时期汉族士大夫的态度，从其演变轨迹中我们可以真实地看到他们力图保持中华的传统以及为寻求和追随所奉正朔的对象而痛苦跋涉的身影。

这里向大家介绍在这个动荡不安的年代中一位士大夫的故事。在永嘉之乱时，河北范阳出身的李产作为乡里的领导者努力保全民众，后来在石勒的后赵政权中出仕，任范阳太守。遭到前燕攻击后又开城投降。在李产的传中，有如下记载：

> 及慕容儁南征，前锋达郡界，乡人皆劝产降，产曰："夫受人之禄，当同其安危，今若舍此节以图存，义士将谓我何！"

众溃，始诣军请降。儁嘲之曰："卿受石氏宠任，衣锦本乡，何故不能立功于时，而反委质乎！烈士处身于世，固当如是邪？"产泣曰："诚知天命有归，非微臣所抗。然犬马为主，岂忘自效，但以孤穷势蹙，致力无术，僶俛归死，实非诚款。"儁嘉其慷慨，顾谓左右曰："此真长者也。"（《晋书》载记第十）

这段引文稍微有点长，但这则故事向我们生动地传达了这个时代士大夫的苦衷。他们心里期盼着汉族正统王朝解放华北，却眼看着随着胡族势力的扩张这种可能性越来越小，于是不由地发出天命为何的叹息。可以说这是生活在五胡十六国时期的汉族士大夫共有的心情。

胡族与正统王朝

上面我们探讨了五胡十六国时期华北汉族的思想。那么，作为这个时期另一方的主角，当胡族入侵中原的世界或与中原的世界对峙时，他们有什么考虑？他们想要创造一个什么样的世界？

首先需要明确的是，胡族对自己所灭掉的西晋王朝，并没有继续尊奉的意思，尽管这是不言自明的事情。不过，胡族承认西晋是在他们自己建立的前赵、后赵等政权之前统治中原世界的正统王朝。西晋作为对于胡族而言的异民族——汉族所建立的王朝，其正统性并没有被否认。西晋是统一中国、包摄华夷的王朝，胡族自身过去也曾作为臣下参与筹划——这种意识存在于胡族之中。正如前面我们看到的，羌族酋帅姚弋仲告诫子女说："古以来未有戎狄作天子者。我死，汝便归晋，当竭尽臣节……"这说明姚弋仲具有以汉族王朝东晋的臣子自居的意识。

当时，四川有一个由蛮族賨人所建立的五胡十六国之一的成汉政权。其第三代君主李雄曾发表过支持东晋元帝的言论："我乃祖乃父亦是晋臣，往与六郡避难此地，为同盟所推，遂有今日。琅邪（即东晋元帝司马睿）若能中兴大晋于中夏，亦当率众辅之。"另外，据史料记载，在氐族所建立的前秦政权的朝议上，有人指出："且晋中宗，藩王耳，夷夏之情，咸共推之，遗爱犹在于人。"从这两个例子可以看出，在东晋建国时，存在这样一种认识，即元帝得到"夷夏之情"即汉族和夷狄的支持。换言之，在东晋建国时，正如大多数汉族所认同的那样，尽管对于非汉族而言东晋政权难说稳如磐石，却具有正统王朝的资格。

只是不应忘记，在这种情况下非汉族对东晋的承认，并不是认识到东晋是继承西晋正统的王朝，而是他们认为吸纳自己所占领的华北地区占据人口多数的汉族的意向，有助于加强其统治，即非汉族的立场与汉族不同，他们是从更现实的观点出发，意识到当前支持东晋是上策。

关于这一点我们可以举出一个很好的例子。鲜卑慕容部在慕容廆的时代，曾劝东晋元帝继承晋的正统而即帝位，到了其孙慕容儁的时代，慕容儁自己被群臣劝进即帝位，他先是谢绝说："吾本幽漠射猎之乡，被发左衽之俗，历数之箓宁有分邪？"不久却即位，并对东晋使者说："汝还白汝天子，我承人之乏，为中国所推，已为帝矣。"

然而，承认东晋的这种意识，是否完全是胡族基于现实的利益判断而得出的结果？却也不尽然。这是因为，当时的胡族中存在着认为自己或本民族不如汉族的意识，并因此认为本民族所创立的政权缺乏正统性，反而把江南的东晋政权推为正统王朝。例如，氐族所建立的前秦政权中的其中一位皇族苻融即认为中华的正统性在于东晋。

而与这种意识大相径庭的意识当时亦在孕育之中。后来在胡族当中出现了认为自己是正统、江南的汉族王朝为夷狄、而我们才代表中华的思想，不过，这种思想要成为主流，仍然需要经过数番曲折的过程。

第三章

跨越胡汉之壁垒

苻坚的时代

冉魏的兴亡

我们在上一章审视了结束从东汉末年到三国时期混乱局面、成功使中国再度恢复统一的西晋，经历了短暂的和平之后又分崩离析，陷入比以前的社会动荡更为激烈、波及范围更广的五胡十六国时期的混乱局势。同时我们也详细地论述了造成这一混乱的其中一大原因，即这个时期各民族相互之间错综复杂的憎恶情绪。

这种憎恶最集中地体现在冉闵之乱前后所发生的各民族之间的大虐杀中。冉闵出身汉族武将家庭，其父是后赵（由羯族所建立的五胡十六国之一）皇帝石虎的养子，因此他使用羯族的姓，称自己为石闵。冉闵智勇双全，深受石虎的喜爱，在后赵的诸将中有重要的地位。石虎去世后，他帮助石遵登上帝位。然而，石遵违背诺言，没有立他为太子，于是冉闵便杀掉石遵而改立石鉴。不料这次由于石鉴又要杀他，冉闵便认定羯族的人不足为信，将后赵王族几十人统统杀掉，自己即位当上了皇帝。

冉闵以大魏为国号，都城与后赵一样设在邺，于是五胡十六国时期少见的汉族政权诞生了。据说冉闵利用汉族对胡族的反感，对胡族施行大虐杀，将多达二十万的胡族尸首遗弃城外，任由狼群啃食。在这次对胡族的大虐杀中，但凡高鼻梁、蓄胡子的具有胡族相貌的人不分胡汉一概被杀，其影响波及四方，乃至演化成数百万的胡族在各地互相残杀的局面。因此中原地区的人们无法从事农耕，盗贼横行，大饥荒爆发。

随后冉闵的军队被羌族姚襄的军队大败，战死的士兵多达十万。冉闵政权内部陷入混乱，招致鲜卑慕容部建立的政权前燕乘虚南进。352 年，冉闵兵败，被前燕军活捉后被杀。

冉闵之乱是由于民族之间的憎恶而引发的一场真正的悲惨灾难，然而通观五胡十六国时期，历史在此到达了拐点，从混乱、崩溃渐渐向收敛、统一的方向转变。此后，各族之间的憎恶渐趋缓和，历史朝着胡汉融合的方向发展。

最初上场的主角是鲜卑慕容部所建立的前燕政权，以及氐族所建立的前秦政权。随后不久又经鲜卑拓跋部建立的北魏政权的继承，永嘉之乱以来政局混乱几乎持续一个半世纪之久的华北地区，在北魏第三代皇帝太武帝时期（439）再次实现统一。

本章我们将论述从跌入混乱谷底的时期向华北再度统一的方向发展的这段历史过程。

苻坚的登场

五胡之一的氐族当时是生活在现中国陕西省和甘肃省的一个民族，他们以长安以西的武都、略阳为根据地，以杨氏、苻氏、吕氏等豪族为中心，势力不断增强，建立了前秦、后凉等政权。其中前秦是氐族的族长苻健在后赵石遵的时期从其麾下脱离出来独立后、领导其父苻洪的部下于 351 年建立的政权。

前秦定都长安，逐渐发展为一股强大的势力，与后赵瓦解后鲜卑慕容部在华北建立的前燕东西二分。苻坚是苻健之弟苻雄的儿子，生于 338 年，由于在苻健之后继承帝位的苻健之子苻生多行残虐之事，苻坚将其铲除，自己即帝位。

苻坚即位之后，立即着手治理内政，订立法制，抑制工商，奖励农耕，并兴修连接首都长安和地方的道路，对学问实施保护和奖励的措施。国力得以充实，文化获得发展。相传苻坚年幼时向祖父苻洪提出希望跟从老师读书的请求，祖父听后又惊又喜，说道："汝戎狄异类，世知饮酒，今乃求学邪！"便准许他跟随老师学习。

这里所说的学问当然是汉族的学问，这段逸事本身不免让人觉得其中反映了基于汉族的歧视意识。在苻坚的时代，他推行了诸如提拔汉族士大夫、保护学问等与此前胡汉严重对立的华北地区大为不同的融和政策。

另外与此同时，对外苻坚于 370 年讨灭了雄踞华北一方的鲜卑慕容部创建的前燕，376 年灭掉了前凉，进一步吞并了在北方不断扩大势力的鲜卑拓跋部，一时成功地统一了华北地区。

苻坚的政策

苻坚有汉学的修养，从即帝位时起便采用了汉族传统的治政方针施政，在此过程中，协助其施政的汉族士大夫王猛发挥了重大的作用。这种胡族君主与汉族谋士相配合的形式，前有羯族的石勒与汉族的张宾，后有北魏时期的太武帝与崔浩，而苻坚与王猛之间的亲密程度，可说是前述二者所不可比拟的。

有一次，氐族人、功臣樊世当着众人责备王猛说："吾辈与先帝共兴事业，而不预时权；君无汗马之劳，何敢专管大任？是为我耕稼而君食之乎！"这些言语表达了统治汉族地区的胡族将汉族当成为胡族耕作的奴隶，以及对不得不接受汉族出身的王猛差遣的不满。而王猛当即反唇相讥："方当使君为宰夫，安直耕稼而已。"考虑到当时胡汉的势力关系，王猛这么说可是非同小可的。果然，樊世大怒，"要当悬汝头于长安城门，不尔者，终不处于世也"。王猛将这件事向苻坚报告。

备受君主宠信的宠臣与王朝的功臣之间出现这样的冲突，这在历朝历代都是常有的事，而耐人寻味的是，苻坚听到王猛的报告之后，说道："必须杀此老氐，然后百僚可整"，将樊世斩首，

图三

图二　云冈石窟第六窟后室中心塔柱下层北龛佛传故事 北魏——山西大同市郊的云冈石窟，现存主要洞窟 45 个，造像五万余躯，是北魏时期皇室经营的第一座大型石窟，是中国北方地区早期石窟的典型代表。此通高 110 厘米，为太子乘象故事。

图三　娄睿墓鞍马出行图壁画 北齐——出土于山西省太原市娄睿墓。娄睿为北齐武明皇太后的内侄，官至大司马。壁画位于墓道西壁中栏，以长卷式展开。画面构图新颖，层次分明，人物生动，堪称中国美术史上的杰作。

为此还引发了氐族的骚动。因为在胡族作为统治者君临中原的五胡十六国时期，相反的事件即汉族被胡族肃清本是惯例。

从“将汉族当成为胡族耕作的奴隶”这种思维中，我们很容易了解到汉人在胡族统治下的处境，而樊世的遭遇截然不同，这也可以看出苻坚对王猛非常信任。

只是，如果君主与宠臣之间的关系很密切，即便这个时期存在胡汉的对立问题，君主对宠臣的维护也不见得有多么奇怪。但是，苻坚却常常做出超过这种程度的反应。

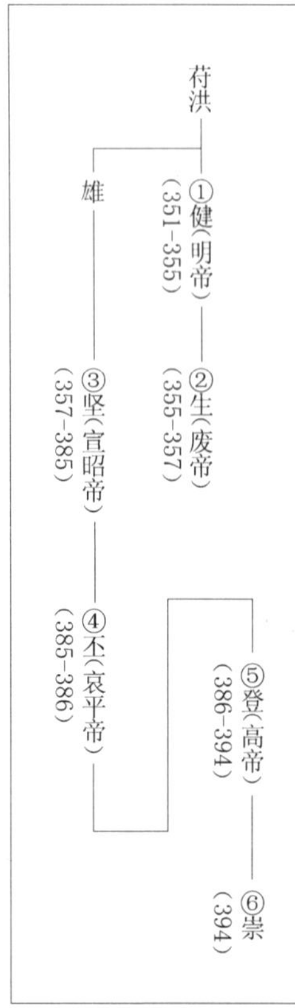

26 前秦（苻氏）系图

苻坚的这种特点也局部地体现在前秦与夙敌鲜卑族所建立的前燕为了争夺中原霸权而进行决战时。当时，前燕王族、后来后燕的创立者慕容垂逃亡到前秦，王猛向苻坚进言道：“慕容垂……人之杰也。蛟龙猛兽，非可驯之物，不如除之。”然而，苻坚却说道：“吾方以义致英豪，建不世之功”，接受了慕容垂的投诚。在攻下前燕之后，他的这种力图跨越民族间壁垒的姿态以更为彻底的方式展现出来。

苻坚即位以来，陆续采纳和实施了中国传统的国家礼仪，建造了明堂（中国古代用于举行祭祀大典的场所），在国都的南边

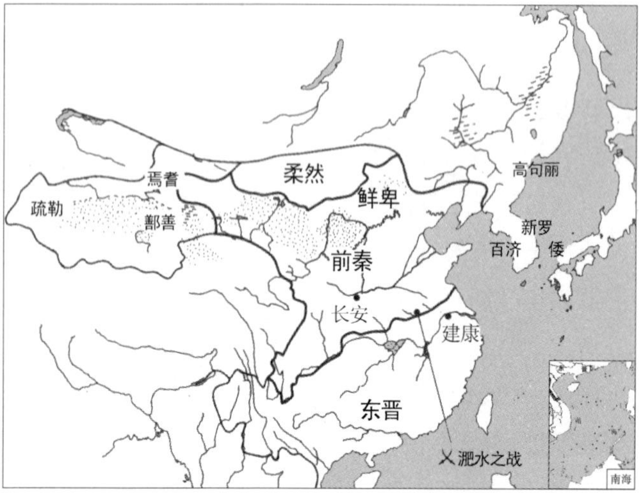

27 前秦全盛期图

举行祀天仪式（汉族王朝最重要的祭典），躬耕籍田（皇帝所进行的农耕礼节），后来还命人举行了养蚕之礼，等等。

平定前燕、成为中原霸主之后，苻坚随即更为热心地借助儒教理念推进国家建设，健全风俗，恢复了魏晋时代士族阶层人士的户籍，努力为前秦王朝收揽士族阶层的人心。

另外，苻坚将氐族本族人从中央迁移到前秦新占领的统治地区，而反过来将前秦征服的鲜卑、羌、羯等五胡各族迁移到国都周边，并加以宠任。佛教僧人道安被群臣评为“毁形贱士”，皇帝身边的人进言欲将其除去，而苻坚却对他信任有加，并虔诚地尊奉佛教。

民族融合政策之功过

贯彻这样的政策，可以说自然而然地弱化了从根本上支持前秦政权的氐族集团的纽带，存在着导致王朝解体的危险。正因为如此，氐族重臣屡次向苻坚进言，强调这种政策的危险性。

据史载，苻坚最小的弟弟苻融曾哭着进谏道："陛下宠育鲜卑、羌、羯，布诸畿甸，旧人族类，斥徙遐方……鲜卑、羌、羯……此皆国之贼也，我之仇也。"然而苻坚却没有听从他的谏言。就连苻坚的谋士、汉族出身的王猛也对苻坚进言说，鲜卑、羌等是国家的仇人，是国家的祸根，应该把他们除掉。

群臣与苻坚之间想法不一致最为尖锐的表现，是在苻坚准备南伐时的朝议上。在统一华北之后，苻坚计划讨伐据于江南的东晋，后来引发了与东晋之间的淝水之战。这次南伐的计划遭到了群臣的一致反对。

当时群臣列举了种种反对的理由，包括东晋国内安定，汇聚了谢安等一批贤臣；东晋据有长江之险，易守难攻；中原刚刚平定不久，将士疲惫不堪；鲜卑、羌等异族受到优待，而氐族反而受到轻视，在目前这种情况下，劳师远征对国家而言是非常危险的举动，等等。就连苻坚所信任的王猛也曾指出，东晋虽然偏安于江南，但政局稳定，具有中国王朝的正统性，因此不能对其发动攻击。

对于群臣发表的上述意见，苻坚说道："任由东晋如此发展下去，非社稷（国家）之利，我希望统一天下，拯救民众。"他不再允许群臣发表反对意见，在统一不久的各族混编部队的基础上组建了一支多达百万人的军队，挥师南征。

结果以前秦大败告终，各族趁机发起叛乱。前秦这个由各民族各个势力组成的马赛克般的政权，瞬间瓦解。苻坚自己也在混乱之中，被羌族的姚苌所杀。那么，为什么苻坚会推行这些加快王朝灭亡的政策呢？在他所推行的政策中，特别引人注意的是，他轻视本民族氐族，而优待甚至宠任汉族和鲜卑族。为了成就华北统一大业，结束长期的各民族对立的局面，当然是需要采用这些政策的。

但是问题在于，这种政策在当时的情况下具有多大的现实性？事实上，苻坚的这种民族政策弱化了与前秦统治的核心——氐族之间的联系，淝水之战后，华北再度回归到各族割据混乱的局面。

28 明代尤求《围棋报捷图》从侧面描绘了东晋淝水之战捷报传送谢安的故事

那么，我们能否把苻坚的政策看成只是理想主义的产物呢？当我们看到从五胡十六国到南北朝时期这段战乱频仍的历史，便不能把苻坚的政策简单地归结为理想主义的产物。人民追求和平与统一的心愿确实极为强烈。另外，在这些政策中，苻坚旨在确立王权的冷静而现实的判断也起到了推动作用。这典型地表现在他在重用王猛时却将氐族功臣斥为“老氐”的态度上。

五胡各王朝的政权显然并非是一君万民性质的体系所构成的，而是由王族、部族长所统率的各个集团的联合体组成。前秦是以具有这种结构的氐族集团为核心、以具有同样结构的匈奴、鲜卑的集团为外延，并包含各豪族所领导的汉族集团在内的国家联合体。虽然王权力图加强其权力，却存在着许多阻碍其扩充羽翼的因素。

尽管如此，倘若在这种情况下不得不与其他政权展开难以避免的殊死搏斗并从抗争中胜出的话，那么对于在位者而言，就一定要强化专制君主性质的王权。

这个时候，从新征服的土地上获得人才、税收等资源，便在加强王权的过程中发挥着巨大的作用。因为这些资源对皇帝、王族或各部族长的力量关系起着决定性的影响。

换言之，苻坚希望通过对其他胡族政权的征服，获得胡族的军事力量，通过对汉族的统治，获得人才和庞大的资源，并对此加以利用以达到确立和加强王权的目的。

北魏的登场与时代状况

北魏建国

前秦的崩溃使统一的趋势暂时逆转，然而经过此后的后秦、后燕、北魏的传承，华北逐渐脱离混乱的局势。最终承担起统一大业的，是鲜卑拓跋部所建立的北魏政权。

建立北魏的拓跋部其发祥地据说在中国东北的大兴安岭北部，到了三世纪，在拓跋力微担任拓跋部领袖的时候，他联合各部，以盛乐（今内蒙古和林格尔）为中心集结势力，从此以明确的形式登上历史舞台，不断扩充其势力。到了四世纪中叶拓跋什翼犍时期，拓跋部发展成以山西省北部大同为中心的北方霸权，却遭受统一华北的前秦苻坚的攻击，其部族联合体暂时解体。

不过，随着前秦的崩溃，什翼犍之孙拓跋珪将原来的势力重新集结，此后势力更是不断地急速扩大。

到了四世纪末，拓跋珪方才称帝（道武帝），建元登国，定国号为魏（386 年）。到了 396 年，建天子旌旗，亲率四十余万大军，争夺中原霸主。这便是非汉族政权北魏的兴起，它可与欧洲历史上的法兰克帝国相比拟，亦是后来北朝各代以及隋唐帝国的母胎。

随后北魏吞并周边各国，在 439 年第三代太武帝在位时期，历经一百多年，终于实现了华北的统一，结束了混乱的局势，与江南的汉族王朝宋形成对峙。

拓跋珪的部族解散

鲜卑拓跋部是各部族联合而成的部族联合体，在前秦的时候被苻坚强行解体，拓跋珪则以重建联盟为目标。他曾依附在为部族联合立下功劳的贺兰部的首领贺讷麾下。

29 · 30 嘎仙洞　位于大兴安岭鄂伦春自治旗的一处洞窟。1980 年，在洞内的石壁上发现带有纪年为北魏太平真君四年的祝文。几乎相同的文章收录在《魏书》礼志中，由于这次发现，可以确认鲜卑拓跋部的原住地在大兴安岭北部。左图为洞窟外观，右图为从洞内向外望的景观

当时，贺讷对他说道："复国之后，当念老臣。"向拓跋珪表示归顺之意。然而，正当各部族首领准备推戴拓跋珪作为部族联合体的领袖时，贺讷之弟贺染干却说："在我国中，何得尔也！"贺讷劝导说："帝，大国之世孙，兴复先业，于我国中之福……汝尚异议，岂是臣节！"于是劝拓跋珪即王位。从这段故事中我们可以清楚地看到当时鲜卑拓跋部作为部族联合体的结构。

成功地重新集结各部族的北魏初代皇帝拓跋珪在建国之后，推出此前五胡政权中从未有过的政策，即部族解散政策。

部族解散是指将拓跋部旗下各部族集中迁居到国都平城（今山西省大同）为中心的畿内外地区，同时将此前各部族长对所辖部民的统率权收归国家所有。

据史书记载，"其后离散诸部，分土定居，不听迁徙，其君长大人皆同编户。讷以元舅，甚见尊重，然无统领"。另一方面，又把原本各部族长属下的胡族各部民变成直属于北魏皇帝的战士。

部族解散意味着与原来的五胡政权相比，北魏成功地创建了能够特别强化帝权的国家结构，奉命集中居住的鲜卑各族的大部分人，按东西南北等方位的原理，重新整编成“八部”，又称为“八国”，后来作为北魏国军的核心，成为统一华北的原动力。

非汉族国家北魏与汉族士大夫

前面我们通过部族解散的事例，说明了北魏与此前胡族政权的某些不同。我们在对北魏政权与以前的王朝进行比较时，首先最应该指出的是，北魏统治华北地区长达一个半世纪之久，在这段时期内，正是这个王朝完成了华北的统一大业，终结了五胡十六国时期，并开辟了南北朝时代——据于建康的汉族王朝南朝与据于平城的非汉族王朝北朝互相对峙的时代。

北魏并非是如五胡各国那样兴亡交替、令人目不暇接的短命王朝，而是发展成被称为“北朝”、连汉族也都承认其正统性的一个政权。

然而，这并不等于北魏从最开始其正统性就得到汉族的认同。正如上一章所指出的那样，五胡十六国时期，在汉族心里，整体上存在着在文化上对胡族具有优越感的夷狄观，以及在政治上、军事上被胡族压抑的屈辱感和恐惧感，而在胡族心里，或多或少在军事上对汉族的优越感、对汉族和汉文化的情结或否定的心态等混杂在一起，既有歪曲的成分，也有摇摆不定的成分。因此，北魏也同样存在着这样的汉族士大夫，他们认为“诚

31 山西大同恒山悬空寺

无狄戎为帝王者”，不能也不愿在这样的夷狄王朝里做官。

前燕灭亡后，慕容垂在华北建立了强国后燕。北魏道武帝在进攻后燕时，由于军粮匮乏，便向群臣征询筹措粮食的方法。当时出身华北地区第一名门望族的汉族士大夫、清河的崔逞进言道：“取椹可以助粮。故飞鸮食椹而改音，《诗》称其事。”道武帝听后，认为崔逞的话是在侮辱他们，大怒，后来将崔逞赐死。

这里头出了什么问题我们不太清楚，《诗经》的原文是：“翩彼飞鸮，集于泮林，食我桑黮，怀我好音。憬彼淮夷，来献其琛。”崔逞想到了《诗经》中“飞鸮吃了桑葚，叫声变得动听；居住在淮水的夷狄受到感化，献上珍宝”的典故，向道武帝建议以桑葚作粮食。这番言论显然是将鲜卑与飞鸮、淮夷等而视之，有侮辱之嫌。正因为如此，身为鲜卑族的道武帝才生气，最终将崔逞赐死。这件事表明，道武帝与五胡君主一样，都具有非汉族的意识。

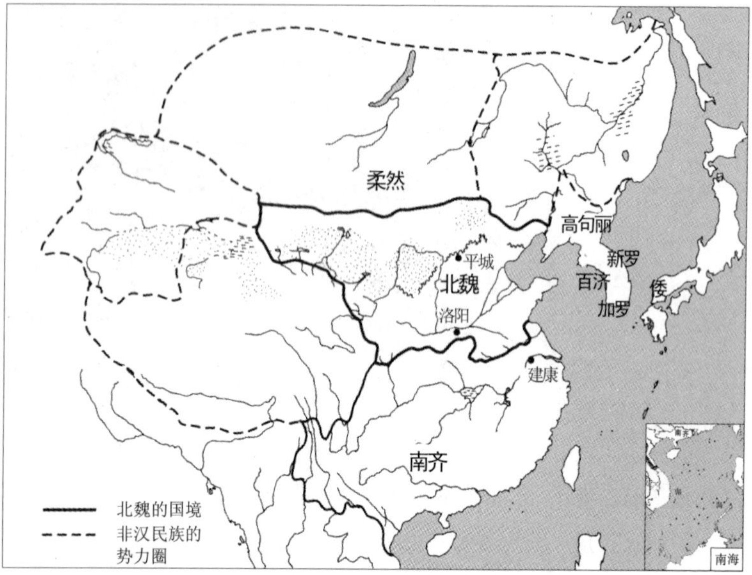

32 北魏统一华北

换言之，从这段记载中，可以看出我们前面所指出的胡汉双方因军事上的优势、文化上的劣势而在意识上所产生的意识结构，亦同样存在于北魏初期。

崔逞的同乡崔宏曾在道武帝及其儿子明元帝的两朝中担任北魏宰相，最初他因为不想在异族政权中为官，准备逃亡到江南。然而，在逃亡途中被捉回，未能如愿以偿，只好到北魏朝廷任职。为此他曾写下咏叹自身悲惨命运的诗文聊以自慰，却因害怕受到处罚而终生未敢公开示人。

就这样，当时华北士大夫并不把北魏政权当成自己的王朝，对之完全不抱任何亲近感。因此，北魏为了强调其统治的正统性，提出鲜卑是承受天命统治中国的主张。而北魏之所以为了主张正统性而推出这套逻辑，其原因就包括了汉族士大夫对异民族王朝的普遍抵制。

汉族的变化与崔浩

士大夫出现的变化

上一节所描述的华北士大夫对鲜卑或鲜卑所建立的北魏王朝的态度，到后来发生了很大的变化。例如据史载，北魏中期汉族名门出身的崔鉴认为鲜卑名族出身的陆叡才智度量出众，要将女儿许配给他。还有，北魏末年大乱时，汉族名士高翼在临终前对子孙说道："主忧臣辱，主辱臣死。今社稷阽危，人神愤怨，破家报国，在此时也。"同样身逢北魏末年乱世的汉族名士封隆之发起了勤王之号召："国耻家怨，痛入骨髓，乘机而动，今实其时。"

魏晋南北朝时期的婚姻极为讲究门当户对，汉族名门与胡族陆叡结成婚姻关系，意味着陆叡被汉族士大夫承认为一流的贵族。而"破家报国"这些言辞说明，汉族士大夫到了北魏末年已将北魏政权看成是宁可牺牲小家也要报效的王朝了，即把北魏政权视作自己所归属的王朝。

如此看来，可以认为从北魏时期的某一个时点起，汉族士大夫层对胡族和胡族国家的心情和态度发生了重大变化。那么，这种变化发生在什么时候、是什么原因所致的呢？带着这个问题审视北魏政治史的时候，我们可以发现，为北魏统一华北作出重大贡献的汉族宰相崔浩被诛事件的前后，正是这种变化的分水岭。

崔浩事件是指450年崔浩因编撰国史获罪被诛杀的事件。崔浩出身汉族世家，是前面提到的崔宏之子，时任北魏宰相。他在主持编修国史之后，将其内容刻在石碑上，并将石碑树立在都城的大路旁。由于石碑上的记载“尽述国事，备而不典”（毫不隐瞒地记述魏朝的事情，虽然详尽却并不符合典礼），引起朝野哗然，清河崔氏无论远近，乃至姻亲范阳卢氏、太原郭氏、河东柳氏等也都连坐被灭族。

这一事件的底下是胡汉之间的暗斗汹涌。大体上而言，可以说这是汉族士大夫将胡族视作夷狄而以江南政权为正统、胡族对此的反对和敌视这两种态度之间的冲突。就此看来，这与此前的胡族观、汉族观之间并没有太多差别。

然而，当我们稍稍深入地观察这一事件前后的状况，便可看到其中隐藏着巨变的前兆。确切地说，这些前兆包括：崔浩自己有着明确的态度（承认胡族王朝北魏、并以此为基础摸索中国的前进道路）；除了崔浩以外其他汉族士大夫也承认胡族王朝北魏；当时的皇帝太武帝在统一华北之后，野心日益增强，希望超越以前胡汉对立的立场而成为“中华皇帝”。

崔浩的意识

崔浩对北魏的承认并致力于摸索中国的发展方向，这表现在他从军事、行政、宗教等多方面对国家政治的积极参与。其中，我们注意到他计划对天下贵族的家世进行整理和排序。其近亲范阳卢玄在听到他的这个想法时，忠告说："乐为此者，讵有几人。"记载北魏历史的《魏书》认为，崔浩不听从卢玄的忠告，才导致了后来的败亡，这表明崔浩的姓族分定也以胡族为对象。

如此看来，即便姓族分定是基于汉族本位的做法，但由于其基本框架是以家世为胡汉两族共通的标准确定上下关系，因此从广义上说，这种做法为胡汉的融合提供了契机。

这种具有政治规划的胡汉融合的尝试是前所未有的，如果这种姓族分定政策得以推行，门当户对的胡汉两族之间就可以通婚。只是实施这种政策的时机当时并未成熟。直到崔浩死后四十多年，因创建均田制（对日本的班田收授制亦有影响）而闻名的孝文帝才开始推行天下姓族分定的政策。

普通汉族士大夫的意识

与其他五胡各国一样，北魏从其前身代国的时候起到北魏初期，都是采用暴力手段征召汉族士大夫。据史载，拓跋什翼犍的时期，他听闻燕凤的高名而希望将其招来当自己的谋士，便命令诸军将燕凤所在的代郡团团围住，并向城中的人们喊话，若得不到燕凤，"吾将屠汝"，城中的人们非常害怕，急忙将燕凤交出。崔浩之父崔宏在道武帝准备征讨后燕时，向东方逃亡，道武帝听闻其高名，派遣骑兵一路追赶，最终将其捉回北魏。

然而，到了道武帝之孙太武帝时期，征召汉族士大夫的时候便不再带有如此浓厚的强制色彩。据史载，太武帝统一华北（439）之前，曾在431年大规模招揽汉族士大夫，当时中央命令州郡“以礼发遣”，最终有几百人应聘，到北魏朝廷做官。其中具体个案详情如何，我们不得而知，但总体上而言，这一事件说明至少在这个时候已经采用了“以礼发遣”的招贤纳士方式，与北魏初年以前那种不容分说的征召大不相同。

那么，对于北魏王朝的这种“礼贤下士”，汉族士大夫是什么态度呢？如果他们还保持着与原来一样的胡族观和胡族国家观，那么北魏官方的“礼贤下士”政策也会招致他们拒绝出仕。然而，实际上却有多达数百人的士大夫应召前来。这表明他们的态度发生了重大改变，逐渐承认胡族所建立的北魏王朝了。

接受北魏招聘的士大夫高允后来回顾这段经过，感叹道：“昔与之俱蒙斯举，或从容廊庙，或游集私门，上谈公务，下尽忻娱，以为千载一时，始于此矣。”虽然他的描述略显夸张，我们却可从中了解到当时汉族士大夫承认胡族王朝并参与朝政的心情。

那么，汉族士大夫为什么会在这个时候开始承认胡族王朝呢？个中原因众说纷纭，但我们首先应该注意到的主要因素是，这时北魏已逐步推进并完成了华北的再统一，以及与此密切相关的、充分展现北魏朝廷自信的上述“礼贤下士”政策。这是因为北魏与此前短期内兴亡更迭、动荡不安的五胡各国不同，作为控制着华北广阔区域、政局稳定的政权，北魏的存在想必对当时的汉族士大夫产生了持续的巨大压力。

另外，汉族士大夫以基于儒教精神的“经世济民”作为人生大目标，同时作为乡村社会的领袖承载着民众对他们践行“经世济民”目标的期待。他们对于从西晋末年开始、持续一百多年的战乱状态必定忧心不已，而在这一乱世中兴起的北魏王朝所展现的柔软身段，会强烈地激励他们为了实现“经世济民”的理想而选择“明主”，这一点是我们不能忽略的。

太武帝与皇太子

太武帝与时局

崔浩事件的另一方当事人——胡族，尤其是其领导者处于什么样的状况之下呢？以下我们就这一问题展开论述。

正如前面讲到苻坚的政策时所说的，每当五胡的君主试图加强自己的权力时，就会与各自的势力基础即匈奴、鲜卑等胡族的旧势力产生冲突。纵观始于鲜卑拓跋部时期的北魏发展史，鲜卑民族也遇到了同样的问题。当时强化帝权的举措常常与对汉文明的吸收、汉化政策等联系在一起。因为引进新的文化直接关系到王权的强化。然而，新文化的引进必然导致原有的做法、资源的分配发生变化。因此，这样的行动常常遭到拓跋部下面各部族长为中心的保守势力的反对。

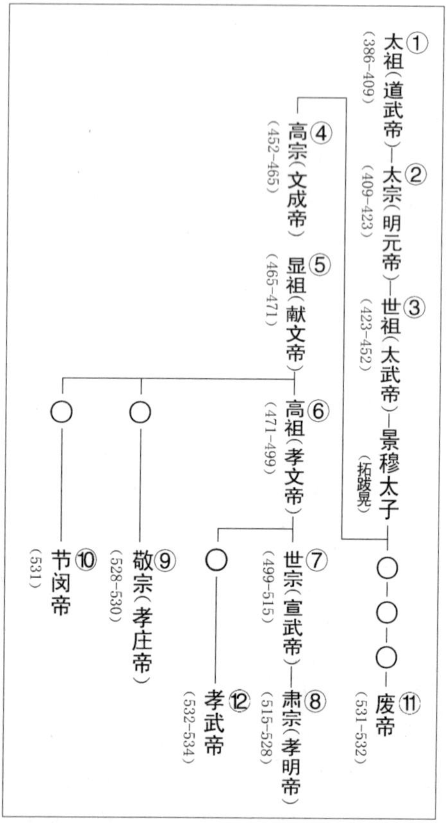

33 北魏（拓跋氏）系图

道武帝后来被其子清河王拓跋绍杀害，从更广的意义上说，这与保守势力抗拒旨在强化帝权的各种改革（例如前面讲到的部族解散）不无关系。在道武帝死后继位的明元帝，反道武帝之道而行之，作出了让步的姿态，从中也能看出保守势力与帝权抗争的影响。

明元帝之子太武帝继位后，凭借着父亲所恢复的强化的权力基础，再次依照祖法，接连推行各项改革，完善了官制和法令，并发动了许多征服战争。其结果带来了前所未有的北魏帝权的强化。然而，与此同时，北魏使得自从八王之乱、永嘉之乱以来混乱不堪的华北地区再度恢复统一，其实力之强大，甚至凌驾在南朝之上。

这种局面意味着，苻坚先前所追求的中国全境再度统一的目标被提上了现实的政治日程。因此，这种局面当然也会对太武帝产生极大的影响，迫使他不得不采取考虑应对之道。

那么，太武帝对此有什么应对之道呢？当时有个汉族人叫寇谦之，假托受到太上老君的启示，对东汉末年产生于中国的道教进行改革，宣扬“新”道教。太武帝接受了寇谦之的教义，将“新”道教定为国教，决心成为太平真君（道教中的“救世主”）。此外，他还在灭掉十六国之一的北凉、统一华北之后的第二年，将年号由太延改为太平真君。

太武帝的意识结构

注意到这一点，我们就能理解太武帝在华北统一之后所采取的政策。一般认为，他针对新的局面，超越了此前胡族君主的立场，开始以中华世界的皇帝作为自己的志向。此时，他所采用的道教并非原来的五斗米道，而是对原来的道教进行一番扬弃之后的新道教。这会让人想到，太武帝所构想的中华世界实际上并非对原来属于汉族的中华世界原封不动地全盘接收，这一点需要我们注意。

太武帝是历史上因推行废佛毁释而闻名的皇帝。五胡十六国时期的其中一位皇帝、后赵的石虎，当听到在后赵做官的汉族人王度提出废佛建议（“佛，外国之神，非诸华所应祠奉。”）时，

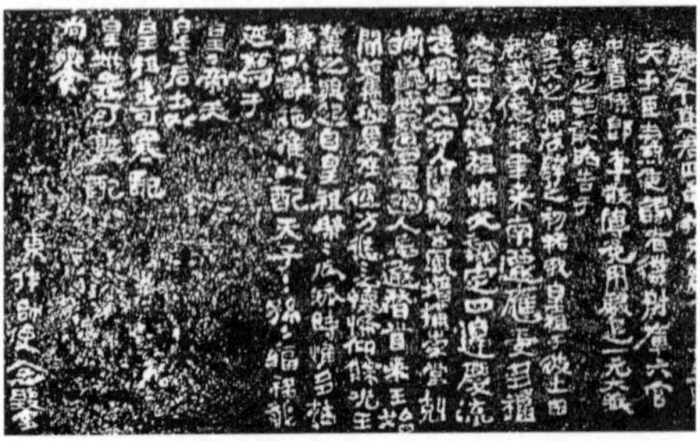

34 嘎仙洞祝文　在嘎仙洞发现的祝文中可以看到“可寒”等字样，可认为这是此后北方民族首领“可汗”、“汗”等称号的始源，是珍贵的史料

回应道：“朕出自边戎，忝君诸夏，至于飨祀，应从本俗。佛是戎神，所应兼奉”，拒绝了王度的建议。

像这样，一般五胡的君主都认为佛教是外国的信仰因此与自己有所关联，对其抱有亲近感并加以保护。太武帝则不这么想。

太武帝在对南朝的宋发动攻击时，在给南朝皇帝发去的书信中自称为“鲜卑”，并以鲜卑民族的强盛为荣。另外，太武帝在位期间，北魏北方的乌洛侯国派来使节说道，拓跋部当年在现今乌洛侯国的土地上居住时，建有祭祀先祖的宗庙，现在进行祭拜仍然灵验。于是太武帝派出使节李敞为代表，前往那座宗庙祭祀先祖。1980 年的一次调查发现这座宗庙位于中国东北的一个巨大洞窟内（参看插图 29 及图 34）。这一史实表明太武帝在位时对自己的鲜卑族身份有着明确的认识。

另一方面，太武帝颁发的废佛诏，严令废除“胡妖鬼、胡神”，荡除“伪物”。一般认为诏书的执笔人就是当时负责草拟诏书的崔浩。崔浩一贯讨厌佛教，而太武帝所颁布的便是这样一位人物所拟成的废佛诏。如此说来，写有“胡妖鬼、胡神”的诏书是经太武帝本人批准的，而五胡中显然包含鲜卑。五胡的“胡”

显然带有侮辱之意。太武帝基于何种原因，竟然批准了这份带有侮辱含义的诏书？经过如此一番推理，我们就能猜想到，太武帝本人恐怕并不认为自己是“胡”人。

五胡这个字眼原本是汉族创造的。另外，太武帝在进攻南朝统治下的盱眙城时，向南朝送去了一封书信，其内容流传到了今天，信中说道：“吾今所遣斗兵，尽非我国人。城东北是丁零与胡，南是三秦氐、羌。设使丁零死者，正可减常山、赵郡贼；胡死，正减并州贼，氐、羌死，正减关中贼。君若杀丁零、胡，无不利！”（《宋书》）

这里所说的并州的“胡”是指东汉时期跨过长城迁居到中国山西的匈奴。原本“胡”这个字在秦汉时期专门用于称呼匈奴，后来其涵义扩大，于是有了“五胡”等用语，到了唐代，丝绸之路的粟特商人等被称为“胡商”。

换言之，太武帝始终将自己看成鲜卑人，而胡是匈奴人，他将自己定位为统治鲜卑、汉族等各族杂居的中国的皇帝。

太武帝将鲜卑与此外的其他各族严格区分，并认为各个民族与汉族之间相互争斗，无论胜败如何，都对自己有利。可以说这种狂妄的姿态与苻坚大不相同。另外，当时汉族士大夫尽管面对的是夷狄王朝，他们仍然强忍着屈辱，为了实现经世济民的目标而不断选择响应北魏官方的征召，为国政出谋划策，这一点也与苻坚的时期有所不同。不过，我们大概可以下结论的是，从太武帝以中国本土宗教道教为国教、开始立志成为中华世界的皇帝时起，胡汉对立的时代便逐渐向胡汉融合的时代转变。

皇太子所处的位置

太武帝根据这样的路线开始摸索统一天下之路时，另外还有一个人正在依照另一套方针构想北魏的未来，他便是皇太子拓跋晃。这位皇太子与崔浩以及创立新道教的寇谦之等人关系并不好。《南齐书 · 魏虏传》有如下记载：

> 伪太子晃与大臣崔氏、寇氏不睦，崔、寇谮之。玄高道人有道术，晃使祈福七日七夜，佛狸梦其祖父并怒，手刃向之曰："汝何故信谗欲害太子！"佛狸惊觉，下伪诏曰："王者大业，纂承为重，储宫嗣绍，百王旧例。自今已往，事无巨细，必经太子，然后上闻。"

这段记载略显夸张，不过皇太子确实在太武帝的监护下被委以总揽实际国务的"监国"一职。另外，关于皇太子与崔浩的不和，还有其他的事例。

其中最严重的冲突是，皇太子笃信佛教，而崔浩却在其眼皮底下大肆废佛。皇帝亲信与作为下任皇帝的皇太子之间出现这样的分歧，可以说是不得了的事情。如前所述，废佛是意欲成为中华皇帝的太武帝所实施的其中一项政策，是在追求中国再度统一的过程中所推行的措施。另一方面，据记载北魏历史的《魏书》记载，皇太子就任监国一职后，颁布了如下命令：

> 恭宗监国，曾令曰："《周书》言：'任农以耕事，贡九谷……任工以余材，贡器物；任商以市事，贡货贿……其制有司课畿内之民，使无牛家以人牛力相贸，垦殖锄耨。'"

也就是说，皇太子沿袭了中国古代周朝的政治思想，推行了振兴农业的政策。

据史书记载，由于这项政策的实施，垦田面积大增，同时禁止各种有碍生产的行为，例如饮酒、杂戏、弃农从商等。皇太子实施的是中国传统的农本主义政策，但可以看出禁止饮酒的法令与他虔诚的佛教信仰有关。

另外，北魏在此后孝文帝的时期还推行了均田制、三长制（在第七章论述）等制度，而这些制度是以中国古典时期的周代制度即周礼为范本的。周礼通过这种形式成为制定国策的基准——从这个时候起，皇太子便摆出这样一种姿态。这样看来，我们可以认为皇太子作为下一任皇帝，并不只是推崇和信仰佛教而已，他根据佛教和中国历史上的种种制度，描画出一幅相当明确的政治蓝图。

前面我们提到皇太子与崔浩等人关系不好，再加上前面刚刚论述的因素，也可以看出皇太子与太武帝之间的不和。换言之，当时太武帝与皇太子之间并非只是在废佛等方面存在分歧，还潜伏着关于北魏政权在统一华北之后下一步应该如何经营的深层路线的对立。

帝权扩大与抵抗势力

再仔细想想，皇帝与皇太子即第二号实力人物之间的这种矛盾关系，出现在北魏历史的每一个关节点上。因此几乎可以说是贯穿北魏历史的结构性问题。那么，这里面究竟存在什么样的问题呢？

在北魏历史上第一次出现皇帝和皇太子之间的争斗案例，是早在中原处于三国时期、拓跋部首次明确出现在历史记载上的拓跋力微的时候。拓跋力微将自己的儿子沙漠汗作为人质送到中国留学。沙漠汗后来回到拓跋部，准备继承王位。各部族长却害怕拓跋部的风俗被汉化，便向力微进说沙漠汗的坏话，听信谗言的拓跋力微便将沙漠汗杀掉。这是北魏历史上政权一把手与二把手之间对立的案例。在北魏的建国者道武帝的时期也出现了皇帝与皇太子即第二号实力人物之间的冲突（建国功臣卫王仪的谋反事件、清河王绍对道武帝发动的弑逆事件等），这些事件都是以部族解散为代表的道武帝所推行的各项激进改革措施与反对改革之间的矛盾造成的。皇太子拓跋晃的个案则是继这些事件之后出现的皇帝与皇太子之间冲突的又一个案例。

通观这些事件，从中可以清楚地看到皇帝在追求帝权的确立及扩大过程中的举动，这一点我们前面也曾论述。而身处其中的皇太子即第二号实力人物的位置就很微妙了。因为他在与皇帝对峙时，很容易就会被卷入到反对帝权扩大的势力之中，但当皇太子即帝位之后，他也会走上跟先帝一样追求帝权的道路。

皇帝追求自身权力的确立和扩大，是中国历史上任何时期都可以见到的现象。然而，在北魏时期，皇帝尤其注重权力的确立和扩大。因为在北魏政权中，胡汉对立严重，皇帝严重偏向哪一方，都会造成权力、政权分裂的危险。

北魏早在还是北方的代国时开始，便不断吞并新的地区和国家，当时的史书将原来居住在地方的人称为“新人”，而将构成自己权力基础的人称为“旧人”，主要是鲜卑人。与前秦苻坚的情况相同，北魏帝权任用“新人”，从而实现了自身的强化和扩大。然而，对“新人”的过多任用乃至依存于“新人”，反过来就会像苻坚所遇到的情形一样，招致“旧人”的抗拒，甚至有政权瓦解的危险。相反，如果只重用“旧人”，又与北魏国土急剧扩张、统治地区内“新人”（主要是汉族）增多的现实相背离，而且随着时间推移，这种背离日益扩大。因此，当时的帝权便轮流将其重心放在“旧人”和“新人”上，可以说基本上注定了要将自身的权威放在超越胡汉对立的位置上。

太武帝是集双重矛盾为一体的皇帝，他一方面与鲜卑搞好团结，另一方面则重用崔浩、推行倾向于汉化的政策。他这种内在的矛盾，在超越胡汉对立、至高存在的皇帝身上得到统一。

统一了华北的太武帝，面临新的形势而超越了此前胡族君主的立场，强烈地希望成为中华皇帝。为了实现这个志向，他任用汉族出身的崔浩，采用寇谦之所力主的新道教。但太武帝的做法，遭到了自身尊崇佛教的景穆太子和北族势力等具有不同思维的各派势力的反对。

皇太子拓跋晃之死

这位皇太子在正平元年（451）六月戊辰突然去世。据史载，太武帝听闻太子死讯放声痛哭。然而，四天之后很快就将皇太子葬在北魏历代皇帝的陵墓中。别的史料显示，由于皇太子宠任的官员犯了罪，太武帝震怒，将该官员处死之后，皇太子因担惊受怕而死去。换言之，这说明皇太子的死有蹊跷。

皇太子去世的这一年是正平元年，正值统一了华北之后的太武帝倾巢出动征讨南朝之际。在此前一年即太平真君十一年（450）九月出兵南伐，十一月便兵围徐州彭城，十二月渡淮水。很快攻陷淮西、淮南，在十二月底终于抵达南朝宋的都城建康对岸长江边上的瓜步山，并在那里建起了行宫。第二年即皇太子去世那一年的正月初一，太武帝在长江岸边集结各路军马，论功行赏。紧接着在第二天即正月初二立刻回师，二月皇太子在鲁口（今河北饶阳南）的行宫接驾，三月回到京师平城。

抵达建康对岸的瓜步时，北魏军砍苇制筏准备渡江。为此建康城内高度警戒，紧张万分。然而，太武帝旋即从瓜步撤退北归。南朝为了应对这场战争而军民疲敝，南朝宋正处于历史上被视为全盛期的元嘉之治，却因此受到冲击而走向衰落，然而，北魏军在展现出如此强大的军威之后，却“突然”撤退，令人费解。

从史料中找不到这时与宋结盟的北方蒙古高原的柔然有什么举动，也没有发现太武帝卧病不起等对实施作战有重大影响的北魏军内部突发混乱的记载。据当时的史载，南朝人对于北魏军队此时的突然回师也感到意外。

现在我们来推测其原因，可以想到的包括长期远征将士疲乏、军粮不足等。但是，假设当时情况真是这样，既然已经作势准备渡过长江，在南伐的紧要关头于正月初一论功行赏，却又在第二天迅速撤退北归，我们不得不说这种情形确实是不正常的。

在现已亡佚的《宋略》残篇中，则提到在太武帝南伐途中留守国都平城的皇太子拓跋晃谋反。太武帝闻讯派人向平城送信，谎称皇帝在南伐途中驾崩，并在皇太子前来迎接太武帝灵柩时将其擒拿。编写《资治通鉴》的司马光认为这不过是流传于江南的小道消息不足为信，然而如果我们了解到如上所述的太武帝和皇太子之间的路线之争等因素，尽管现在不可能再现皇太子之死的细节，但在南伐军突然回师北归的背后必定是因为国都平城出现突发事件或太武帝接到类似急报——这种推断恐怕更有说服力。

前面我们对当时的具体状况稍稍进行了深入探讨。总而言之，在太武帝内心深处，既保持着鲜卑自我认同的种族主义倾向的思想，同时在这种意识之上，又带有开创更高层次的中华世界的图谋。这时，对于他而言，不在其意识之内的佛教想必被视为有害无益之物。这样一来，尽管与崔浩之间存在着基于胡汉两个民族的不同立场的区别，但可以说太武帝创造中华世界的志向最终与崔浩的追求是一致的，即两者都具有向胡汉融合的方向收敛的特性。

普通胡族的意识

除了胡族君主太武帝以外的普通胡族们（拓跋鲜卑）当时处于什么样的状况呢?当时拓跋鲜卑领导层的其中一人、长孙嵩非常反感深得太武帝宠任的崔浩。这样的反感是在当时拓跋鲜卑的许多人中普遍存在的一种情绪，是酿成崔浩事件最主要的原因。崔浩事件表明，在当时大部分的拓跋鲜卑的意识中，仍然存在着本族与外族的区别，而汉族仍然是受到排斥的异族。

因此，我们可以说当时大部分拓跋鲜卑的汉族观与五胡十六国时期其他胡族的汉族观基本上是相同的。只是拓跋鲜卑从华北统一时起，在汉文化的影响下，逐渐掌握了汉语。一般认为，这种情势进一步发展，便促成了拓跋鲜卑对汉族的接受。

换言之，在太武帝时期，拓跋鲜卑内部也以不同于汉族一方的方式显露出变化的征兆，在新形势下北魏当时的国家体制将何去何从?它将发生什么样的变化?我们需要弄清楚这些问题。关于这方面的内容，我们将在后面围绕着北朝历史的发展，在第七章继续探讨。下一章我们将转而聚焦于与华北地区同时展开的另一个主要历史舞台——魏晋南北朝时期的江南地区。

第四章

江南贵族制社会

东晋的贵族制社会

张昌、石冰之乱

在西晋中央地区爆发八王之乱的前夜，流入甘肃至陕西一带的羌族、氐族等非汉民族出现了问题，其中的一人、氐族族长齐万年于296年发动叛乱。

这场叛乱于299年被镇压下去，然而由于该地区除了战乱之外，又遭连年饥馑的袭击，产生了大量流民。当时有个一路护送流民的蛮族人叫李特（廪君蛮），他率领这些流民进入四川，攻陷成都后自立为王。后来，其子李雄于304年即成都王之位，306年称帝，建立了五胡十六国之一的大成国（因此后改国号为汉，亦称为“成汉”）。

35 王导（集古像赞）

为应对这一局势，西晋从湖北征派了军队入川，却遭民众抵制反抗。另外，当时因八王之乱而沦为难民的人群中，很多人选择南下，直奔当年粮食丰收、入川军队兵源地的湖北而来。

这时，蛮族人张昌（义阳蛮）宣扬将有圣人救世主出现在局势不稳的湖北地区，煽动民众发起叛乱。继陕西、甘肃、四川等地之后，长江中游的湖北也陷入大乱。张昌又将矛头指向湖北南边的湖南，乱象开始呈现出扩展到长江全域的趋势。

张昌的部下有一个叫石冰的人，他带领了一支别动队攻入长江下游的安徽和江苏一带。其结果，自孙吴政权灭亡后局势一直平稳的江南地区亦受动乱波及。江南统治阶层即当地豪族将这种动乱视为极大的威胁。

江南众豪族为了阻止这种流民之乱，推举顾秘、周玘为领导，联合西晋下级官吏出身、当时驻守江北的武将陈敏的军队，讨伐石冰，保住了眼下的安定。然而，随着八王之乱和五胡入侵，华北地区的混乱局势进一步恶化，当时为了躲避战乱的难民陆续逃往江南。总之，尽管石冰之乱被镇压下去，但是整个社会的难民潮却远未停息。

原本因讨伐石冰而立下大功的陈敏，看到中原地区的混乱局势，便希望在江南割据，于是谋求江南豪族的支持。然而，江南豪族看透了实力不足的陈敏而最终将其抛弃，他们与驻扎在寿春的周馥麾下的晋军里应外合，于307年将陈敏的军队剪灭。

此后不久，晋朝王族琅邪王司马睿被当时掌握西晋朝廷实权的东海王司马越授予安东将军和都督扬州诸军事的职务，相当于统率江南方面军的总司令。他带着出身华北第一贵族、琅邪的王导及少数随从，来到建邺（旧称建业，后改称建康）。

司马睿政权的建立

江南的各家豪族希望保持难民不断涌入的江南社会的稳定。然而，不依靠王朝权力能否独力阻止难民潮？对此他们感到有一丝的不安。就在这时，司马睿前来赴任了，他带着朝廷授予的统辖江南一带军务的都督扬州诸军事这一头衔，同时作为皇族司马氏中的一员，又兼具正统性。另一方面，司马睿亦听从王导的建议，为了控制江南地区需要借助当地豪族的势力。

略经周折，两者结成了联盟，江南豪族扶植草创的司马睿政权，并在江南豪族首领顾荣的带领下，致力于提高司马睿政权的权威。然而，北方的危局日益紧迫，为避战乱而来到江南的人越来越多。

据史载，为了将这些南下逃难的人士笼络到司马睿政权下，司马睿的参谋王导发挥了罕见的能力，他鼓舞这些思乡悲叹的北来人士，向他们展示收复中原的大义。司马睿政权成功地收揽到这些北来人士，并获得他们的支持。

36 玄武湖　据说因为南朝宋文帝时黑龙在这里现身，故名玄武湖，是建康北部的名胜（参看图 39）

就这样，王导为司马睿政权的确立发挥了极大的作用。在此过程中，王导采用了亲北的方针，任命北来人士充当司马睿将军府的要职。然而，这种政策无异于辜负了江南豪族对司马睿政权的期待。不过司马睿政权与江南豪族的结合原本就并非稳如磐石。在我们理解当时江南的状况时，这是很重要的一点。

在江南豪族中，既有读书人辈出的吴、会稽等地的名族，也有江南其他地方的新兴豪族，两者存在鲜明的区别。另外，在人数日渐增多的北来人士中，也包括不少在西晋时期已跻身于江南豪族上层的贵族。王导巧妙地利用江南豪族社会所存在的这一“弱点”，成功将他们分化，牢牢地控制着政权运转的主导权。

平定石冰、陈敏叛乱，为司马睿政权的创建立下大功的阳羡豪族周玘，眼见着逃亡而来的中原人士渐占上风而本地人屈居下首，感到愤慨，他在病逝前说了一句“杀死我的人正是中原来的人”，便一命呜呼。其子周勰遵从父亲遗命，发动叛乱。

倘若此时江南豪族能够实现大团结，大概会对此后江南政权的格局本身产生重大影响。然而，事实上即便是江南数一数二的大豪族周氏一族也无法展示出紧密的团结，因此在王导的政治力量面前，这次叛乱轻易就被镇压了。

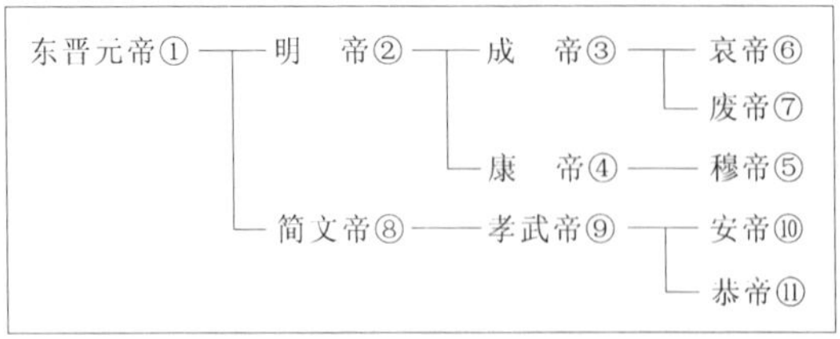

37 东晋系图

在这种政局形成的过程中，北来的贵族所带来的先进文化对身为乡土人士的江南豪族产生了极大的威力。王导厚待吴、会稽等地名人辈出的世家人物，任命他们为九品中正制度下的郡中正，通过他们使中原的价值观在当地贯彻，力图基于这种价值观构建以中原为中心的秩序，使之凌驾在当地秩序之上。随后，这种等级秩序在成功分化江南豪族、收揽北来人士、建设东晋贵族制国家的过程中，作出了极大的贡献。

随着江南政权的发展，司马睿在当地渐孚众望。继洛阳政权崩溃、怀帝愍帝死去，司马睿于317年接受了在北方抵抗胡族的晋朝诸将、鲜卑的段部和慕容部等的推戴，即皇帝位（东晋元帝）。

不稳定的政权

如前所述，当时四川地区有李特等人割据，逃离四川的民众很多流亡到湖南湖北。有的流民为反抗在湖南湖北不断受到的压迫，发动起义。在镇压这次动乱的将领中有一个叫杜弢的人，他同情起义民众的苦衷，转而支持他们，结果这次起义发展为席卷湖南零陵至武昌等大片区域的大暴乱。

当时，司马睿手下掌握军权的是王导的从兄王敦，他凭借其

38 南京大学北园东晋帝陵出土文物 1972年，在南京鼓楼岗南麓的北大楼发现了东晋帝陵的遗物。出土的文物包括产于东罗马的玻璃杯、青磁等，照片为同时出土的金冠饰物。据推测，这座陵墓建于323—342年间

部下、江南出身的将军陶侃、周访之力，平定了这场动乱。然而，自此以后，王敦的势力发展成连朝廷都不得不重视的潜在威胁，乃至有人私下传播“王与马（王与司马两氏），共天下”的话语。

这时元帝出手应对这种局面，他重用刘隗、刁协等大臣，力图据此加强皇帝权力，压制王氏的势力，就连建国功臣王导也遭到疏远。

当时镇守武昌的王敦看到事态如此演变，勃然大怒。他打着除掉刘隗、刁协的旗号，沿长江而下，攻打建康防御要冲石头城。官兵大败，元帝被迫遣使告诉王敦说：“快快撤兵，否则我就回琅邪，你来当皇帝！”刘隗在紧要关头逃之夭夭，刁协被擒，而被王敦打败的元帝不久驾崩（322年）。

元帝之后由其长子司马绍即位（明帝）。明帝有“勇决”之誉，受到王敦一派的厌恶。明帝即位后朝廷与王敦之间关系再度紧张。

这时人们对王敦部下诸将的粗暴举止极为不满，就连协助明帝辅政的王导也害怕王敦的坏名声会给王氏一门招来祸端。另外，朝廷吸取了此前战败的教训，为防止五胡入侵，派遣勇将祖逖镇守朝廷北方的淮水流域。此时又命令祖约、苏峻等人回防建康，

图四

图五

图四、图五　洛神赋图（东晋 顾恺之、宋摹本）绢本——这里所载的《洛神赋图》是被称为中国绘画史上第一位伟大画家的顾恺之（参见卷末“主要人物略传”）的杰作，取材于曹操之子曹植的《洛神赋》，被视为中国古典文学名篇之一。曹操不仅是一位杰出的政治家，在文学上也有很深的造诣。其子曹丕、曹植也深受影响，文学才华出众。后来成为魏文帝的曹丕曾说道：“盖文章者，经国之大业，不朽之盛事”，声称文学的价值堪比治国宏业。《洛神赋》是一部痴情悲恋的诗篇，曹植以流经魏朝首都洛阳的洛水为背景，描写了与洛水女神之间既难以割舍、又无法实现的爱恋。也有人认为，曹植爱慕的女子被其兄长曹丕所夺，这篇赋正是曹植因悲恋而作。（辽宁省博物馆藏）

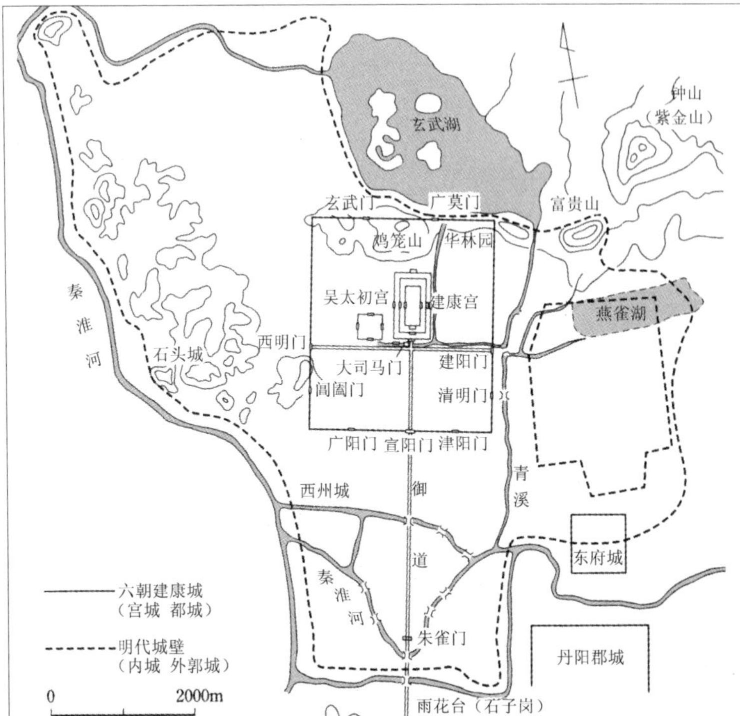

39 建康图

与王敦决战。幸运的是，战局进行中王敦突然病死，朝廷勉强渡过困难局面，王敦的同伙全被诛杀殆尽（324 年）。

苏峻之乱

然而，明帝于次年（325 年）驾崩，王导、庾亮、温峤等接受遗诏辅佐幼主司马衍（成帝）。庾亮原是明帝东宫时期的侍讲，后来其妹成了明帝的皇后，深得明帝宠任。由于存在这层关系，庾亮在幼主成帝即位后，以外戚的身份专制朝政。然而，庾亮施政推行的是严刑峻法，与王导的宽和政策大相径庭，结果大失人心。

在这个过程中，因平定王敦之乱而立下功劳的苏峻和祖约等人也对庾亮的施政渐感不满。庾亮以意欲侮辱朝廷为名解除了苏峻的兵权，调他到朝廷做官，而用自己的弟弟顶替其军职。因此，苏峻最终拉上祖约，举起了反旗。这便是 327 年的苏峻之乱。

当时，在历阳（今安徽和县）的苏峻渡过长江，一举逼近建康，并大肆烧杀抢掠。据史书记载，这时苏峻大军列阵于建康东面的蒋山（钟山），命令百官搬运物品至此，还裸剥士女，人们只得用破席子、茅草等勉强遮挡身体，而连蔽身之物都没有的就只好坐在地上用土覆盖，沦落至此，悲惨之声充斥内外。

此前庾亮为防不测事态发生而派遣温峤镇守江州，苏峻之乱爆发，庾亮便突破建康攻防的战线，投奔温峤，同时联合在平定杜弢之乱中立下大功、时任荆州刺史的陶侃一起讨伐苏峻。另外，时任徐州刺史、下邺地区流民集团的领袖郗鉴也前来助阵，陶侃方面一下子便在战局中取得了有利地位，在建康西郊的要冲石头城的攻防战中获胜，将苏峻斩于阵中，成功地平定叛乱（329 年）。

叛乱初平，朝廷舍弃荒废的建康而迁都他处的议论又起。议论的人分成两派，一派主张迁都江西的豫章（今南昌），另一派则主张迁都浙江的会稽（今绍兴）。此时，王导指出建康乃帝王之都，不应该舍弃而迁到原本为蛮夷之地的豫章或会稽，打消了众人迁都的念头。

当时假若决意迁都到豫章或会稽，江南地区恐怕会一分为二，便无力阻挡北方强大势力的入侵了。甚至还可以说，此后南北朝时期也可能不会出现了。

以建康为中心、平衡东西的势力，在此基础上王导探索着江南政权的存立之策。其敏锐的眼神，准确地看清楚了需要作出哪些努力才能维持政权的结构稳定。

北府、西府的斗争与通向南朝政权成立之路

北府、西府的形成

即皇帝位的元帝司马睿重用刘隗、刁协等人，志在树立更为强大的皇帝权力，就皇帝权力本身的特质而言，这样做在某种意义上是理所当然的。然而，草创期极为脆弱的政权，必须在各派不同势力之间小心翼翼地保持平衡才得以维持，在这种情形下追求扩大帝权，可说是极为危险的事情。实际上，正如前面所述，这种政策曾屡次导致王敦之乱等种种反叛，将王朝逼入存亡的紧要关口。

不过从结果上来看，320 年之后的十年里所出现的混乱，形成了以建康东面的京口及其对岸的广陵为根据地的集团（北府）与以长江中游的荆州为根据地的集团（西府），在这两大军事势力的微妙平衡的支持下，由各个涣散的集团混合而成的东晋王朝反倒嬗变为结构相对稳定的政权。从东晋后期到南朝时期，江

南历史便以这两大军事势力为焦点渐次展开。

前面讲到，在东晋政权草创期，为躲避华北的战乱许多流民南下逃到江南，成为江南地域社会的一大不稳定因素。另外，仿佛尾随而至一般，以华北羯族出身的石勒为首的非汉民族势力向南进攻的势头也日益增强。在这种局势下，这些流民团结起来，成为一支潜在的军事力量，对江南的政局产生很大的影响。王敦之乱时，在平定叛乱中立下累累战功的祖约、苏峻等人，都以这股势力作为支持后盾。

北府之所以被称作北府，是因为其驻军的长官被封为镇北将军、征北将军，奉命镇守东晋的北部，统辖着北方正面军。而这支部队正是由大力协助平定苏峻之乱的郗鉴军团演变而来的。

另一方面，西府的前身则是在平定苏峻之乱中可称得上功劳最大的陶侃的部队。334 年陶侃去世，东晋王朝考虑到西府所具有的重要性，派遣庾亮继任陶侃的职位。庾亮去世后，其弟庾翼前往赴任，这也是基于同样的考虑，他被封为安西将军、征西将军。位于荆州、控制着湖南湖北等广大区域的军政民政机关西府，在东晋后期所保持的势力甚至可与以北府为背景的建康中央相对抗，这种局面一直持续到南朝时期。

桓温的崛起

庾翼去世后，桓温成为西府的领袖。桓温的父亲桓彝在平定王敦之乱时立下军功，在苏峻之乱中守城战死。桓温在 345 年取代庾翼，成为荆州刺史

（即西府领袖）。

桓温的功绩首先值得注意的是，他灭掉在蜀地建国的五胡十六国之一的成（成汉）政权，收复了原本由其控制的失地。当时，蜀地处于成汉末年混乱之中，原居住在山区地带的少数民族獠族大举入侵平原地区。桓温对獠族发动攻击，一举灭掉成汉，立下大功（347 年）。

至此长江上游形成了一股集合荆州和蜀的力量的大势力。朝廷当然对此时的桓温产生了戒备之心。制约桓温、同时承担治理朝政的重任，就落在桓温年少时期的朋友殷浩身上。

当时，在华北继承羯族石勒的大业、统治中原的后赵皇帝石虎去世，后赵陷入混乱之中，原归附于后赵的胡汉势力中有不少人希望向东晋称臣。桓温顺应这一形势，向朝廷请命进行北伐，同时亲令属下的武将出兵。

朝廷也顺应形势发动北伐，但当时北府的领袖蔡谟已经指出了这一决策有欠斟酌。这次北伐原本由桓温执行，朝廷本应只在一旁冷眼旁观。结果北伐以大败告终，殷浩便需承担失利的责任。

桓温由此对殷浩发动弹劾，剥夺了他的实权，将其流放，把原来殷浩的权力一并收为己有，掌握了整个长江流域的军权。接下来，他凭借这种威势，亲自发动北伐以了夙愿，从湖北出发，向北进攻长安。随后又进一步东进，转战洛阳，修复了位于中原中心洛阳的帝陵，于 356 年凯旋。

赫赫战功之后接下来将会发生什么事情，任何人都心知肚明。

40 谢安（历代古人像赞）

桓温与拯救东晋的名相谢安

然而，正当凭借赫赫战功掌握了东晋实权的桓温实施土断、将北来的民众编入江南的户籍、致力于内政改革时，365 年鲜卑族建立的前燕政权攻下了洛阳。为此桓温再次北伐，不料这次一败涂地，仓皇退回徐州。反倒招致了鲜卑族的前燕、氐族的前秦南侵，桓温的势力受到严重打击。

至此桓温加快了篡夺王朝的步伐，而此时拯救东晋政权于危难之中的，是东晋后半期名相谢安。谢安出身河南陈郡阳夏的名族，年轻时即为王导所知，却无意出仕，在会稽的别墅与著名的书圣王羲之，基于老庄思想的著名清谈佛教的实践者、僧人支遁等人交往，直到年过四十，才出任桓温军府的副官（司马）。

桓温也深爱他的才华，努力培养提拔他，然而谢安自己却反对桓温的禅代。当桓温为禅代图谋而拥立的傀儡皇帝简文帝驾崩时，谢安巧施妙计，使简文帝立下遗诏将皇位传给简文帝之子孝武帝，而没有让桓温图谋得逞，保住了东晋政权。

此后不久桓温患上重病。由此，谢安预计桓温死期将至，设法延后禅代的时间。尽管桓温也知道篡位可能招致灭族的灾祸，对此却野心不死。然而 373 年，桓温禅代未遂，一命呜呼。

王导再世般的谢安施政

桓温去世后的朝政，便由拯救东晋于危亡之中的谢安全力承担。其施政在某些方面颇有王导的风范，所推行的方针旨在维持各派势力的均衡，并努力实施宽治。为此，他老练地因应当时局势，在桓温去世后将荆州的军权委任给桓温同族的桓豁、桓冲等人，从而谨慎地避免了朝廷与西府之间的矛盾激化成内乱，使东晋政权不至于被乱局所削弱。

另一方面，谢安提拔同族的优秀人才、亦受到桓温高度评价的谢玄担任北府的领袖，为守护朝廷而不懈布局。而对于谢玄的任用，并非只是为了牵制西府，还有一个与此同等重要的原因，即为了应对日益紧迫的江北局势。

前面我们在讲到桓温北伐的时候，曾提到氐族所建立的前秦政权势力扩大。在谢安执政时，前秦迎来了明君苻坚的时代，前秦政权的势力达到了巅峰。其具体发展过程在上一章已作论述。任用谢玄主政北府，正是强大的前秦加紧进一步扩大南侵步伐的时候，他们已经深入到作为战略基地、易于对江南发动进攻的四川地区，以及隔着长江、与江南近在咫尺的淮南等地。

为了应对这一威胁，谢玄将刘牢之、何谦等勇将招到自己部下，努力充实北府的实力。结果北府军战果颇丰，屡破前秦军队。然而，这反倒更加刺激了前秦，苻坚遂于383年率领号称百万之众的大军，兵分两路向南进攻。

前秦军南下势如破竹，主力部队攻陷了安徽寿阳，表现出一

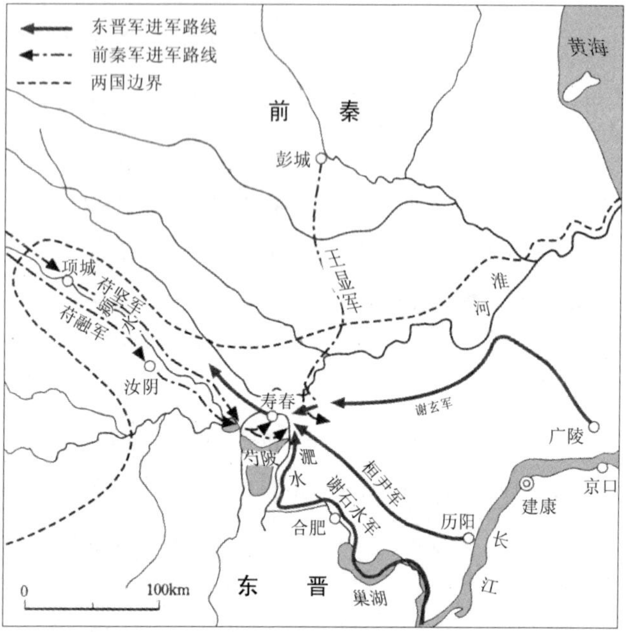

41 淝水之战图

举灭掉东晋的气势。然而，其先锋部队在淝水之战中遭受了始料未及的大败，由华北五胡各族合并混编而成的前秦军，马上失去了控制，陷入一片混乱。淝水一战死者甚众，尸体堵住了河流，苻坚自己也被流箭射中，好不容易捡回一条命，单骑遁走。东晋军取得大胜，结局出人意料。

据史载，东晋军胜利的捷报传来之时，谢安正在与来客下棋，只见他毫不动容，仍然是一如既往地沉着镇定。谢安送走客人的时候，发生了一件稀奇事。当时他所穿木屐的木齿撞断了，他却完全没有注意到（可参看84页图29）。

这则故事说明，淝水之战的胜利是超出谢安意料之外的大捷，同时也展现了谢安这个人谦虚谨慎、感情内敛、始终一副从容不迫的典雅姿态，当时贵族社会的价值观亦可见一斑。

然而，尽管谢安立下了很大的功劳，却被淝水之战后崛起的皇族司马道子所排斥。淝水之战两年后，谢安去世，东晋进入了司马道子专权的时代，在灭亡的下坡路上快速跌落。

孙恩之乱

谢安为了阻止桓温的禅代而拥立的孝武帝无心政治，将朝政完全交付给同族的司马道子，造成司马道子的专权。而司马道子也跟孝武帝一样沉溺于享乐的生活之中，于是人们对朝政的不满发展成社会的不稳定因素，局势急速地陷入动荡的气氛当中。

在这种形势下，孙恩领导的宗教叛乱爆发，东晋王朝的心脏地带——长江下游地区因此受到严重的破坏。

叛乱的主谋孙恩是五斗米道教主孙泰的侄子。

五斗米道（亦称“天师道”）是东汉末年张陵所发起的宗教，是中国本土宗教——道教的源流之一。在发动黄巾之乱的张角太平道的影响下，五斗米道宣扬人患病是因为人自身的罪过所致，为了赎罪便需要为他人服务。张陵之子张衡、孙子张鲁继承了五斗米道，在汉中、蜀等地区传教。张鲁归降曹操后，也在东部地区扩大教众，在贵族当中其信徒也不断增加。

孙泰拜钱唐的杜子恭为师学习五斗米道，通过幻术煽动民众，要求信教的人将所有的财产、子女都捐献给五斗米道。由于当时社会不太平，信奉孙泰五斗米道的人暴增。就连执政的司马道子之子司马元显这样的国家中枢内部的人也被渗透，其信徒之多，可见一斑。

不久，孙泰看到东晋气数已尽，趁机图谋叛乱，却被司马道子发现，死于非命。然而，事情并未就此结束，继承孙泰事业的孙恩起身为叔父报仇。

每每有信徒病死，孙恩便会祝贺道："成仙了，是好事。"于是，他周围聚拢了一大帮不怕死的狂热信徒。399 年，其数十万信徒一同起义。这场叛乱攻占了三吴之地，在进军途中出现了变态的做法，加入叛乱的妇女信徒因婴儿随军累赘，就将婴儿们放入袋子或笼子里，投入水中，说道："贺汝先登仙堂，我寻后就汝。"

席卷三吴之地的孙恩军队，最终将矛头指向首都建康。

桓玄霸权

首都因此陷入了紧急状态，北府领袖刘牢之部下刘裕等人倾尽全力，好不容易才击退五斗米道的进攻。

然而，事态的进一步发展表明，这次孙恩之乱为当时继承父亲桓温野心、镇守荆州的桓玄出兵提供了一个绝好的机会，桓玄的军队沿着长江长驱直下，朝着建康而来。

桓玄率军顺江而下，表面上是为了保卫建康，使之不受孙恩的威胁。然而，实际上意欲攻占建康的孙恩军，已被北府的刘裕所击破。桓玄沿江东下的最大目的是篡夺政权，因此孙恩军虽然败退了，却丝毫未能阻挡桓玄继续东下的步伐。而司马道子等人无力抵挡住桓玄的攻击，最后除了依靠统领刘裕等部下的北府领袖刘牢之，别无他法。然而，刘牢之却没有听从部下刘裕的谏言，而是选择了袒护桓玄的做法。因此，桓玄不费吹灰之力便将司马道子、元显父子一派除尽。就这样，桓玄自己即皇帝位，定国号为楚，实现了桓温以来父子两代人的夙愿。

另一方面，桓玄对刘牢之、刘裕等北府军队实施压迫，成功地孤立了刘牢之。为此刘牢之激愤而死，这样的处境足以激起北府军队的怒火。

刘裕的崛起

刘牢之的部下刘裕出身从江苏彭城移居京口（今镇江）的寒门家庭，自幼丧母，幼年时期家境贫苦。据史书记载，宋第三代皇帝孝武帝时，准备拆掉武帝刘裕生前住过的房子。当时在这座房子起居室的床头上有一方土墙，墙上挂着蔓草做的灯笼和麻制的蝇甩子。这段记述生动地描绘了刘裕当上皇帝之后仍不忘贫苦岁月的朴实作风。

孙恩之乱给刘裕创造了一个提升名望的机会。当时，他在北府刘牢之下面担任将领（参军），在镇压叛乱的战斗中取得显赫的胜利，为他接任北府下一任领袖打下了牢固的基础。后来，北府的领袖刘牢之如前所述，被桓玄迫害致死，刘裕将为此群情激昂的北府势力集结起来，向桓玄发动突然袭击。

在这样的政局下，六朝时期的一代英杰刘裕作为中心人物出现在历史舞台上。刘裕一举击破了桓玄大军，接着又再次大败逃回荆州根据地、试图东山再起的桓玄，并乘胜追击，将桓玄歼灭在从荆州逃往蜀地的途中(404年)。

凯旋的刘裕，恢复了被桓玄所废的东晋皇帝安帝的帝位，“再兴”晋室。然而，“再兴”不过是个幌子，谁都看得一清二楚，延续桓温、桓玄禅代的行动木已成舟，逐渐浮出水面。

刘裕的北伐

此后刘裕的动作便与桓温的做法极为类似。为了向内外展现自己的威势，为禅代做好准备，刘裕首先发动了北伐。

当时在华北地区，由鲜卑拓跋部建立的北魏政权势力不断扩大，鲜卑慕容部建立的后燕被北魏所灭，其同族的慕容德在山东半岛一隅建立的南燕政权，在强大的南北势力的夹缝中勉强维系着。南燕一边抵抗着北方的威胁，一边趁着东晋末年江南混乱之机，准备向南扩张领域，向东晋境内的淮南发动进攻。刘裕抓住这个机会，向北发兵。

刘裕灭掉南燕后，挥师西进，希望收复洛阳和长安。此举大概显示了刘裕北伐的真正所图。不过这时由于东晋军北上而建康空虚，孙恩死后以其妹夫卢循为领袖、处于雌伏状态的五斗米

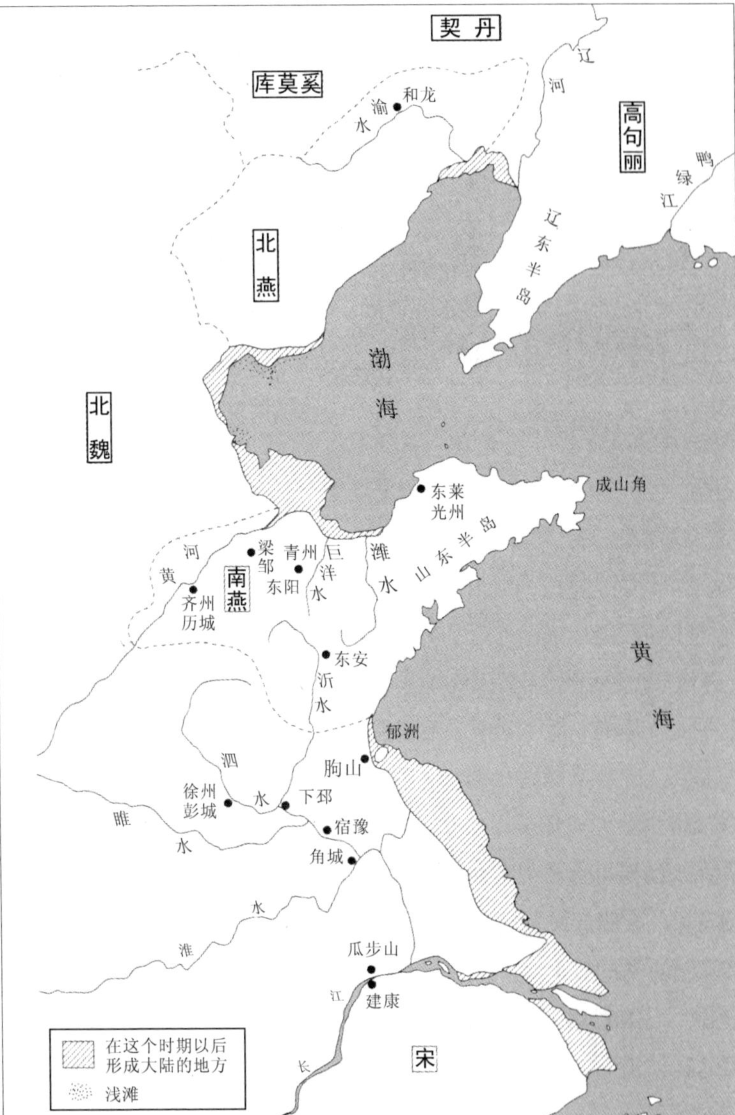
契丹
库莫奚
和龙
渝水
辽河
高句丽
鸭绿江
北燕
辽东半岛
渤海
北魏
东莱
光州
成山角
山东半岛
梁邹
青州
东阳
巨洋水
潍水
黄河
南燕
齐州
历城
东安
沂水
黄海
郁洲
朐山
泗水
徐州
彭城
下邳
睢水
宿豫
角城
淮水
瓜步山
建康
长江
宋
在这个时期以后形成大陆的地方
浅滩

42 刘裕崛起时的东亚

43 统万城　建立夏政权的赫连勃勃征发十万人修筑都城，名为统万城，有统一天下、君临万国之意

道趁机起兵，再次经水路向建康逼近。刘裕只好急速撤回江南。

守卫建康的北府将领何无忌、刘毅所率军队遭受卢循的攻击而败退，不过迅速赶回的刘裕重新稳住了阵势，在建康石头城对孙恩的残党予以迎头痛击，卢循大败、逃到广东。为了完全剪灭卢循的军队，刘裕派兵到广东，最终于411年灭掉卢循。

除去后顾之忧的刘裕再次出兵北伐，对羌族在苻坚的前秦政权灭亡后在关中建立的后秦政权发动进攻。不过当时的后秦已经不再有草创时期的国威，又遭受北方匈奴赫连勃勃的攻击，再加上明君姚兴已亡，正逐渐走向衰退，因此再也不是新兴的刘裕军队的对手。

凭借鸠摩罗什等人对法华经等佛教经典进行翻译以及佛教的盛行，在五胡十六国史上大放光彩的后秦，就这样灭亡了（417年）。

刘裕有个谋士名叫刘穆之，他对刘裕的重要性正如张良之于汉高祖刘邦。刘裕收复了洛阳和长安，正驻扎在长安时，刘穆之突然去世。值得信赖的心腹死去，正一步步推进东晋禅代计划的刘裕害怕江南大本营发生不测，下定决心急速南归。

当时的华北地区，陕西北部有匈奴的正统赫连勃勃，山西、河北被强大的鲜卑拓跋部北魏所控制，甘肃北部有匈奴沮渠蒙逊，他们都对长安、洛阳等地虎视眈眈。灭掉后秦的当事人刘裕南归之后留下了空白，我们自然能够预想到会发生什么事情。此后随着历史的展开，江南政权陆续丧失在华北的据点，在与北方势力的较量中逐渐处于劣势。

刘裕讨灭了南燕、后秦，随后南归。与此同时，淝水之战后在混乱中形成的后秦、后燕两大国的均衡状态，由于北魏讨灭后燕开始被打破。审视华北的局势，我们可以认为，刘裕北伐又南归，一下使华北各势力重新洗牌，并为北魏最终实现华北的统一（439 年）创造了契机。

土断的实施

刘裕与桓温施政的相似之处，也表现在内政方面。其中的代表性举措是土断的实施。我们在前面略有提及，所谓土断是指将从华北移居到江南的民众编入现在的居住地户籍，使之成为受当地官府管理的课税对象。

随着西晋的崩溃，为躲避华北战乱而向南迁移的民众，有许

44 大夏石马 赫连勃勃所建立的夏政权时期的石马，现残存于西安

多成为豪族侵吞的对象，沦为无籍流民。为了避免混乱，东晋在江南当地按难民原来在华北故乡的所在地设置了同名的州、郡、县，新设与原有的户籍（黄籍）相区别的白籍，努力推进管理。

然而，这一体制（侨州、侨郡、侨县体制）是有问题的，就拿其基层的侨县来说，它只不过是在行政上所采取的一项措施，将难民群体临时冠以县的设置，而并没有真正的地域，因此基本上不可能充分实现预期目的。不仅如此，当地原住民与迁移来的人实际上是在同一地区居住，却以黄籍、白籍的形式区分不同的户籍种类，两者之间的不同甚至还包括税收负担、管理系统的差别，因此产生了各种歧视、混乱和不法行为。

土断的主要目的正是为了纠正这些弊害，以谋求国力增强。一般认为，桓温所实施的庚戌土断（364 年）取得了一定的成果。庚戌土断的具体情况不详，而当时的史料显示，刘裕的义熙土断（413 年）在设计时参考了庚戌土断的做法。

刘裕推行的土断取得了很大的成果。由于实施了土断，移住民的户籍从白籍改为黄籍。在这个过程中，有将侨郡、侨县废除，将侨民编入江南现住地的户籍之中的，而更多的是给原先没有境域的侨郡、侨县分配土地，从而使虚拟的侨郡、侨县的户籍落在实处，因此华北的许多郡县便实际存在于江南地区。正如东晋末年人士范宁在评论时政时所说的，“昔中原丧乱，流寓江左，庶有旋反之期，故许其挟注本郡。自尔渐久，人安其业，丘垄坟柏，皆以成行”，自中原战乱以来，已过去了一百多年，在这段时间里，北来的民众已在江南传宗接代，大多数人都已将当地视为生养自己的故乡而定居下来。

在华北，自八王之乱、永嘉之乱以来的混乱，在拓跋鲜卑建立的北魏政权统一华北的进程中趋于终结，历史逐渐向新的阶段演化。同样，随着较长时间的流逝，江南王朝——以北来人士作为江南地区的统治阶层，在与各势力保持微妙均衡的基础上，以收复中原为国策，同时以所谓一个征服王朝的姿态统治江南——也不可避免地发生着变化。

向贵族制的转变与宋齐军事政权

军人政权宋朝的建立

420 年，刘裕接受了东晋末代皇帝恭帝的禅让，开创了宋朝（宋武帝），成为此后宋、齐、梁、陈等南朝各朝的先驱。宋朝的一个很大特点在于，该政权并非由贵族所建，而是由军人创立。

武帝在位时间很短，即位后仅仅过了两年便病逝。临终前，武帝下令北府的长官由皇族或近亲充当，西府的长官则由皇子担任。随后这一遗命在有宋一代一直得到严格遵守。

45 宋武帝刘裕（晚笑堂画传）

魏晋时代自不必说，到了东晋时期，祖逖、王敦等以武将的身份活跃于政坛的贵族也很多。另外，北府、西府的长官也经常是由谢玄、庾亮等贵族受命担任。然而，宋朝则改变了这一路线，剥夺了贵族的军事权。这与东晋在西府与北府之间的角逐过程中灭亡、出身穷苦寒门的一介武夫刘裕成为最终的胜利者有很大的关系。军人政权可以说是宋朝以后各王朝的一大特征。

文帝的政治

但是，当我们仔细观察刘裕的晋宋禅代过程，就会发现禅代并不是顺利进行的，期间贵族曾对刘宋政权的正统性表示怀疑，并对之顽强抵抗。

少帝之后继位的刘义隆（文帝，424—453 年在位）有一次准备将自己的宠臣、平民出身的书记官徐爰提拔为“士”，并对徐爰说道：“你到贵族王球那里，说是朕的命令让你坐在席位上。如果王球让你坐下，你就能够成为士了。”果然，徐爰去到王球家里，想要奉旨就席，王球却举起扇子拒绝。文帝听到报告，说道：“朕也就没办法了。”当时贵族有时候甚至能拒绝皇帝权力的介入，其力量可见一斑。

因此，文帝在位期间重用名门出身的王弘、王华、王昙首、殷景仁等，由他们执政。这其中可认为作为军人之子的文帝对

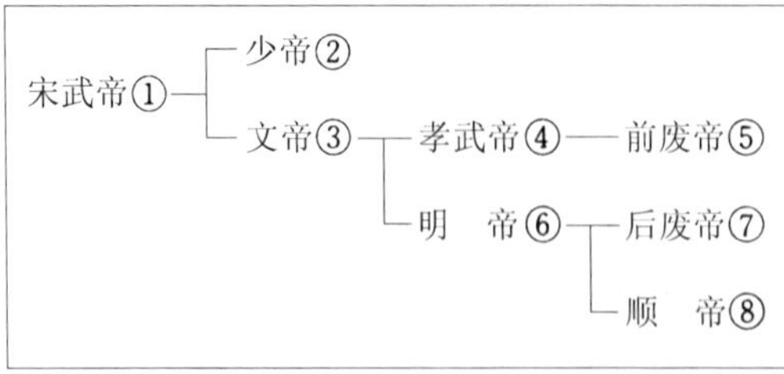

46 宋（刘氏）系图

“文”的憧憬和尊重之情起了作用，另一方面也可以看出皇帝权力与贵族之间的对立以及将这种对立隐藏起来而使二者相辅相成的宋朝结构。然而，直到东晋时代仍然手握兵权的贵族丧失了这一权力，这种变化的意义不得不说是非常重大的。即使在重用王弘等人、通过与贵族合议在国内施政有方的文帝三十年的治世（依其年号称为“元嘉之治”）期间，文帝也从来没有想过将北府、西府等军府的实权交给贵族。

元嘉之治的终结

贵族的式微因寒门、平民的抬头而日益彰显。前面我们讲到，建立宋朝的刘裕是出身穷苦寒门的一介武夫，那么非贵族的下层人士的出人头地，首先便表现为以刘裕为榜样、加入军人阶层的形式。

文帝元嘉之治的终结是由于北魏的南下。文帝在其统治的晚年，鉴于国内安定，于 450 年在贵族的赞成下对北魏发动讨伐。然而，当时统治北魏的是兼并敌对各国、于 439 年统一华北的太武帝，其国力极为强盛。

因此，习惯了和平时期的宋朝军队在久经战场的北魏军队面

47 宋文帝长宁陵石兽　位于南京北部。这座帝陵原推定为陈文帝永宁陵，经 1972 年调查后，确定长宁陵为宋文帝陵

前显得不堪一击，反而引狼入室，北魏军队一路进发来到宋朝领土，攻占淮南，一时号称五十万之众的北魏大军逼近长江北岸，与建康只有一江之隔。尽管江南被幸运地守住了，淮南地区却深受战乱和掠夺之害，荒废破败的景象惨不忍睹。对北魏作战消耗了大量的人力物力，宋朝因此国力迅速衰落，从此一蹶不振。

在这种令人沮丧的时局下，文帝被皇太子杀害。紧接着，皇太子又被当时封在江州（江西）的弟弟刘骏（宋孝武帝，453—464 年在位）打败，皇太子连同四个儿子一起被斩首示众，随后被弃尸长江，落得个悲惨下场。

疑心生暗鬼的连锁反应

就这样，孝武帝继了帝位，而子弑父、随后弟弟又将兄长及其家室统统杀光，这样的局面实在不正常。然而，这样的事态一旦发生了，恶性循环蔓延，收拾局面的孝武帝本人也不免疑神疑鬼，陆续将自己的兄弟和同族人杀害。这种连锁反应不断传染，有宋一代自不必说，就连此后的南齐、梁等王朝也不能幸免，乃至影响到王朝的兴亡。

例如，明帝杀了孝武帝之后的前废帝夺得帝位，又杀害了孝武帝的十六个儿子，明帝剩下的十二个儿子，也在明帝之后的后废帝时期全部惨遭杀害。这种同族相残的悲惨事件最后的结果，便是宋朝的灭亡。宋朝的皇子发出了“愿身不复生王家！”的悲叹，这鲜明地呈现出南朝各代的精神状况：尽管试图摆脱疑心生暗鬼的泥潭，最终却深陷其中而无可奈何。

灭掉宋朝建立南齐的萧道成亲眼目睹了刘宋同族之间的相残导致国破家亡的悲惨结局。因此，他严防戒备，不希望自己的子孙重蹈覆辙。然而，南齐也同样亡于同室操戈，可见事件的本质并非如此简单。

削取贵族的兵权、手握实权的皇族之间倘若如此相互猜疑，大概只会信任自己能够相信的人了。在当时的环境下，要在现实中寻找这样的人，自然而然地便只有转向异姓或出身低微的人了。刘宋政权被异姓军人出身的萧道成所篡夺，这个结果与这种用人方式不无关系。

刘裕从社会底层发迹，在靠自己的力量征服、杀害敌对者的环境中成长，像他这样的家庭教育，也会使自己受到影响。因此，其子孙继承了家族传统，成为具有权势和军事实力的皇子，如果亲族之间疑心生暗鬼，那么即使出现同族相残的事件也毫不奇怪。史书亦指出，宋皇族之间所发生的悲剧，其原因在于宋室家庭教育的缺失。

确实，我们不能否认这个因素起了很大的作用。然而，从更宏观的视角审视当时的历史，在刘宋以后南朝的历史中多次发生类似这样的事件，我们不能忽略还存在除此以外的其他原因。

社会中普遍出现的“以下犯上”的倾向

这个原因即是，尽管南朝存在等级森严的身份制，但在社会中普遍出现身份卑微的人力图向上爬的“以下犯上”的倾向。中央自不必说，在地方的军府中，下层的人也如潮水一般汹涌澎湃，纷纷推拥自己所侍奉的主公，希望自己的地位能够随之得到提升。

地位居上的人或明或暗地承受着地位居下的人所发出的这种压力。可以说，到藩镇赴任的皇子们正是在其部下提升地位要求的推动下，在极端的情形下甚至被怂恿进行帝位争夺。

希望通过接近主公而向上爬的，并不限于军人。也有不少人试图通过非武力的手段讨好主公，从而提升地位。当时的史书对取悦皇帝而取得权势的人，有个特殊的称谓：恩幸。

皇帝处于国政的制高点，每天需要批阅的奏章堆积如山，数量之多远非皇帝一人所能处理。然而，皇帝内心深知，并不能将最终处理奏章的权限委托给贵族，因为他们对军人皇帝的卑贱家世嗤之以鼻，说不准什么时候就变成了皇帝的敌人。

另一方面，文帝之后即位的孝武帝将权力集中到自己手中，他是一个因推进中央集权而闻名的皇帝。将权力集中在自己身上，当然需要有对自己俯首帖耳的人为自己服务。这种当政者的需要与平民层的抬头一拍即合，恩幸政治便应运而生。恩幸参政在文帝在位时已初现萌芽，而在孝武帝以后的南朝，则形成了一股明显的政治势力。

货币经济的发展

我们知道，恩幸当中既有出身商贾的，也有不少与商人相结合的。这些人的参政议政，与南朝货币经济的发展存在很大的关系。

据成书于南朝时期的《颜氏家训》这本历史上著名的家训的记载，南朝出现了“二万斛船”。随着经济的不断发展，南朝时期以长江为首的大小河川、支流等成为物资流通的渠道，这是五六世纪时世界上唯一的、并且极为早熟的物资流通形态。

这种景象从当时超越早熟的阶段，甚至可说是不正常的货币流通的活跃程度中也可窥见一斑。首都、三吴地域自不必说，而以长江流域为中心、与之相连结的汉水等大小河川流域内，货币流通也非常盛行。华北则由于西晋末年的动乱、五胡十六国时期的战乱，基本上处于物物交换经济阶段，在这一点上，两者存在很大的差异。

南朝时期货币流通的特点并不只是其使用区域的广阔。更值得注意的是，货币流通在五六世纪时已全面渗透到商业流通、国政、平民生活的方方面面。各行各业用货币向雇员支付报酬，人们追求得到钱币，高利贷者通过借出货币获取暴利，官吏贪污瞄准的大多也是货币。商人们向大消费地建康运送物资，贵族、大地主的庄园与西方中世纪的庄园不同，那里生产商品供给消费地，被纳入商品流通的网络中。货币被用作交换的手段。

国家顺应这样的形势，推行以铜钱为媒介的税收体系，还用货币向官僚支付俸禄。尤其是到了宋齐之后的梁代更进一步，百官俸禄都用货币支付。

极为活跃的货币经济的局限

然而，这种简直有点异常的货币经济的繁荣遭遇了一大障碍。当时铜钱是基础货币，而制造铜钱的材料铜却非常匮乏。中国的汇票、纸币等是在六朝时期之后的唐宋时期才出现的。因此，当时铜的不足，成为经济发展一个很大的阻碍因素。

有鉴于此，当局实施了各种政策，例如实行实质性的货币升值，以前的一钱在今后具有十钱的价值，甚至允许民间货币铸造。然而，前者必然有其限度，而后者除了出现五花八门的货币样式，还自然招致不法分子有意在铸币中添加很多不纯成分以牟取利益。

尤其是在民间铸币中出现的货币不统一，成为经济发展的一大瓶颈。直到南朝时期结束，国家也未能找到有效措施，真正解决这一问题。梁代为了解决货币量的不足而采取将基础货币由铜钱变为铁钱的政策，却使货币样式的混乱进一步达到极点。

处于这一发展阶段之中的货币经济的进展，给作为国家征税对象的民众、尤其是平民的生活造成了很大的伤害。因为平民纳税时，国家要求使用铜钱，并且必须是没有混入不纯成分的铜钱。这是一种严酷的增税政策，南朝后期民众通过改写户籍逃避征税，因生活贫穷所迫而反对官府的行为愈演愈烈，便与当时经济政治生活的状况有莫大关系。

48 南朝的太货六铢

总之，南朝时期经济发展的要求超出了货币供给量，而为了突破这一瓶颈甚至不得不引入铁钱。这样的经济发展是我们考察南朝时期时需要特别注意的事情。不过，至于经济为什么能够如此繁荣，这与此后唐宋时期江南的繁荣之间有什么关系，其中的详细原因目前尚未十分明朗。然而，从宏观的角度来看，前面讲到的平民势力的抬头、或说南朝政界中存在商人出身的恩幸阶层，正是在这样的时代背景下出现的。南朝政权未能解决如此时代环境中出现的各种问题，结果造成了平民的疲敝和不满，从而极大地动摇了政权本身。相关内容将在下一章论述。

南齐的兴亡

自从450年北魏入侵以后，宋朝的国力便走上衰退的不归路，明帝在位期间，淮水以北至山东半岛一带的领土完全被北魏夺走。后来灭掉宋王朝而缔造南齐政权的萧道成（齐高帝），正是在北部战线中逐步壮大势力的军阀。

萧道成原是兰陵人。兰陵在山东省峄县境内，由于推行土断政策，在晋陵武进（今江苏省常州市）设置了南兰陵，他便成了南兰陵人。他成为对北魏防卫的重镇淮阴（江苏省）的军阀，积蓄实力，不久被招至中央主持军政事务。接着在刘宋末年平定

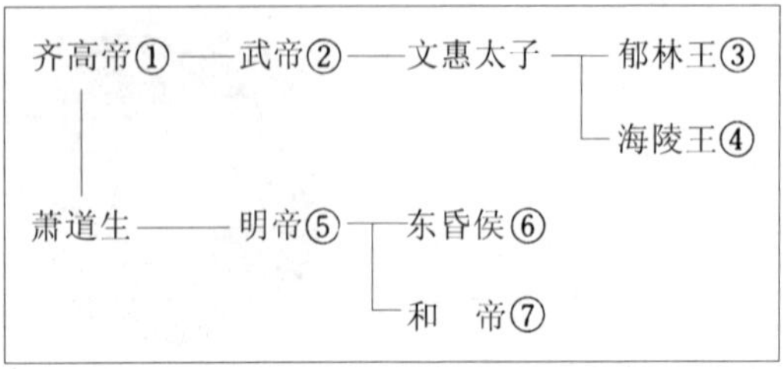

49 南齐（萧氏）系图

了皇族江州刺史桂阳王刘休范、荆州刺史沈攸之等的起兵，随后灭掉了衰弱的宋王朝，建立了南齐政权。

南齐初年的高帝及其儿子武帝的施政，一改宋孝武帝以来的做法，厉行改革，目的是为了复归到遭受北魏入侵之前、社会安定的元嘉时期的状况，改革也取得了一定的成效。其中具有象征性的政策是废除了台使。

在宋孝武帝时期，为了稳定因与北魏交战而陷于困难的中央财政，中央向地方派遣钦差（即台使）督促地方官催缴税收。然而，这些台使大多以中央钦差的身份作威作福，干尽各种不法勾当。民众为他们的横征暴敛苦不堪言。为此，武帝之子竟陵王萧子良力陈其弊害，使朝廷废除了台使。另外，还推出政策，为了使地方官不为地位忧心，还延长他们的任期，以便改善民政。

然而，当时的情况并不是通过这些政策就能解决问题的。宋文帝末年，为了与北魏交战，需要从民众中征兵，另外，自孝武帝以来，增税以及过重的劳役征用接二连三，而正需要台使执行催缴的任务。

另一方面，当时士人是免除税役的。各人的户籍上都有或士或庶的记载，以此作为区分。而有钱的庶民则设法贿赂官吏，将其户籍的附注篡改成免除税役的士人。486 年政府对篡改户籍进行检查清理，并加强课税管理，由此引发了不满，甚至在南朝财政基础所在的江浙一带出现了唐寓之之乱这样的庶民叛乱。

这种篡改户籍的做法造成了士庶区别出现混乱，并导致恶性循环：承担税役人口的减少使财政进一步陷入困境，而进一步加重的税役则使底层平民的生活更加水深火热。

另外，武帝并没有改变与前朝一样重用恩幸的方针。换言之，宋代所出现的各种问题，并没有得到根本的解决。

在这种环境下即位的明帝，虽然致力于加强王朝的基础，却走的是恐怖政治的道路，陆续将诸王杀害，王室的团结进一步弱化，因此南齐的统治只维持了二十三年，便落下了帷幕。

第五章

南朝后期的政治与社会

梁武帝的时代

梁的建国

南齐的明帝极为暴虐，为了保住自己的皇位，杀害了高帝和武帝的儿子二十多人，这种残暴的施政被有“恶童天子”之称的东昏侯所继承，最后被在雍州襄阳（今湖北襄樊）起兵的萧衍（梁武帝——南朝梁的开国皇帝，502—549 年在位）所灭。

萧衍是南兰陵人（今江苏常州），南齐萧氏族人，其父萧顺之是南齐开国皇帝萧道成的族弟，亦是南齐开国功臣。萧衍在这样的环境中成长，很早就因文武双全、才干出众而被寄予厚望，他被列为南齐王族中的读书人、历史上著名的竟陵王萧子良的“八友”之一，在儒学、老庄思想、佛学上有深厚的积淀，是个有修养的人。

这一点与南朝各代开国者都是非贵族出身的军人的情况，存在很大的不同。南齐末 499 年，萧衍成为湖北要冲雍州的守将，率军抵御北魏的入侵。当时，东昏侯的暴政肆虐，就连萧衍之兄萧懿也成为其牺牲品。萧衍终于在 501 年连同藩镇的属官及襄阳地方的豪族和土豪，历数东昏侯的种种罪行，起兵并攻陷建康，第二年（天监元年）接受南齐的禅让，开创了梁王朝。

武帝（萧衍）即便在隆冬时节也会在凌晨两点起床处理政务，满怀经世济民的理想和责任感，推行宽政，致力于恢复疲敝的民生。在官吏录用政策上，一方面明确士庶贵贱的区别，另一方面为了顺利地实现国政运营，打出了重视个人才能和教养的方针，寻求贵族层的自我革新，并辅以官制改革，谋划对贵族制度进行重建。

为此，梁武帝在位期间出现了南朝历史上少有的安定与和平的局面。武帝在位将近五十年，由于施政有方，文化繁盛一时，乃至后世用诗讴歌："南朝四百八十寺，多少楼台烟雨中。"

梁武帝的改革

武帝即位后，立即招来竟陵王"八友"时期以来的盟友范云、沈约等人，努力解决宋孝武帝以来出现的、给政界带来极大弊害的恩幸政治。然而，经过宋、齐两朝的统治，本应承担王朝重任的贵族，其素质却急剧地下降，他们都失去了过去曾有的进取精神。冰冻三尺非一日之寒，在这种情况下，并非将皇帝身边的亲信——下层人、商人等赶走，问题就能够得到解决。

前面我们提到，萧衍出身南齐萧氏一族，是南齐朝中的贵族。只是南齐萧氏一族也是由于军人出身的萧道成建立了南齐政权，才得以跻身贵族行列，这就意味着，南兰陵萧氏虽然也是贵族，却具有“一步登天”的特殊性质。

然而，从其他方面来看，在这种“一步登天”的贵族中，有的人身上也有过去贵族所具有的进取精神。萧衍在推行改革的过程中，信任的不是生命力渐失的老牌贵族，而是与自己相似的、出身下层贵族的读书人。

萧衍任用由此选拔出来的智囊，致力于礼制和法制的建设，旨在重建贵族社会。改革最明显之处体现在官制改革方面。在原来的九品官制下，官品数越低表示等级越高，即一品高于二品，二品高于三品。梁武帝对这种官制进行了大改革，采用了十八班制，将九品中的大约六品以上划分为十八个等级，官班数越大等级越高（即十八班高于十七班，十七班高于十六班）。

根据原来的贵族制规定，出身贵族家庭的人天生就具有贵族的身份，在朝廷中居于高位，而出身平民家庭的人则不可能晋升到贵族之列。贵族不想担任需要承担重大责任的要职或需要评判争端的司法官，而喜欢出任像秘书官这样责任不太重大的官职。因此，官僚制的内部便逐渐形成了两类官，即由贵族出任的清官以及贵族极力想避开的浊官。

官僚本应作为皇帝的左膀右臂而开展工作的。然而这种官僚制中出现的清浊之分，却阻碍了皇帝权力的正常运作。武帝向这种僵化的官僚制开刀，对原来的等级进一步进行细分，并将等级高低的标示方式颠倒，据此改变了原来的标准，加强了皇帝对官僚制的控制。这明显地表现在将原来贵族不喜欢担任的、对犯法的官僚进行弹劾的御史中丞等对皇帝权力的行使具有重要作用的各种官职的官班，实质性地提高到前所未有的级别，进一步强化了皇帝权力对官僚制的控制。

另外，在推行十八班制的同时，武帝还对下层士族的官制六品至九品的等级进行了改革，将其分成七班至一班的等级，重新设置为“流外”，即非贵族最初担任的官职。

当时，贵族从乡品二品起做官（门地二品），而武帝的改革在原来这些贵族中加入地位更低的、从乡品三品至五品起做官的士族，显示了他重整贵族制的用意。

学术文化的繁荣

武帝即位后，在贵族子弟就学的国子学之外，还开设了名为五馆的学校。在五馆中，由精通儒教经典——五经的博士向学生授课。但五馆并非只是讲授学问的地方，还是进行考试、选拔官吏的官员培养机构。

当时，五馆的培养对象主要以出身寒门的子弟为主，即使身份极为卑微，也有机会得到录用。换言之，这项政策的特点在于，选拔官吏时不分地位尊卑，只论才能高下，从这一点上看，开五馆的措施可以说是此后始于隋代的科举制度的其中一个源流。

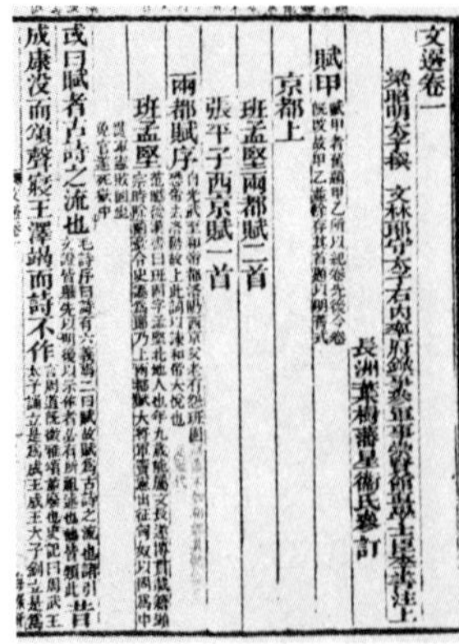

文選卷一

梁昭明太子撰 文林郎守太子右內率府錄事參軍事崇賢館直學士臣李善注上

長洲葉樹藩星衛氏參訂

賦甲

京都上

班孟堅兩都賦二首

張平子西京賦一首

兩都賦序

班孟堅

或曰賦者古詩之流也

昔成康沒而頌聲寢王澤竭而詩不作

50《文选》

由于对学术的奖励，梁朝的学问非常兴盛。武帝本人即是在儒学、老庄思想、佛学上具有深厚造诣的当代一流学者，这样的人物处于政治的顶点，鼓励进行学问研究，形成了一种风气，不久便促成了文化的繁荣，涌现出对古代流传下来的优秀诗文进行汇编的诗文集《文选》、魏晋以来文学理论的集大成者《文心雕龙》等书籍，也出现了讲究技巧、辞藻艳丽、被称为“宫体”的诗文创作风格。

尤其是武帝的长子、昭明太子萧统编选的《文选》，从周代至梁代跨度大约一千年时间的诗文中，精选出内容深刻又兼具优美文采的作品。《文选》对唐以后的文学产生了很大的影响，日本圣德太子的十七条宪法也被认为受其影响，是奈良、平安两朝期间读书人的必读书籍，并对《万叶集》等日本文学作品也有很大的影响。

武帝及其虔诚的佛教信仰

在论述梁武帝时，不可忽略的是他对佛教的虔诚信仰。武帝原本对佛教颇有研究，在其在位的中后期，他对佛教的信仰变得更为热忱，成为一个虔诚的佛教信徒。而且他的信仰达到了很高的水平，乃至将佛教导入政治的世界，希望据此建设理想的社会。

武帝修建了大量的寺院，举办大法会。中国人原本用牛等活物作为祭祀祖先时的供品（称之为“血食”），武帝认为这样违反了佛教的不杀生戒，便下令用水果代替。

佛教认为，世俗的世界是苦难的世界，苦难的根本源于人对不断变化的物质、现象的执著，只有断绝了这种执著，才能生出觉悟。这种思想将现世看成是没有实体的虚幻世界，而中国人自古以来就是一个特别重视祖先崇拜以及与祖先崇拜有着密切联系的家庭纽带的民族，可称作是中国民族宗教的儒教是对这种思想所作的体系化总结。因此，在儒教的国家体制下，皇帝却亲自取消了祭祀中的血食，这原本是违背传统的大忌。

在中国社会中，“孝”被视为是人需要具备的德目而最受重视，皇帝作为社会的师表，也有义务重视和实践“孝”道的要求。而武帝却对这一方针作出了重大改变。

武帝践行的四次“舍身”

武帝为了表示其佛教信仰的虔诚，践行了一系列活动，其中包括“舍身”。顾名思义，“舍身”是指舍弃自己的凡身、自作苦行供养佛祖的壮烈行动，一般通过布施财物代替苦行。武帝在位期间，曾于 527 年、529 年、546 年和 547 年一共践行了四次“舍身”。

“舍身”的经过是这样的：武帝御幸同泰寺，召集僧俗举办大法会，皇帝脱下龙袍，身披袈裟，舍去凡身，以一介凡夫的身份为佛寺服杂役，为比丘、比丘尼开讲佛典。后来，群臣以一亿

51 建康台城址　从明代南京城北侧的城墙眺望现在的鸡鸣寺。鸡鸣寺为明代在南朝梁的同泰寺原址上所建。照片中可见到的鸡鸣寺的山麓与明代城墙相接的地方，被认为是南朝台城的遗址

万钱将舍身的武帝赎回，大臣们恳请他回到皇宫。武帝三次舍身，又三次还俗。最后一次他再次召集僧俗举办大法会，不再回到皇宫，并实行大赦和改元。

后世的史家指出，武帝如此奉佛的方式，招致了梁的亡国。表面上看，武帝的尊崇行为似乎脱离了常识，我们不妨注意一下最后一次“舍身”时所进行的大赦和改元。中国的国家仪礼通常依照儒教之礼进行。然而，武帝在这里却遵循了佛教的规矩（虽然并非一切国家礼仪均如此）。

改元本是作为人世间统治者的皇帝所进行的一项政治行为，改元即象征着皇帝在万象更新的世界中重获新生。而大赦则旨在与万民同享万象更新的世界，以期重建皇帝与万民之间的纽带。武帝根据佛教的仪式，进行了这两种象征性的活动。

佛教传播到中国，在本卷所研究的魏晋南北朝时期，其教徒人数获得了爆发性的增长。这从留存到现在的许多佛教遗迹中可以直观地感受到。而佛教得以如此迅速地在中国大地上扎根的背景在于，汉帝国经过长达四百年的稳定统治之后崩溃，继而魏晋南北朝的动乱时期到来，民众无法从原来的儒教价值观中获得自我解脱，只好从异国宗教——佛教中求得自我救赎。

另外，对于这个时期迁移到中国的非汉民族而言，佛教亦是起源于异国的宗教，因此成了容易接受的宗教。佛教在魏晋南北朝时期在中国广泛而深入地渗透，正是基于这样的时代背景。也正因为如此，这个时期的当政者寄希望于通过引进佛教来收揽人心。其具体事例在本书第二章已有论述，当我们根据这样的历史趋势在这里探讨武帝的舍身行动时，可以将其看成是这种历史状况下的一种结果。

总而言之，武帝践行舍身的行为，如果单从其虔诚的佛教信仰中寻找原因则存在不能解释的地方，一般认为，这里面包含着武帝的意图，他希望将舍身的仪式定位为借用佛教所举行的国家仪礼以及象征世间万象更新的仪礼，同时实现国家团结。

不应忘记的是，当时同样希望借助佛教实现镇护国家的北朝的行动，当然也进入了武帝的视野中，而他对佛教的虔诚崇拜，在追求实现天下再统一的南北两朝中亦具有意识形态战的一面。

然而，像武帝这样以“大慈悲皇帝”为目标而对佛教的狂热尊崇，虽然梁朝的统治使佛教盛极一时，然而随着时间的推移，各种不良风气再次滋生，皇族放恣，亲信专权，贵族层开始在工作中避实就虚。

武帝的失政

武帝的六弟是临川王萧宏。这个人曾经担任对北魏作战的主帅，却临阵退缩，抛下部队径自回到自己的封地，导致梁军大败，出了大洋相。然而，武帝却表现得很宽容，非但没有问罪，此后仍对他委以重任。有一次有传言说萧宏私藏兵器图谋造反。为此，武帝只带了一名随从前往临川王的府中，酒宴过后，对王府进行查看，发现府中有三亿多钱和满库的绫罗绸缎。原本临川王便是有名的贪婪无度之人，据史书记载，武帝因为在这次检查中并没有发现萧宏藏有武器，非但没有责备他囤积私财，反而说道："阿六，汝生计大可！"随后又高兴地畅饮起来。

除了萧宏之外还有很多例子说明，伴随着宽容的"仁政"而出现了皇族、亲信等人的放恣和专权，武帝却不加追究。再加上后来由于昭明太子（501—531）去世，武帝将昭明太子之弟萧纲（简文帝）立为太子，又招致了皇族的不满，诸王之间出现了不和，王朝的统治基础逐渐瓦解，最终走向了灭亡。在这一点上与西晋的亡国有着相同的轨迹，可以说这显示了那个时代的某种局限性。

然而，武帝并没有深刻地意识到，他对政治流于放纵以及对佛教的崇拜所带来的危机。武帝本人对自己正在实施着的良政坚信不疑。

52 萧宏墓石兽　位于南京东北的江宁县张库村，除此以外，还残留有石柱、石碑

有一次，官员贺琛上书道，现在人民流亡情况严重，这是朝廷派出的使者横征苛敛所造成的；奢侈之风渐兴，官吏收入很高，热衷于饮酒作乐和蓄养女伎，为此不择手段地敛财；小人当官，权臣作威作福，疯狂搜刮民脂民膏；财政负担很重，而赋税又浪费惊人，为此民力疲惫不堪，应该精简节约，休养生息。

不过，武帝看到这份奏章后勃然大怒，对贺琛进行了全面的反驳，说自己注意节俭，但凡有所营造，一定都会支给费用，不会无偿使役民众。不近女色，不好酒乐。因此不知道奢侈之责从何而来。如果说官吏横征暴敛，到底具体是谁？说要精简节约，那么到底需要削减哪些财政支出项目？

然而，当时对于官吏的管理确实非常松弛，不论是在中央还是在地方，越来越多的官吏鱼肉百姓，收取贿赂，贪赃枉法，王侯子弟及其随从甚至在光天化日之下在都城中公然杀人越货，本应被官府缉拿的凶手却逍遥法外，种种不法行为在现实中发生。

武帝的通货政策

在经济层面，也出现了严重的问题。如前所述，南朝期间货币经济迅速发展，而制造铜钱所需的原材料铜却相当匮乏，私人铸币导致了劣质货币泛滥，妨碍了货币经济的正常发展。

武帝即位后，为了解决这一问题，通过发行优质货币，致力于消除通货的不稳定。因此梁代江南地区出现了活跃的商品交易，据记载长江上甚至有载重量达二万斛的船只往来。

然而，523 年（普通四年）武帝为了解决因铜缺乏所产生的问题，推出了一项即便是今天看来也是难以想象的政策——铸造铁钱以便替代铜钱用作通货，同时采用铁钱向官员支付俸禄。这项政策的错误是显而易见的，不过从其他角度来看，用铁钱支付俸禄说明了南朝货币经济渗透程度有多深，同时又凸显了当时货币经济存在的问题有多严重。

也许可以说，铁钱的使用最初在某种程度上弥补了货币不足。然而，一旦铁钱全面取代铜钱投入使用，由于铁比铜便宜，一定会引发更为严重的偷铸行为，这是事前应该能够预想到的结果。换言之，可以预料使用铁钱将会使货币的信用急速丧失。六世纪三十年代铁钱价值的急剧下跌，便是明证。至此武帝的通货政策以完全的失败告终。

侯景之乱

这样的经济混乱促使农民阶层瓦解，许多人流离失所，社会变得更加不稳定。

正巧此时北朝东魏的将军侯景向梁朝请求归降。侯景是北方人，在北朝末年的大乱中发迹，成为东魏实际掌权人高欢的心腹。然而，高欢去世、其子高澄继承事业之后，侯景遭受中央的猜忌。看清形势的侯景携河南十三州的土地，向梁投诚。

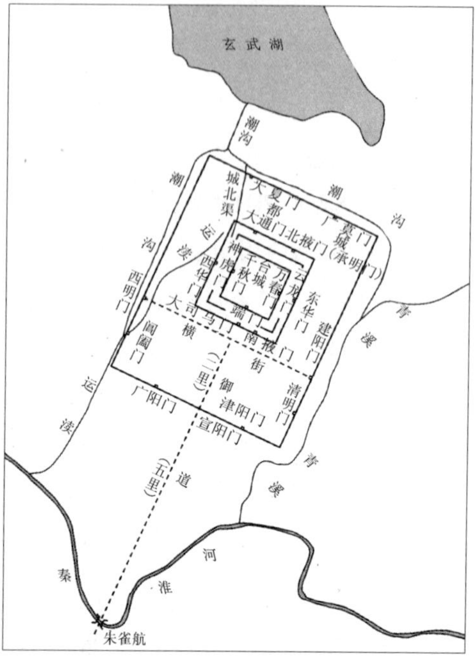

53 梁建康图

无需征战便能得到河南的土地，梁于是接受了侯景的归顺。东魏立即出兵讨伐侯景，将侯景及梁派出的援军一并击败，再次成功地将河南的土地纳入东魏的版图。侯景被东魏打败，带领少量残兵逃到寿春。这时，东魏同时向梁表示了不愿进一步扩大事态的意图，寻求与梁议和。梁朝内部经过一番讨论，接受了对方的提议，向东魏派遣和平使节。梁与东魏的议和，无异于将侯景逼入了死角。

于是，侯景串通对梁武帝心怀不满的临贺王萧正德，仅率兵一千渡过长江，于 548 年十月二十二日，对建康发动突袭。由于侯景的军队乘虚而入，都城陷入一片骚乱。建康上一次被卷入战乱是在武帝攻陷南齐时，已经过去了五十年，这次遇袭，城内格外混乱。

据生于同时代的颜之推的记载，当时人们羸弱不堪，“从未骑过马，一看到马嘶鸣跳跃，就惊慌害怕，以为是老虎”。建国的功臣大多都已作古，后辈武将又都外派镇守各地，可以毫不夸张地说，守备建康的官员打仗几乎都是外行。

侯景一边攻打西面的石头城、北面的白下城，一边自己领兵突破建康南面的朱雀航，渡过秦淮河，攻入城内街道。在此期间，仅有少量兵力的侯景军不断吸收对梁朝国政不满的民众，逐渐壮大起来，二十五日建康都城的四面都被侯景军的黑旗所淹没。

守城的梁军与攻城的侯景军展开了激战，这时各地援军先后抵达建康。武帝第六子邵陵王萧纶统兵三万，于十一月首批抵达。军粮不足的侯景军看到援军出现在都城的东北方，马上陷入了狼狈至极的境地。不过由于下雪以及初战告捷的有利条件，他们一举歼灭了萧纶军。然而，更多的援军随后陆续以建康为目的地集结而来。

建康的陷落

另一方面，在建康城内坚守的梁军发生了非常事件。担任守城军总指挥、此前孤军奋战的勇将羊侃突然去世。城内军心动摇，侯景趁机加紧攻城，陆续将登城车、火车、虾蟆车等兵器投入使用，又从都城北面的玄武湖引水灌台城，实行水攻，同时为了准备与援军的交战，放火烧毁建康南面秦淮河南岸的一大片民居和寺院，发挥了其百战磨炼出来的军事才能。

然而，援军方面都是由相互猜忌的宗室诸王统率的混合部队，无法统一指挥，其中甚至还有与侯景军串通，或与侯景军一

54 秦淮河与浮航 从位于南京南郊的文德桥远望孔庙。文德桥为梁代浮桥，修建在著名的浮航所在处。跟前是秦淮河

样热衷于掠夺的军队。因此，本来为援军的到来而欢欣鼓舞的民众，立刻感到非常失望。

在这种形势下城中军民坚守了一百多天，城中储备已消耗殆尽，士兵争抢捕捉老鼠和小鸟，甚至将铠甲煮了吃。雪上加霜的是，侯景军在水源中投毒，城中的人身体发青脓肿死去，胀鼓鼓的尸体堆积在城内各处，“臭气熏数里，烂汁满沟洫”，呈现出一片惨状。围城开始时虽然城内有男女十余万、兵三万，而到这个时候能够拿起武器打仗的只有不过两三千人。而侯景军方面的处境也很不妙，由于前往储藏兵粮的东城之路径被切断，单靠余下的粮草仅够维持一个月的时间。

于是侯景心生一计，即佯装议和。当然议和只是表面的动作，其真正的目的是为了保证军粮供应、修补兵器、使士兵得到休养。

和谈的提议得到了皇太子的响应。老迈的武帝却从中察觉到侯景有诈，宁可战死也不愿议和。然而，皇太子力求道：“如今已被侯景包围很久，援军之间又相互牵制，无法出战。姑且接受和议，再作后图。”武帝犹豫半天，最后接受了皇太子的恳求，说道：“就按你的意思去做吧。只是千万别做出贻笑千古的事情。”

549 年二月，双方缔约，朝廷割让江西四州，换取围困台城的侯景军撤退。然而，随后侯景并没有撤去围城的军队，虽经数度督促仍继续围着建康城。而在援军方面，荆州的湘东王萧绎（后来的元帝）担心和议一成侯景更加肆无忌惮，撤走了对建康的援军，更加剧了混乱。

一直观察着事态发展的侯景于三月撕毁和约，不分昼夜地再次对台城发动猛攻。台城再也无力继续抵抗，固若金汤的建康城于十二日最终落入侯景军手中。武帝被幽禁起来，觉得口苦而索要蜜糖未得，在台城陷落两个月后，这位八十六岁高寿的皇帝终了一生。皇太子即位当上皇帝（简文帝），却已经处于侯景的严密监视之下，不过是个傀儡。

元帝与江陵的陷落

击溃侯景、萧绎成为元帝

武帝死后，侯景企图拥立简文帝而发号威令，各藩镇并不听从。于是他首先派兵镇压物产丰富的三吴地区。自东晋南渡以来，三吴之地作为最富庶的地方以及南朝政权的经济基地，也因为侯景的侵略遭受到与建康一样极大的破坏。都城建康、三吴之地这些南朝最枢要的地区，就这样因侯景之乱而陷入了毁灭的境地。

另一方面，武帝的第七子、封在荆州江陵的萧绎一面保存实力，一面接纳逃出建康的朝臣和难民，不断扩充其势力。席卷三吴之地、企图向西延伸势力的侯景派兵进攻江陵，两军在巴陵展开激战。

当时萧绎任命名将王僧辩为讨伐侯景军的主帅，巧妙地指挥水军大挫侯景军的锐气。侯景军向建康败退，王僧辩又率军尾追，顺着长江直下，来到湓口（江西九江），在这里遇到从广东北上讨伐侯景的陈霸先。两军发誓合力讨灭侯景，一齐向建康逼近。逃回建康的侯景杀掉简文帝，自己称帝，虽奋力迎击王僧辩和陈霸先的军队，却不敌从秦淮河北岸登陆的联军锐锋，向东逃去。然而，由于其部下在钱唐造反，侯景将成为累赘的两个儿子遗弃在水中，带领几十个手下向海上亡命，最终被其随从出卖。552 年四月，侯景死在船上，了结了他坎坷的一生。

就这样，王僧辩等将领努力平定了叛乱，又拥戴其盟主萧绎登上了帝位（元帝，552—554 年在位）。不过，考虑到建康、三吴之地一片荒凉，无力承担朝廷运作的重任，即位典礼从原来南朝的帝都建康改到江陵举行。

然而，宗室内部的争斗并未就此罢休，元帝不得不与打着讨伐侯景旗号、从成都东下的武陵王萧纪争夺帝位。虽然这场战争以元帝的胜利告终，但在此期间，一直对四川虎视眈眈的西魏渔翁得利，乘虚将该地区占领。在这种形势下，又发生了一件大事。驻扎在汉水中游重镇襄阳、与元帝关系非常紧张的岳阳王詧投降西魏，并借助西魏的力量，向江陵逼近。

江陵陷落的悲剧

在西魏对江陵发动攻击时，梁的主力部队王僧辩等率领的军队，在平定侯景之后仍在长江下游地区进行镇抚工作，以及为防止北齐的入侵进行防御。因此，等不到王僧辩军的飞速驰援，江陵在 554 年十一月便被五万西魏军攻破。以文学才华卓著、酷爱老庄、著述甚丰而闻名的元帝，在江陵陷落时将十四万卷藏书全部烧掉，叹道："文武之道，今夜尽矣。"便死于非命。

然而，悲剧才刚刚开始。根据这一时期的正史《梁书》的记载，江陵陷落后沦为俘虏的人，被分给西魏的军将做奴隶，在严冬长途步行，被强行带到西魏首都长安。据史书记载，西魏军认为幼童和羸弱者忍受不住这种严酷跋涉，全部都将他们杀害。这个时候被绑架的人数，不同史书有不同的说法：数万、十余万、一百四十万。考虑到西魏军人数为五万，大概十余万的数字接近于事实吧。

据记载，有个叫殷不害的人在江陵陷落时与母亲分离，他四处苦苦寻找母亲的下落。当时天寒地冻，冰雪交加，到处都是老人、羸弱者冻死的尸体。殷不害一路号哭，呼唤着母亲的名字，看到水中漂浮着尸体便下到水里寻找，看看是不是自己的母亲。他拖着冻僵的身体，大哭不止，寻找了七天，最终找到了母亲的遗体。

另外，还有一位刘姓的士大夫，因为江陵陷落，被西魏将领梁元晖俘虏。刘氏在侯景之乱时几乎失去了全家，只剩下一个几岁大的儿子。他在江陵陷落后被绑架时，戴着脚镣，背着儿子被迫从江陵向长安进发。由于下雪路难行，他渐渐地体力不支。梁元晖命令他把儿子扔掉，刘氏舍不得，便请求饶命，甘愿自己代替儿子一死。然而，最终他的儿子还是被强行夺走，扔在雪中，而他则被拳棍驱赶着向前走。刘氏一步一回头，不住地凄惨号泣、呼喊，因疲劳和悲伤过度，几天后便气绝身亡……这两个例子都是史书记载的、发生在这个时期的悲剧。

颜之推的《观我生赋》

颜之推（531—602年左右）是一个顽强生存在南北朝后期乱世中、在中国历史上留名的人物。他写的《颜氏家训》被公认为中国人为家族后代留下家教典范的众多家训书的第一本。颜之推一生遭遇独特，经历了南北朝时代繁盛一时的建康、江陵、邺（北齐首都）这三大王都的陷落、灭亡，先后在梁、北周、北齐、隋等四个王朝为官，度过了跌宕起伏的一生。他还曾经为了摆脱军政严苛的北周统治，赌命带着妻儿乘坐小船在发大洪水的黄河顺流而下，从陕（灵宝）到河阴（孟津）一夜漂过七百里，完成了亡命北齐的壮举。

颜之推也是经历了江陵陷落、一路步行走到长安而生存下来的稀有人物。

他回顾自己的一生，写成了《观我生赋》，留传至今日。其中一节是：

> 民百万而囚虏，书千两而烟炀。
> 溥天之下，斯文尽丧。
> 怜婴孺之何辜，矜老疾之无状。
> 夺诸怀而弃草，踣于途而受掠。

此处描述的是江陵陷落的情景，可以感到，诗中充满了对类似前述的殷不害、刘氏那样难以想象的悲惨事例的痛恨心情。

颜之推在晚年时回首自己一生，给子孙后代写下了留传至今的《颜氏家训》。在这部书中，他说道："自古以来圣人所著的典籍已告诉了我们各种高尚的做人道理。另外，魏晋以来的书籍也都记述有我如今希望阐述的种种想法。因此我现在写下这些话，就像在屋下架屋一样。尽管如此，我还是必须写下来。因为现在我所记述的，都是刻骨铭心的事情，这并非古代典籍所记载的训诫，而是我自己的亲身体验。"[6]从这段话中我们可以体会到，颜之推希望将自己从侯景之乱、江陵陷落的亲身经历中所学到的道理告诉子孙后代的迫切心情。

建康与江陵是南朝国家的核心。可以毫不夸张地说，王朝的政治、经济都以这两地为中心而展开。然而，因为侯景之乱，建康的繁华丧失殆尽，甚至三吴之地也受到牵连而荒废。另一中心江陵的繁华也完全消退，同时还有许多人死于非命。在江陵沦为俘虏、历经艰辛活着走到长安的那些人，除了极少数以外，一辈子为奴，终老一生。

俘虏之后的命运

西魏改朝换代变成北周之后，政府发布解放令，解除从江陵绑架而来的人们的奴隶身份。首先在 565 年六月，下诏恢复其中六十五岁的奴隶的自由。这是江陵陷落十一年以后的解放令。然而，从当时人的寿命来看，由于从江陵活着来到关中充为奴隶、年龄已超过六十五岁的人早是个不中用的废物了，这事实上不就是以赦免恩典的美名而行放逐之实么?

572 年十月，朝廷再次下诏赦免从江陵被绑架到长安为奴的人。这一次并没有年龄上的限制。这是江陵陷落十八年以后的事情。但是，这道解放令却附带有别的条件。如果奴隶的主人仍然希望照旧把这些人安置在自己家中，可允许他们以部曲、客女的身份留在主人家。部曲、客女是这一时期在奴隶和平民之间设置的一种身份，他们始终和奴隶一样都是贱民，并不具有普通平民那样的良民身份。主人如果希望把从江陵绑架来的奴隶留在身边，就可以以贱民的身份把他们留下来。如果这个人此前是个很称职的奴隶，主人当然不愿意完全给他自由，而是给他一个部曲的贱民身份，照旧使唤。

可见，在江陵陷落时捡回一条命、又被迫在寒冬的长途跋涉中不知该说是幸运还是不幸九死一生来到关中、而后在当奴隶的残酷环境中仍然艰难地活下来的人——就连这些人到了晚年的时候，也几乎没有几个是能够获得自由身的。

从这种情况来看，颜之推尽管一生经历坎坷，却得以享尽天年，可以说实在是非常罕有。他留给子孙的训诫中说道："自从侯景之乱以来，很多人悲惨地沦为俘虏。其中有的人虽然家世卑微，只会读《论语》、《孝经》，却也被尊称为老师。然而，也有不知多少代一直都保持着高贵身份的世家子弟，不通晓书籍，只得耕田养马，无一例外。从这些事例看来，无论是谁都应该勉励自己，努力读书……有了读书的本领，就有了依靠自己生存的资本。父亲、兄长不见得一直都能依靠。不论是故乡的族人，抑或国家的制度，并不能总是当成保障。一旦漂泊流离，并不一定会有提供庇护的人。只好依靠自身守护自己的生活。读书确实大有功德。"[7]这些训诫都是他本人根据前面我们所述的亲身经历，对子孙有感而发之言，并非只是空话。

颜之推认识到，在历经坎坷的人生中，贵族要想一直维持着贵族的地位，就必须不断磨炼身为读书人的本事。这种意识此后总结出了基于人才主义的科举制度，这是他亲眼目睹了基于血统、只重视门阀的贵族体制的脆弱性及南朝贵族体制最终无法克服这种脆弱性而走向终结的过程，从自己强烈的体验中领悟到的道理。

另外，颜之推在书中高度评价了一个名叫田鹏鸾的宦官，因为他喜爱学问，为了保护主公而不惜牺牲性命。田鹏鸾原是蛮人，四五岁的时候便做了宦官，大概原是战争奴隶或被卖身入宫的吧。在这个时期，“蛮”并不是指北方的胡人，而是指极被汉人看不起的某些更为“愚昧”的种族。很难说在书中评价这样的人物是一种通例。不过，在阅读颜之推的著作时，我们可以看到他极力主张做个有学问的读书人的重要性，同时亦可以感受到，他对出于身份、性别、民族的不同而歧视人的做法，感到深恶痛绝。

这与旨在克服北方地区所出现的胡族和汉族之间的互相憎恨和斗争、致力于两者的和解和融合的行动不谋而合。在这一点上，可以说颜之推具有力图超越实行门阀主义、民族间斗争从未停止的魏晋南北朝时期的先进性。

陈朝的兴亡

陈霸先与陈朝

听闻江陵陷落的梁朝王僧辩等诸将，共同商议之后决定拥立元帝的第九子萧方智即位。然而，这一时代著名的文人、担任使节正与北齐谈判的徐陵向王僧辩进言说，为了防备因吞并蜀、襄阳、江陵等地区而变得强大的西魏，必须与北齐结盟。结果，王僧辩采纳了他的意见，迎接当时人在北齐、北齐要求送上门来接替梁国君主大位的武帝萧衍之兄萧懿的第五子萧渊明登基即位，萧方智成了皇太子。

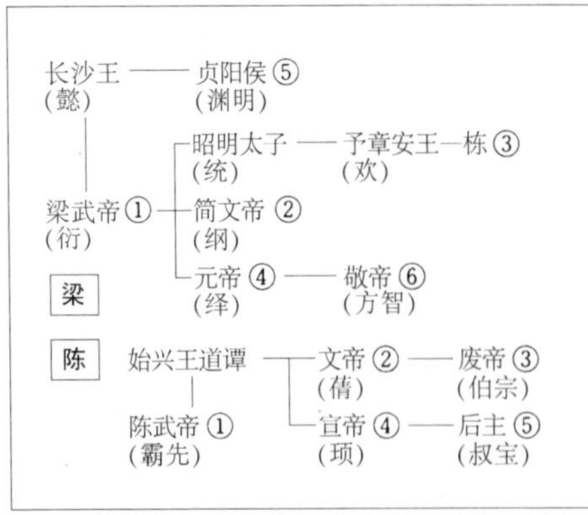

55 梁 · 陈系图

陈霸先听到这个消息之后，认为萧渊明并不是正统的皇位继承人，再加上其中有北齐的介入，因此勃然大怒，于555年九月，从驻扎地北府京口发兵讨伐建康，杀掉王僧辩后，重新拥立萧方智上位（敬帝）。紧接着在两年后的十一月，接受梁的禅让，建立了陈朝（陈武帝，557—559年在位）。

陈霸先出生在吴兴（今江苏省吴兴）的一户卑贱人家。这是陈朝的一大特点。在此之前南朝的各代王朝都是由北方迁移到江南的人所建立的政权，而陈朝的创始人则是出身江南的军人。

出现这种情况与梁末的混乱导致以建康、江陵为中心建立的南朝贵族制国家的崩溃绝非毫无关系。如前所述，梁末的混乱导致贵族失去了往昔的势力，与此互为表里的是，江南社会中土豪、将帅丛生。据于长江中游的王琳、江西的周迪、浙江的留异、福建的陈宝应等便是其中的代表人物，而陈霸先的政权也与这些势力具有相似的特性。

陈朝另一个值得注意的特点是，它是历史上第一个发端于在这个时代被称为岭南的、当时尚未开发的一大片广阔荒野地带——

56 陈武帝万安陵石兽　位于江宁县上方乡。万安陵被王僧辩之子王颁等千余人掘坟焚尸之事在《北史》中有详细记载。据说，当时陈霸先须发皆整，宛如生前

广东及其以南地区、而在江南的中心建康建立政权的王朝。陈朝丢掉了四川、湖北、湖南等地，淮南地区也丧失了，是南朝历代政权中控制领土范围最小的王朝。陈朝以包括岭南在内的南中国作为一个统一区域建立政权，就这点而言，可以说陈朝具有重大的历史意义。

以更宏观的视角来看，这反映了汉民族从江南延伸至福建、广东等南方世界，与当地各民族融合这样一种中国历史的大趋势。关于这方面的情况将在下一章论述。

梁代末年，在交州地区，有个叫李贲的人发动反抗梁朝统治的叛乱。陈霸先在讨伐这场动乱中立下了大功。相传当时梁武帝对陈霸先的表现大为赞赏，还派遣画师将他的容貌描绘下来。

派遣画师这一说法的真假姑且不论，而陈霸先从这时便开始逐渐加强与自己的嫡系部队以及当地势力的结合。正在这时，侯景之乱爆发。陈霸先为了救援国都，从岭南地区出发，顺便在途中与周边的豪杰建立关系，经江西北上，如前所述在湓口（江西九江）与王僧辩结成联军。

梁末陈初的叛乱

梁末陈初时期，南朝国家的基础、以建康、江陵为中心的地区荒废了，居住于这些地区的北来贵族所构成的上层结构遭受到毁灭性的打击，此

前一直隐藏在其下的南朝地域社会的结构便浮出水面。

对此，当时的史书如是记载：在梁末发生灾异的时候，成群的凶贼竞相蜂起，郡邑岩穴的首领，各村的豪强，通过打劫掠夺扩大势力。陈霸先与这些豪强结成婚姻关系或拜把兄弟，努力对他们采取怀柔政策。[8]这些具体人物包括前面提到的长江中游的王琳、江西的周迪、浙江的留异、福建的陈宝应等人。例如关于其中的陈宝应，史书记载，他是福建晋安人，从其父陈羽的时候便开始拥有私兵，并参与晋安郡的郡政。有鉴于此，元帝任命陈羽为晋安郡的太守。随后到了儿子陈宝应这一代，陈家便形成了手握一郡军权、割据福建的势力。

陈朝为了控制其潜在的势力，由于陈宝应与王室同姓，便将其认定为宗室，并给予恩赐，其子女不分大小，全部都加以封爵。

然而，据史书记载，陈氏一族与福建的蛮族交往，接受他们的风俗习惯，发型、言谈举止也模仿蛮族。不仅如此，还得到了蛮族的支持，成为族长，甚至还有血缘关系。

这些情况到底具有什么样的历史意义呢？我们在上一章及本章论述了江南、荆州的货币经济的发达和六朝贵族文化的繁盛，从中探讨了江南社会的先进性。然而，其反面即与此相反的情况，实际上也存在于六朝时期的中国东南部的地域社会之中。前面提到梁末陈初出现了“郡邑岩穴之长”等割据势力，这句史书的记载让我们看到了其中的一些情况。

那么，这里的“岩穴”指的是什么？根据当时的记载，穴也称为“洞”。从这个时期起到此后的时期，“洞”一般都是指非汉民族的村落。其分布如图 57 所示。

该图显示了孙吴时期因孙吴在江南的统治而受到打压的山越的分布，以及与该分布重合的蓄蛊（饲养毒虫）这一奇俗的分布。实际上，洞、山越、蓄蛊这三种现象均与非汉民族的存在有关。那么，这到底意味着什么？

如前所述，我们大概可以直白地说，这是在南朝贵族制国家的中心建康、江陵崩溃时，其上层结构随之瓦解，存在于南朝国家地域社会基层的结构显露出来的结果。南朝地域社会的这种结构以及在中国历史的发展阶段中如何为这种结构定位，关于这些方面的探讨将在下一章进行。

陈朝的灭亡与隋再次统一中国

对梁末各地所出现的土豪将帅层的割据势力的镇压，一直持续到武帝之后的文帝时期。文帝荡平了江西的周迪、浙江的留异、福建的陈宝应等割据势力，随后又成功平定了将王僧辩势力重新集结、割据长江中游的王琳一派，再度确立了对江南一带的控制。另外，宣帝时期又成功收复了北齐所占领的淮南，陈朝的国势得以稳步恢复。

不过，之所以能够从北齐手中收复淮南也有北齐自身的原因。当时北齐由最后的皇帝后主执政，其国势日渐衰微，因此才无力控制淮南。时代的大趋势，开始向承接西魏的北周倾斜。

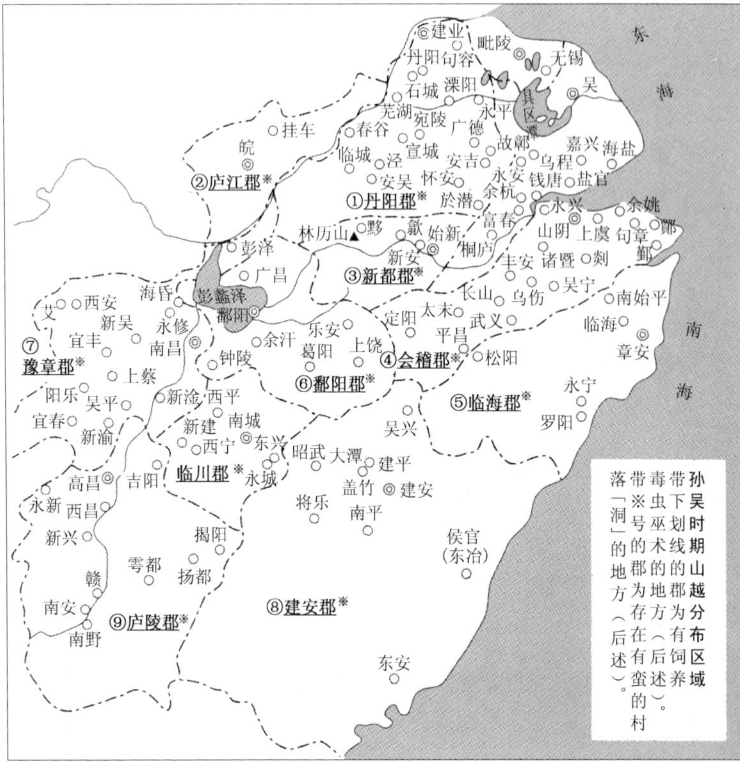

57 山越分布图

北周于 576 年举全国之力发动了对北齐的讨伐。第二年统一了华北。北周发展成一个强大的国家，除了原来自己的领土以外，其疆域还涵盖了之前北齐的中心地区、经济富庶的山东，直到梁武帝时期仍为南朝领土的四川，延伸至汉水中游的、以襄阳为中心的雍州（现湖北省），刘备与孙权展开激烈争夺战的、以江陵为中心的荆州等地。

对于定都建康、以江南为大本营的南朝各政权而言，长江是一道天险。渡过淮水、再从长江北岸直接攻击乃至攻下建康，并非易事。然而，在长江天险的保护之下据于江南的政权亦存在一个很大的弱点：当遭受到来自长江上游的攻击时，就会变得极为脆弱。

正因为如此，曹操才会谋划从汉水流域南下攻占荆州，再进一步顺江东而下控制孙吴。另外，梁武帝得以沿汉水直下攻占建康，而据于荆州的桓温、桓玄等藩镇势力对建康中央也保持着很大的影响。这些战略都与江南在军事上所处的地势大有关系。

在隋统一全国的前夕，陈已丧失了四川、襄阳、江陵等地。再加上隋在明君文帝杨坚的领导下，国力强盛，统一天下的气运日益高涨。另一方面，即将面临隋军入侵的陈朝拥立后主陈叔宝上台。陈后主与贵妃张丽华在宫中耽于享乐，沉溺于颓废的生活之中，无心问政。

隋军利用江南收获期比北方早的弱点，采取了万全之策，每逢江南进入收获期便佯装进攻，使陈朝疲于应对，而己方则无需大动干戈。

等到隋派遣大军五十万讨伐时，陈朝早已毫无抵抗之力了。就这样，陈最终于 589 年灭亡，后主以下、陈的王族官员被俘，连同大量战利品一起被押解到北方。建康的建筑全部被毁，作为南朝文化中心的建康，数代荣华归于荒芜，历经二百七十年的南北朝时代迎来了谢幕时分。

第六章

江南的开发与民族间的斗争

孙吴与山越

六朝有象存在

有一本记载南朝时期历史的史书《南史》。在书中的一节有关于南朝梁代末年（552年十二月）的一段记载："淮南有野象数百，坏人室庐。"

淮南是流经中国中部的淮河与长江之间的地区，按现在的中国行政区划，指的是长江以北的江苏省、安徽省等区域。这段记载说的是，在淮南地区生长着数百头野生象。

在如今的中国，只有云南省南部仍有数量极少的大象栖息。然而，上面那段文字却告诉我们，六世纪中叶淮南地区至少有数百头野生象存在。在这个时期的其他史书中还可以见到有关于野生象的记载，因此可以认为，野生象分布于更广的范围。如果考虑到“象”这个汉字的字形本身便是模拟大象的外形创造出来的文字，那么我们大概可以断定，象在中国远古时期分布的范围还会更广。

要问我在本章的开头为什么会说这件事，那是因为我想告诉大家，这种情况虽然与第四章、第五章所讲述的南朝发达的货币经济等情形从表面上看是矛盾的，但当时淮南却有着能够供野生象、而且是至少以数百头为单位的野生象栖息的自然环境。

从某种意义上说，这种情况是理所当然的，不过这又说明，绝对不能把这一时期在中国中部的淮南，乃至这个地区以南的江南地区的开发、发展的问题，想象成现今发展速度惊人的江浙地区的情形。所谓的魏晋南北朝时期是以江南为中心贵族文化的发展时期。另一方面不能忘记的是，中国南方同时也具有如此浓厚的作为发展中地区的特征。野生象的存在，可说是向现在的我们象征性地展现了这种特征。

山越与短人

孙权统治时期的黄武五年（226），一个名叫秦论的大秦（即罗马帝国）商人来到吴国控制下的交趾（今越南河内）。当时，交趾的地方官吴邈派人一路同行，将秦论等人带去见孙权。孙权在召见他们时，询问了大秦的风俗习惯，秦论详细回答。当时，正好诸葛恪献上了平定丹阳黝歙（今安徽省南部）地区的山越时捉到的“短人”。秦论见状，说道：“这样的人在大秦国也很少见。”于是，孙权从这些山越俘虏中挑选男女各十人，赏赐给秦论，并派遣会稽（今浙江省绍兴）出身的部下刘咸送秦论回国。

熟悉《三国志》的读者都知道，献上“短人”的诸葛恪是一个著名的人物，他是诸葛亮（孔明）的侄子、孙吴的重臣。诸葛恪的功业中重要的一项即是上面所记载的对山越的讨伐。

山越是指“住在山里的越人”。“越”这个字可以让人联想到吴越同舟的成语，以及因卧薪尝胆的故事而出名的越王勾践。另外，现在中国也将 Vietnam 表记为“越南”。而在三国时期，正如本书第五章图 57 的“山越分布图”所示，对于与北方的魏相对抗的吴国而言，生活在山区地带的越人构成在后方牵制自己的力量。

他们的势力在当时非常强大，乃至孙权低姿态向魏国上表谢罪书时说：“倘若我罪不容赦，我愿辞去现在的地位，归还江南的土地和人民，归隐于南部边境的交州，度过余生。”

诸葛恪平定了如此严重地影响着吴国对魏战略的山越，立下了大功。前面的记述中有“短人”说法，说明诸葛恪讨伐时俘获的山越人，身高与普通的汉人不同，明显很矮，一眼就能看出来。这件事具有什么意义呢？

江南的“矮奴”

下面要讲的是此后的事情。唐代江南道有一个地方叫道州。当地人大多长得矮小，朝廷感到新奇，于是每年都给道州下达命令，让他们向朝廷进贡男矮人，称之为“矮奴”。当时，有个叫阳城的人到道州做地方官，了解到国家把良民当做奴隶的这种做法，内心感到非常不安。由于这项不讲理的政策每年造成当地百姓骨肉离散、痛苦不堪，阳城悲悯其遭遇，向朝廷上书，请求终止这项政策。朝廷因此免去了这项贡品，百姓感谢阳城，无不对他称颂敬仰。

道州是位于长江中游洞庭湖以南的湖南省南部的一个州。那么，道州的人民本应是接受国家统治的天下的普通良民，为什么无罪无过却要被作为贡品进献到中央当奴隶呢？而且，这则记载中也说到道州人大多个头矮小，这又是什么原因造成的？

在唐代以前的魏晋南北朝时期，包括道州在内的湖南南部地区，生活着许多非汉民族。我们后面还会讲到，当时这些非汉民族许多人因为汉族的讨伐沦为奴隶。另外，在现代中国，南部的居民平均身高比北方人矮，一般认为这大概是因为古代中原汉族与被称为越、蛮等当地非汉族的居住民混血的结果。总之，综合以上的因素，可以认为道州人具有浓重的非汉民族的血缘。

换言之，他们尽管仍具有非汉民族的特征，但在唐代便被编入唐王朝的统治体制，拥有了户籍，需要纳税，成为具有良民身份的新“汉族”。

这种情况与前面“短人”山越的情形结合在一起考虑，就可以想象得到这样的情景：随着汉民族在这个时期向南方扩张，非汉民族的汉化过程也在广阔的范围内不断推进。

中国南方的非汉民族

长江中游的非汉民族

中华文明发祥于黄河中游，作为中华文明的中坚力量，汉民族向周边的非汉民族步步紧逼，不断扩张，一直持续到今天——这是我们现在形成的对所谓汉民族的一般形象。上一节我们提到的魏晋南北朝时期江南的非汉民族，到底处于一种什么样的状态呢？就此展开考察，我们就会发现与汉民族的一般形象颇为不同的当时的实际情况。现在，我们以长江中游、江南以南的福建地区、四川地区等为例，具体考察一下。

魏晋南北朝时期生活于长江中游的非汉民族，在这一时期的中段即五世纪中叶，发动了大叛乱，对此汉族王朝采取了残酷的镇压，记述这段历史的文字流传到今天。

> 自元嘉将半，寇慝弥广，遂盘结数州，摇乱邦邑。于是命将出师，恣行诛讨，自江汉以北，庐江以南，搜山荡谷，穷兵罄武，系颈囚俘，盖以数百万计。至于孩年耋齿，执讯所遗，将卒申好杀之愤，干戈穷酸惨之用，虽云积怨，为报亦甚。（《宋书·夷蛮传》）

这里有“系颈囚俘，盖以数百万计”的描述，也许说得相当

州别	县数	户数	口数	户数占各州总数之比（%）	人口数占各州总数之比（%）
诸州（22州）总计	1,265	901,769	5,174,074	100	100
扬州（建康所在地）	80	247,108	1,605,694	27.40	31.03
南徐州（北府所在地）	70	71,768	418,078	7.96	8.08
荆州（西府所在地）	48	56,502	264,321	6.27	5.11
雍州	68	37,139	157,999	4.12	3.05

58 南朝宋代户口数表

夸张，不过对于这场叛乱，当时的史书（尽管不是全部史书）留下了各次战役具体俘虏人数的记载，将数字合计起来，一共是十八万三千余人。

当时，比此次叛乱稍晚的时候，南朝宋代编入户籍的人口总数记录为5,174,074人。另外，辖地包括从当时叛乱的主要区域长江中游至汉水流域的要冲雍州，其户籍总人口记录为157,999人。另一方面，在平定这些蛮族并俘虏了许多人之后，该地区依然残存有许多蛮人，根据现存的史料记载，其总数不下一百万。

这里所说的宋代总人口数5,174,074人，是当时国家为了征收税役而通过户籍掌握的人口合计。由于当时逃离王朝的统治、被户籍制度遗漏的人非常多，因此当时实际人口总数，大概远远超过这个数字。不过，非汉族一百万这个数字，只是居住于湖北雍州一带的非汉族的总数，并不包括其他地区非汉族的人数。

我们后面还会讲到，当时江南以南的福建地区以及长江上游、刘备和诸葛孔明活跃过的四川地区即蜀地，还存在非常多的非汉民族。如果加上当时汉民族势力非常薄弱的华南的广东和广西地区，可以推定这个时期居住于中国中南部地区的非汉民族的总数与汉民族人数相比，甚至有过之而无不及。如果这个判断成立的话，那么可以说在我们思考魏晋南北朝时期中国中南部的情况时，这一因素将具有重大的意义。

多山之地福建的情况

下面我们来看看福建的情况。福建与台湾隔海相望，是一处多山的地区，相当于我们在前面的“山越分布图”中看到的称为临海郡、建安郡的地区。然而，遗憾的是，现存的魏晋南北朝时期的史书中，对当时福建的情况并没有详细的记载。因此，我们借用稍后的时代的史料，对当时的状况作一番考察。在十一世纪北宋时期司马光编撰的历史上著名史书《资治通鉴》中，记载了九世纪的唐代，福建东部地区的黄连洞的蛮人，袭击了该地区汉族势力的中心地汀州城的事件：

> 黄连洞蛮二万围汀州，福建观察使王潮遣其将李承勋将万人击之，蛮解去……（“昭宗纪·乾宁元年”条）

另外，在南宋时期著名的地理书《舆地纪胜》的一节中，记载了福建南部漳州的一处石碑的碑文：

> 庙碑云，公姓陈讳元光，永隆三年（682）盗攻潮州。公击贼降之。公请泉、潮之间，创置一州。垂拱二年（686）遂敕置漳州，委公镇抚。久之，蛮贼复啸聚。公讨之，战没。因庙食于漳。（“福建路漳州·官吏·陈元光”条）

从这些记载可以看到，在魏晋南北朝以后的唐代，福建东部和南部存在非汉民族，他们反对唐中央的统治，奋起抵抗。换言之，即使到了唐代，福建地区也仍然是氛围极为浓厚的“蛮夷领域”。

从魏晋南北朝到隋唐时期，汉民族在福建地区进行开发所及范围，为以下两处地域。其一是与长江三角洲以南浙江南部相邻的福建东部地区。汉民族通过海路将开发浪潮带到这里。其二是福建省西北地区。开发浪潮从相邻的江西东部经陆路涌入。现今福建省的名称，是由福建省东部的中心福州与西北部的中心建州的州名构成，这绝非偶然，可以说，这个名称切实地保存了汉民族在福建地区扩张的历史过程。

到了唐朝中期，开拓的浪潮进一步扩大，此前被分割为西北部和东部的汉族居住地带，从此连到一起。进而在西部的山区地带，汉族又设置了一处在福建扩张的根据地——汀州，这座城的名字出现在前面的史料（黄连洞蛮袭击汀州）中。另外，我们

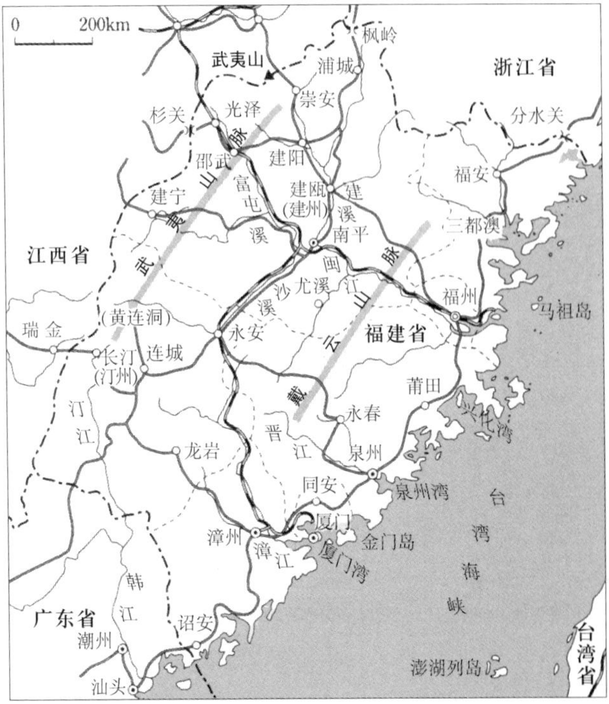

59 现今福建省图　括号内为唐代地名

在前面还提到，陈元光平定福建南部的蛮族之后，奏请朝廷设置漳州。通过漳州与汀州以及前面所说的福州、建州之间的联系，福建的开发从此前的福州、建州开发的阶段，进一步深入发展，乃至通过这些城市，汉族居住地带形成了一个圈。

这个圈对原住民居住地区构成了包围之势，与前一时期相比，原住民显然被进一步压缩紧逼。可见这个时期围绕汀州、漳州的攻防战，汉族与非汉民族之间不断上演的争斗，大多以汉族一方

期 公历年	总数	总数	福州	福宁	兴化	泉	漳	建	延平	邵武	汀	福建/全国
Ⅰ期 960-975	173	2 100%						1 50%	1 50%			1.2%
Ⅱ期 977-1024	3219	275 100%	41 14.9%	3 1.1%	24 8.7%	75 27.3%	5 1.8%	95 34.5%	19 6.9%	6 2.2%	7 2.5%	8.5%
Ⅲ期 1027-67	4805	669 100%	117 18.1%	1 0.2%	136 19.7%	127 18.9%	13 2.2%	203 29.9%	40 6.2%	30 4.5%	2 0.3%	13.9%
Ⅳ期 1070-1124	10569	1587 100%	347 21.9%	26 1.6%	281 17.7%	142 8.9%	59 3.7%	501 31.6%	151 9.5%	68 4.3%	12 0.8%	15.0%
Ⅴ期 1128-60	3697	777 100%	264 34.0%	38 4.9%	120 15.4%	88 11.3%	23 3.0%	137 17.6%	69 8.9%	27 3.5%	11 1.4%	21.0%
Ⅵ期 1163-1238	12476	2747 100%	1141 41.5%	196 7.1%	367 13.4%	388 14.1%	140 5.1%	305 11.1%	149 5.4%	42 1.5%	19 0.7%	22.0%
Ⅶ期 1241-74		622 100%	326 52.4%	51 8.2%	47 7.6%	96 15.4%	15 2.4%	60 9.6%	5 0.8%	16 2.6%	6 1.0%	

60 科举中榜人数的变迁（资料来源：佐竹靖彦《唐宋期福建的家族与社会》）

取胜而告终。

在这种情形下，从唐代中期到唐代末期汉民族的移民，除了此前沿建州向福州的路线周边扩展以外，还向面积达到日本九州一半、当时称为黄连洞的广大非汉民族居住地带扩大。随后，该地区北半部在唐朝末年几乎完全中国化，此后汉民族与原住民对峙的最前线进一步向南推进，移到黄连洞南部、名叫潭飞磜的地方。

上面所论述的，是唐代以民族问题为中心呈现出来的福建地区的大体情况。此后到了南宋时期，受首都迁到杭州临安府等因素的影响，福建地区得到迅速发展，展现出其文化的先进性，孕育了朱子学的创始人朱熹。然而，思考此前的时代，尤其是作为本卷对象的魏晋南北朝时期的问题时，不要忘了这个地区存在着与这种先进性对比鲜明的状况。

在显赫的贵族制的掩盖下，这种状况以前几乎没有被人关注过。不过，这种状况并非只是前述的汉族与非汉族人口多少的问题，它还具有极为重要的意义。

这是因为，在如此广阔的地区存在的非汉民族在此后并没有消失，如果我们回顾一下本章开头提到的，可以认为与北方胡族与汉民族的融合一样，南方的非汉民族通过混血和接纳中国文化，成为新的汉民族。换言之，这个问题对于认识中国向南方扩张、开发的进展、汉民族的形成过程等具有重要意义。

四川地区的情况

接下来我们来看看比日本全国面积还大的四川地区。现今四川省总人口一亿二千万弱，总面积达五十六万平方公里，比日本全国面积加起来还要大不少，是一个广阔的地区（总面积的数字是由四川省的面积和在行政区划上从四川省分立的四川东部大城市重庆市的面积两者加总而成）。耸立在四川南部的峨眉山以南的山区，时至今日仍可以看到很多非汉民族。不过，在峨眉山以北堪称四川大平原的四川盆地，可以说非汉族几乎都不存在了。

然而，成书于北宋年间的著名地理书《太平寰宇记》收录了南朝梁代李膺的散文《益州记》，里面说到即便在距离四川省会

61 獠族分布图　本图将从东晋时期到唐代各个朝代对獠进行讨伐、招抚过程中设置的州、郡、县、戍的名称整理在一起。朝代带下划线，其后所跟的州郡县戍便是相应朝代对当地的称谓。◎为唐代确认有獠分布的州。★为唐之后宋代时期也有獠分布的州。粗线、细线分别为行政区划道和州的边界

成都东南八十公里左右的四川盆地的地理正中心，也有与汉族语言不通、具有独特的婚姻和葬礼形式的獽、夷、獠等非汉族。

尽管如此，与福建的情形相同，关于四川非汉族的情况，在我们现在能够看到的魏晋南北朝时期的史书中只有零星的记

载，相关史料的总量极少。因此，这种情况会给现在的我们造成一种错觉，以为在魏晋南北朝时期四川地区除了极少的例外，几乎全是汉民族的地盘。然而，实际情况并非如此。

我们根据魏晋南北朝以后稍晚的唐代一本著名的地理书《元和郡县图志》以及《太平寰宇记》等资料，绘出被称为獠的非汉族的分布图，如图61所示。从这张图中我们可以看到，獠的分布在南北朝时期自不用多说，即使到了此后的唐代，仍不分中央与周边，遍及四川全境。

对这份獠族分布图所示的各州县的设置状况进行深入调查，就会发现随着新的州的设置，许多新的县的设置都是在讨伐獠之后进行的。这种新的行政机构的设置，与前面讲到的福建的情况相同，说明非汉民族居住地的中国“内地化”，即意味着纳入中央统治的州县的设置，尽管遇到非汉民族的强烈反抗，这个过程也在四川地区如潮水一般汹涌地推进。

这个时期的四川作为刘备、关羽等叱咤风云的舞台，或因佛教盛行，或作为唐代诗人杜甫生活过的地方而广为人知，而对于同时存在上述汉化的进程，以前几乎没有人关注过。然而，当我们以四川的开发、汉民族的扩张这种视角进行考察时，不要忘了这种绝对不能忽略的现象与福建的情形一样，也在当时的四川地区出现过。

非汉民族中国化的契机

以国家权力之名义进行的大讨伐战

在上一节讲到的山越活动的地区、长江中游地区、福建、四川盆地等地区，如今几乎看不到非汉民族的踪影（参考图 62）。那么，自然就会出现这么一个问题，即魏晋南北朝时期广泛存在的非汉民族此后发生了什么变化？

我们在前面已经论述了与此相关的其中一个侧面，即在国家的讨伐下非汉民族集团解体，被纳入南朝国家体制下。孙吴对山越的讨伐、在长江流域展开的大讨伐战、在福建地区对蛮族的讨伐并设置新的州县、在四川地区对獠族的讨伐后设置新的州县等，便是其具体表现。受到讨伐的非汉民族所面临的遭遇，除了在战争中被杀害以外，就是被编入中央统治下的郡县，成为士兵或奴隶，受人驱使。前面我们讲到道州的人民作为“矮奴”被进贡到朝廷、山越被赐给罗马的使节等，这些都是其中的例子。

就这样被编入国家的户籍、被征为士兵或奴隶而从自己的家乡和共同体中被孤立出来的非汉族，逐渐地失去了自我的主体性，被迫中国化。

那么，最初这种讨伐是因何而起的呢？根据汉族的史料记载，之所以进行讨伐，是因为蛮族扰乱了汉族的和平。然而，当我们站在蛮族的立场看待当时汉族所推动的开发、汉族的扩张这

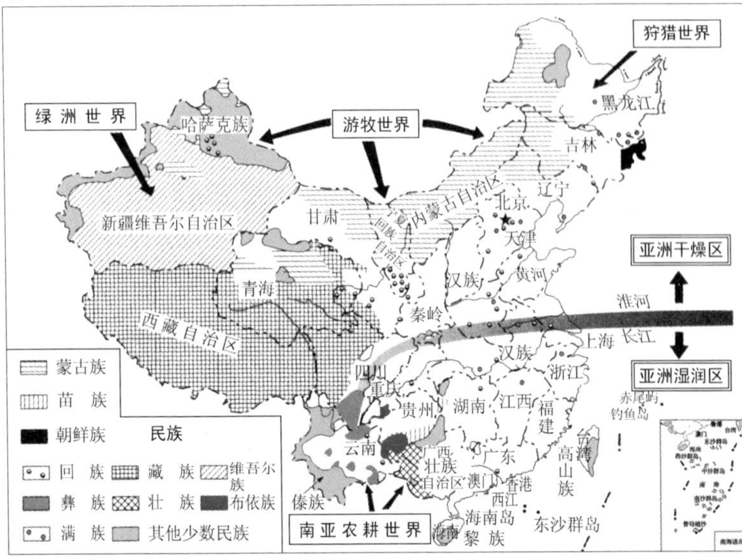

62 现代中国民族分布图

个问题时，讨伐则意味着汉族对蛮族领域的入侵。伴随着讨伐，王朝方面掠夺了铁、铜、银、盐等物质资源。另外还有一个层面是，蛮族被抓去当兵或为奴，王朝方面获得了人力资源。

在有四川獠族记载的史书中，可以看到与汉民族杂居的獠族也要按规定缴纳赋役。不过由于他们天性粗暴，很快就发起了叛乱。为此每年朝廷命令附近的州镇出兵讨伐。在讨伐中俘获的獠族，充为奴隶，被称为“压獠”。后来商人来了，也将獠族抓走作为商品。因此上至公卿，下至普通百姓，许多人家里都有獠族奴隶。换言之，当时在国家发动的讨伐中，带有对蛮族进行人力、物质资源掠夺的浓厚特征。

一般认为，这种讨伐是非汉民族中国化的契机，然而，这一层面的中国化并不是这个时期非汉民族中国化的主要方面。通过与普通汉族更广泛的接触而实现的非汉民族的中国化，正在这一时期深入进行。

蛮与普通汉族的交流

前面我们提到，有商人将蛮族抓走进行买卖。当时确实有许多商人为了贩卖獠奴以及当地所产的翡翠、象牙等物产而深入蛮族的聚居地。而蛮族自己也来到蛮汉交易市场。还流传有这样一个故事：有一个人为了找蛮族报杀父之仇，来到市场将杀害父亲的蛮人杀死，当地的长官对其为父报仇的举动感到钦佩和赞赏。

另外，在农耕生产的现场也可以看到蛮汉的交流。关于居住在四川北方山区的蛮族的生活，当时的史书有如下记载：

> 土地刚卤，不宜五谷，唯种稞麦。多冰寒，盛夏凝冻不释。夷人冬则避寒入蜀，庸赁自食，夏则避暑反落，岁以为常，故蜀人谓之作五百石子也。(《华阳国志》“巴志·汶山郡”条)

这段记载说明，当时存在有作为季节劳动者的蛮族。蛮族与汉族之间在生产现场的这种交流，对蛮族的中国化产生了很大的影响。下面是一个唐代的事例，也可以作为考察魏晋南北朝时期蛮汉之间的交流进行时的参考。

唐代岭南（广东以南地区）常常可以见到一种叫山魈的怪兽。山魈独足反踵，手足有三个开叉。这种怪兽，雌性的喜欢涂抹红色和白色的粉。山魈在大树上筑巢居住，上面还有木屏风和幔帐，并储藏有丰富的食物。汉人上山时，总会随身带上许多脂粉和钱。被称为“山公”的雄山魈必定要汉人给钱，而被称为“山姑”的雌山魈必定索要脂粉。另外，他们每年都会跟汉人一起耕田，汉人提供田地和种子，山魈从事耕作。谷物成熟时，他们与汉人一起分配收获。山魈个性秉直，说分配时多要的会遭天谴得病，绝不敢多要。

这是成书于唐代的《广异记》中所记载的事，这里所说的山魈显然应该是被拟兽化的某种人，可以让我们对蛮族通过生产现场中的交流逐渐中国化的过程有一种具体的印象。

另外，当时也已经出现了另外一种交流，其性质与商品流通、生产现场的交流不同。这种交流是蛮族皈依汉民族的宗教。

> 汉末，张鲁居汉中，以鬼道教百姓，賨人敬信巫觋，多往奉之。(《晋书·李特传》)

这段话中的賨人是蛮的一种，他们成为中国的民间信仰——道教的信徒。他们不仅在物质的层面，而且在精神的层面也受到汉民族的强大影响，在这点上，蛮人皈依汉人的宗教具有重要的意义。

前面我们所说的这些情况，可以说都是在汉族和蛮族根据自己的自发性意志而进行的经商和开拓过程中所产生的蛮汉交流，而许多汉人为了逃避国家的严苛征发而故意逃到蛮族地区的事情在当时也是屡见不鲜。那是因为在不被国家控制的蛮族地区，当然就不会有什么征发，即使在一定程度上受到国家控制的蛮族地区，征发基本上也不像汉族地区那样沉重。

当时像这样的各种层面的蛮汉交流，发生在中国中南部地区汉族不断向前推进的“开发”前线。

上面我们探讨了蛮族与普通汉人之间在经济、政治、宗教层面的接触，这些交流都是促使蛮族中国化的因素。这是因为，在对蛮族和汉人进行比较时，二者间存在着“未开化”与“文明”的差别，在这种状况下两种文化一旦接触，尽管“文明”也可能会受到“未开化”的影响，但总的来说，“文明”对“未开化”都会展示出优越性。

蛮汉结合与土豪

在“中国化”这个大趋势下，当地社会也逐渐出现了蛮族与汉族之间的“联合”以及汉人的豪族化。据载，孙吴时期浙江人贺齐出任蛮族地区剡县的地方官。当时县里一个叫斯从的地痞官吏为非作歹，贺齐准备收拾他，却被主簿劝阻说，斯从出身县里的豪族，山越都听命于他。你今天惩治了他，明天山越就会进攻过来。贺齐听闻此言，勃然大怒，当即斩了斯从。斯从的党徒纠集在一起，总共有一千多人，发兵向县城进攻而来。于是贺齐率领县里的官吏和民众，打开城门对他们发动突袭，大破匪徒，名震山越。

这个故事说明浙江豪族斯从与孙吴时期让孙权感到头疼的山越之间存在着密切的关系。进入蛮族地区而成为豪族的汉人，在豪族化的过程中大多与蛮族（特别是其中有实力的蛮族）结成姻亲关系，以此巩固他们在地域社会中的地位。

据史载，西晋时期在中国西南部的贵州地区，与蛮族结为姻亲的汉人被当地蛮族称为"遑耶"（可能是"亲人"的意思）。这些遑耶不断在当地惹是生非，一旦形势不妙，便逃到蛮族的地盘，受到蛮族的保护，如果国家依法将他们捉拿，就会引起蛮族的报复。特别是与蛮族结有深层关系的汉人被称为"百世遑耶"（即永远的亲人），其亲密程度相当于骨肉关系，结果，蛮族地盘成了收容畏罪潜逃者的无法无天的地方（《华阳国志·南中志》）。蛮汉之间存在这种婚姻关系，说明当时蛮族与汉族（包括非豪族的汉人）之间的混血已有相当程度的进展。

蛮族出仕为官

魏晋南北朝时期是贵族制时期。然而，正如上一章所说的那样，当时也出现了一个活跃的处于社会下层的平民阶层。另外，正如我们在本章所看到的，在以江南等地为中心的中国南方的地域社会，显然也有非汉民族的分布和活动。以江南为大本营的六朝各国具有这样的多层结构，在这种体制下，既然存在着本章所讲到的这种蛮族，这个时期自然就应该会出现蛮族出仕为官的现象。

蛮族出仕为官确实是现实，例如，北魏的樊子鹄、北齐的陆法和、北周的泉企等官至宰相或相当于宰相的高官，他们都出身蛮族。但是，我们现在所举的这几个例子中并没有江南各朝的人，江南贵族制国家对蛮族出仕为官的限制特别严格。在非汉民族统治的华北，这方面则比较宽松，不过即使在华北，对于蛮族出仕为官的抵触还是比较强烈的。

北魏时期，蛮族族长出身的田益宗被封为征南将军这一中央官职，受到汉族士大夫出身的裴植的责难。裴植向皇帝上表毁谤说，华夷原本就是异类，征南将军田益宗没有资格像我们延续百世代的名门那样，位居士大夫之上。[9] 这个故事生动地说明了在这个时期的华北，汉族士大夫对蛮族出仕为官表现出近乎不可忍受的情绪。

因此，可以认为在这种风气下，蛮族出仕为官面临着相当大的困难。不过，我们要注意的是，尽管困难重重，在前面提到的华北王朝中，在一定程度上也有一些蛮族成为朝廷高官，并在汉人编撰的史书中留下了业绩记录。从这种情况中我们自然而然地可以想见，除了我们前面提到的官居高位的蛮族之外，还有相当多的蛮族曾担任过品阶较低的官职。那么可以认为这种趋势也不同程度地存在于长江以南的政权中，尽管数量不如北朝那么多。

建立了五胡十六国之一的成汉政权的巴蛮李特之弟李庠，历任郡督邮、主簿。西晋元康四年（294），被荐举为孝廉，朝廷要将他招到都城洛阳。后来，因为善于骑马射箭，朝廷招他到都城当将军（这两次都被李庠谢绝了）。州政府认为李庠文武兼备，是特别优秀的人才，向中央推荐，他借口生病又婉拒了。不过，这次州郡并未就此罢休，而是将其名字上报中央。因此中央热切地征召他，李庠不得已应征，被授予中军骑督（中央的武官）一职。[10]

在这个事例中我们应该注意的是，李庠并不是由于战功等所谓偶发性契机而获封官职的，而是经由州、郡的推荐这种选拔官吏的一般途径而成为官员的。在现代世界，特定的集团或民族会由于国籍或民族等各种条件的限制，被剥夺参政权和就业机会。而在魏晋南北朝时期，不论是中央还是地方，都没有完全将蛮族排除在选拔官吏的一般途径之外。这一点是我们应该注意的。

何为蛮？

关于汉族的蛮化

前面我们论述了魏晋南北朝时期非汉族中国化的实际情况。在考虑这个时期的民族问题时，还有一个极为重要的、需要注意的点。本章前面只探讨了非汉民族的中国化和汉化，而在这个时期，也存在相反的情况即汉民族的非汉民族化和蛮化。在梁末陈初的福建，福建名族出身的陈宝应发起了叛乱，为了镇压这次叛乱，南朝最后的王朝陈朝发布了如下命令：

> 福建的盗贼陈宝应父子，身穿蛮族草衣，与蛮族有血缘关系。陈宝应的父亲陈羽在梁朝末年的动乱中，身为豪侠煽动蛮族，跟蛮族一样梳椎髻，两腿张开坐，成为蛮族的首领。[11]

这是汉人名族蛮化的一个事例。前面我们提到，当时有汉族进入蛮族聚居地，通过与蛮族结成姻亲关系，扩大自身势力。在这个过程中，他们也会受到蛮族风俗习惯的影响。

我们来看看上一章末尾的《山越分布图》(图 57)。图中出现了标有①、②、③等数字的地区。这些地区都是在南北朝时期的史书中明确指出有“洞”存在的地区。“洞”是当时的用语，指的是非汉民族的村落。前面我们讲到福建西南部存在一大片被称为“黄连洞”的区域，这个黄连洞便是其中的一个蛮族部落。

除此以外，在山越分布图中还有一些郡(当时的行政区划)名标有下划线。根据分布图的注释，这表示这些郡当时存在被称为“蓄蛊”的巫术。据记述隋代历史的史书《隋书》记载，这种习俗是在新安(今安徽省黟县)、永嘉(今浙江省丽水)、建安(今福建省福州)、遂安(今浙江省淳安)、鄱阳(今江西省波阳)、九江、临川(今江西省抚州)、庐陵(今江西省吉安)、南康(今江西省于都)、宜春等地广泛存在的饲养毒虫的奇俗，其中犹以宜春最为盛行。这不是单纯饲养毒虫的习俗，而是带有某种巫术性质的奇俗。

根据《隋书》对其做法的说明，首先在五月初五这一天要捕捉到大量（多达一百种）“虫子”，大至蛇，小至虱，一起放入容器中，让它们互相咬斗，最后活下来的一种虫子就被养起来。如果是蛇则称为“蛇蛊”，是虱则称为“虱蛊”，把活下来的虫放出来，让它们杀死被诅咒的敌人。这种“虫”会通过食物进入人的腹内，吃人的内脏，对方死后，其财产就会转移到蛊主的家中。[12]

汉民族中没有用这种方法饲养毒虫，并用这种毒虫杀人劫财的风俗。另外，根据后世的书籍和民族调查报告，这种奇俗实际上是存在的，只是将“蓄蛊”记述为非汉民族的习俗。但是，《隋书》并没有把“蓄蛊”当做蛮族的风俗，而是将其记为当地的一种土俗。

而且，仔细看一下山越分布图，就会发现“蓄蛊”的分布地区与蛮族的居住地“洞”的分布地区是重合的。另外，也与山越的分布地区重合。注意到这一点，我们就可以想见这一时期蛮汉风俗混杂在一起，广泛地分布在这些区域。

桃花源的时代背景

意为“乌托邦”的“桃花源”出自陶渊明的《桃花源记》。在此名篇中，有如下记述：

晋太元中，武陵人捕鱼为业。缘溪行，忘路之远近。忽逢桃花林……山有小口，仿佛若有光。便舍船，从口入。初极狭，才通人。复行数十步，豁然开朗。土地平旷……

有些《桃花源记》的版本将武陵渔夫记为“蛮人”。这位渔夫通过“小口”走进了与世隔绝的“桃花源”。从当时的现实中寻找的话，“桃花源”的世界大概就是“洞”吧。

黟歙位于过去山越聚居地、如今因风光秀奇的黄山观光出名的安徽省徽州地区（今黄山市）。成书于南朝梁代的地理书《舆地志》把黟歙的谯贵谷当成实际存在的地方，留下意味深长的记述。

根据记载，以前当地有人进入谯贵谷的山里，行走了7天时间，来到一处斜开的洞口前。进洞里，豁然开朗，周围30里，土地平坦肥沃。里面有千余户人家，听说是为了躲避秦时的战乱而来到这里。再看看村里的地图，发现还有别的与世隔绝之处，那里的人说也是避难来到这里，进入石洞。入口则完全被松树和藤萝遮挡了。

谯贵谷的故事与陶渊明的《桃花源记》非常相似。结合本章论述的要点，可以说所谓“桃花源”这种想法显然正是在这种蛮汉交流的时代背景下产生的。

关于蛮汉之别

以下的一段文字表达了这个时期黄河流域的人对江南人的看法：中原的知识分子把江南的人统统称作貉子。那里有巴、蜀、蛮、獠、溪、俚、楚、越等蛮族，说话就像鸟和禽兽的声音一样，语言也不通。他们吃猴、蛇、鱼、鳖，嗜好口味与我们中原人完全不同。江南的山河辽阔，达数千里，司马睿不能有效控制生活在这里的人民。[13]

根据这段记载，对于当时的中原知识分子而言，以猴、蛇、鱼、鳖为食是野蛮的风俗。如今日本人还把吃猴和蛇看成是“野蛮”的行为。然而，人们普遍知道，汉民族传统上是以这些动物为食物的（顺便说一下，日本人也并非不吃猴和蛇），因此《魏书》的这一论断稍微有点奇怪。

如果考虑到这段文字大概包含有中原人士的侮蔑，那么就不存在什么疑问了。当时中国南方确实存在文段中出现的“獠”、“越”等非汉民族。但是，这里出现的“蜀”，能否说是非汉族呢？“蜀”是称呼四川地区的名称，在《魏书》中显然不是指地名，而是用于称呼“异族”。因此，这种用法可以简单地理解为是一种蔑称，不过，“蜀”在当时确实被视为异族。

北魏孝文帝曾与朝臣讨论全国的名门和人物。当时，孝文帝开玩笑地问薛聪：“世人都说你们薛姓一族是‘蜀人’，实际上是不是蜀人？”薛聪回答说：“臣的远祖服务汉朝时，人们称呼我们为‘汉臣’。后来祖上随刘备入蜀，被当时的人称为‘蜀臣’。现在我侍奉鲜卑出身的陛下，那么我是不是应该称为‘鲜卑’呢？”孝文帝听后笑了起来，说道：“爱卿自己明确不是‘蜀’，奈何反过来挖苦我！”薛聪怒而离开。（《北史·薛聪传》）[14]

这则故事生动地记录了当时人们对“蜀”的看法。如果我们回顾一下四川地区（蜀）的历史，就会明白这种看法的由来。蜀

63 三星堆出土遗物　作为古代蜀文明而备受瞩目的三星堆遗址出土的巨大假面，高 82.5 厘米，宽 78 厘米

是在周武王伐纣的时候作为从军异族之名最早出现在史籍中(《尚书·牧誓篇》)。最近考古学的发掘向我们展示了蜀文化与中原文化的较大差异，尤其是近年来四川三星堆的发掘，出土了中原地区不曾见过的大量假面，真实地展现出文化上的差异。

具有如此独特文化的蜀地在春秋时代与中原地区几乎没有来往，到公元前四世纪末秦以后，终于开始了中国化的进程。这是刘备建立蜀汉政权时当地的历史背景。

换言之，前面说到的将蜀视为非汉族的魏书立场，或薛聪传中出现的对蜀的看法，很难说只是单纯起因于侮蔑。据《隋书》的记载，隋朝时期居住在四川的非汉民族獠族中的有钱人，搞大排场与“华人”结成婚姻关系，其衣着、住居、说话用语几乎与汉族没有区别。另外，还有獽、狿、蛮、賨等蛮族，其住居、风俗、衣着、饮食等与獠族十分相似，而且据说与“蜀人”也很类似(《地理志》)。

可以认为，这里出现的“蜀人”在隋朝时已经是“汉人”了。据《隋书·地理志》的记载，在当时四川地区非汉民族中，由于中国化的结果，出现了汉族化的现象。然而，当以京师的立场看待居住在远离国都的四川地区的汉族，事情就不是那么简单了。

从当时蛮与汉的融合状况，或东西方都存在的中央与地方的关系来看，居住在四川的汉族会被京师的人视为夷狄，这种思维恐怕也是很自然的。如果联想到在日本历史上，关东地区也曾被视为“东夷”，那么将蜀人等同于蛮族的看法，也许并不算什么大错。

下面我们再举一个例子。在第四章我们略有交代，东晋时代发生了苏峻之乱后，朝廷内部出现了迁都长江中游的豫章或浙江会稽的议论，当时宰相王导提出反对。现在再稍微详细地追溯一下这场议论的始末。

> 及贼平，宗庙宫室并为灰烬，温峤议迁都豫章，三吴之豪请都会稽，二论纷纭，未有所适。导曰：“建康，古之金陵，旧为帝里，又孙仲谋、刘玄德俱言王者之宅。……且北寇游魂，伺我之隙，一旦示弱，窜于蛮越，求之望实，惧非良计。今特宜镇之以静，群情自安。”由是峤等谋并不行。（《晋书·王导传》）

王导发言提到的“蛮越”中“蛮”指的是当时蛮族之一的豫章蛮，与豫章连在一起使用，而“越”则对应于有很多山越的越族地区会稽。换言之，王导这段话的言下之意，是说位于江南的建康才是中心，而豫章郡、会稽郡都是蛮越之地。

当然，王导的话是在讨论过程中说出来的，当时豫章郡和会稽郡确实都已经是汉族的地区，因此应该说这里带有夸张。然而，豫章郡在东晋时期，仍然分布着蛮族的村落“洞”（参考图57），而且被蓄蛊之风盛行的鄱阳、庐陵、宜春等各郡包围。会稽郡则在孙吴时期有许多山越，即使到了南北朝时期的末年，仍然残存有山越（《陈书·世祖纪》）。另外，由于王导的发言，迁都的议论止息，这说明王导的话对议论各方都有一定的说服力。因此，将豫章、会稽视为蛮越之地的观点，并不能说完全是不切实际之辞。

换言之，王导作为东晋朝士大夫第一人、北来贵族领袖，当时也有这样的看法，那么前面提到的北魏时期黄河流域的人们对江南人存在一种中原中心主义的思维，可以说并不是他们单方面的偏见。

据史载，宋明帝即位后不久，孔觊在会稽谋反。阮佃夫从四川带领一支英勇善战的军队前来讨伐。当时阮佃夫的士兵身穿犀牛皮的铠甲，其外观非常怪异。当时相传“狐獠吃人”，因此会稽的反贼一见到他们，立刻吓得四处逃散（《宋书·孔觊传》）。

前面已经说过，“獠”是蛮族的其中一种。根据记述孔觊叛乱的这则事例，被王导蔑视为蛮越之地的会稽郡的人们，当时认为蜀人是“吃人的狐獠”。这说明会稽人把蜀视为蛮地或类似于蛮地，而把蜀人看成与自己异类的人，可以说这种思维与前面讲到的把蜀人视为夷狄、把蜀视为蛮的看法如出一辙。

从这里我们可以看出，与这一时期黄河流域的人们对江南人所具有的中原中心主义观点性质相同的思维，也出现在江南人的各个阶层中。不过，这种思维应该称为建康中心主义。而在中心外围的地区和居民，或多或少都被认为具有“蛮”的因素。

另一方面，正如我们在前面陈代陈宝应的事例中所指出的那样，位于远离京师的“边境”的汉族通过婚姻等方式在很大程度上接受了“蛮”的文化形式。另外，我们也指出，相反的情况也同样出现在蛮族身上。

换言之，京师人认为在都城以外的地方，或多或少都会存在蛮的因素——在这种观念的背后，却存在着这样的现实：在开发江南的时代背景下，如本章所述的随着蛮族与汉族之间的交流，“蛮”、“汉”的融合不断推进。因此可以认为，在六朝时期实际上很难对蛮汉进行“此为蛮、此为汉”的明确区分。

前面我们讲到孙吴时期豪族斯从与山越联合，成为会稽当地潜在的一股势力，这是基于“斯从是汉族”的立场所作的讲述。然而，也许还应该从“斯从是蛮族”的立场重新叙述。在探讨这一时期的民族问题时，需要关注直到现代汉民族出现以前在广泛的融合过程中“蛮”、“汉”的实际情况。

第七章

北魏孝文帝的改革

北魏前期的各种制度

北魏前期的国家制度

我们在第三章研究了从五胡十六国后期到北魏前期的历史，论述了中国再次实现统一的过程中所出现的各种事件，探讨了在这个过程中，汉族、各个胡族相互之间对对方的看法和认识的变化。并指出到了北魏太武帝时期，拓跋鲜卑对汉族或汉族文化的认识，在太武帝、皇太子等统治阶层上部的人士中发生了很大的变化，拓跋鲜卑整体也从统一华北时开始，受汉文化的影响，逐渐掌握了汉语等情况。

不过，对于拓跋鲜卑整体而言，他们与被统治的汉族不同，是高高在上的中国的统治者，在意识层面的改变与汉族相比较为迟缓。也就是说，在太武帝于 439 年统一华北前后，即南北朝时代大幕拉开的前后，拓跋鲜卑对汉族的认识与稍早的五胡十六国时期其他胡族的情况差不多，几乎没有什么变化，仍然基于军事上的优势而继续具有顽固的优越感。

这种意识得以持续存在，其主要原因固然在于如前所述的他们作为中国的统治者高高在上，而除此以外他们在统治中国的过程中制定的“制度”，构成了这种意识的支持基础。同时，这些制度又发挥了作用，加强了拓跋鲜卑作为统治集团的团结。

存在于北魏时代的具有上述特征的“制度”，到底包括哪些方面？下面我们列举当时称为内朝的制度，以及国家祭祀制度的例子，具体进行一番考察。

作为拓跋皇帝侍臣集团的内朝

内朝是这一时期北魏独特的制度，是当时人们对侍奉在拓跋皇帝近旁的侍臣集团的称谓。而且在孝文帝改革前，内朝几乎都由鲜卑等胡族人士组成，其中地位较高的成员，参与国家的大政，发布皇帝诏令，并回答皇帝的垂询，在国政上承担着重要的职责。

这些人员可大致分为军事层面的武官和行政层面的文官。其中内朝武官在皇帝近旁负责皇帝的饮食、衣着、皇宫的警卫等各项事务，按皇帝的旨意被委派职位，率军转战各地。另一方面，文官则负责皇帝命令的起草、传达、记录等事项，同样也是根据皇帝的授权派遣到各地方，主要从事监察的任务。

拓跋部在入主中原以前、通过各部族的联合构成国家时，拓跋王的近侍由参加部族联合的各部族长的子弟担任。当初这种人质抵押的安排对于拓跋王而言，具有防范各部族离反的作用，而从部族联合到北魏建国、向中原扩张等这一北魏国家发展的过程中，内朝制度逐渐得以充实健全，逐步扩大为如上所述的发挥国家中枢作用的政治组织。

64 北魏文成帝碑文　近年发现的带有和平二年（461）字样的文成帝时期的碑文。背面密密麻麻地刻满了北魏内朝官以及任职者姓名

我们来看看当时内朝的具体形式。前面讲过崔浩被诛的事件，而在事件发生时，由中书侍郎负责草拟宣布对崔浩进行处罚的诏书。

据史载，当时的中书侍郎是汉族人高允，在接到命令时，由于株连的人太多，他对这一事件抱有疑虑，认为可能量刑不当，迟迟不能落笔。然而，太武帝却频频下令尽快草拟诏书，于是高允奏请谒见太武帝当面询问疑点，然后再草拟诏书。

这件事说明高允在草拟处决崔浩等内容的诏书时，并不是太武帝直接向他数次催促、发布草拟诏书的命令。因为如果是太武帝频频下令，而高允能够亲自谒见太武帝的话，他应该可以当场就向太武帝质疑了。

当时的史书记述这一事件，说太武帝为了使处决崔浩的诏书尽快拟成，“频诏催切”。那么，这里所说的“诏”就不是书面的诏书，而是如实传达皇帝言语的“诏”，即“口诏”。换言之，当时在诏书草拟的过程中，在太武帝和高允（中书侍郎）之间，有人充当了传达天子命令（口诏）的角色。

那么，他们会是什么样的人呢?

这个事件多年以后，高允被太武帝之后继承皇位的文成帝称赞为“多年忠勤”。当时文成帝对近臣说道：“至如高允者，真忠臣矣。朕有是非，常正言面论，至朕所不乐闻者，皆侃侃言说，无所避就。朕闻其过，而天下不知其谏，岂不忠乎！汝等在左右，曾不闻一正言，但伺朕喜时求官乞职。汝等把弓刀侍朕左右，徒立劳耳，皆至公王。此人把笔匡我国家，不过作郎。汝等不自愧乎？”（《魏书》卷三十一，列传第十九）

这里所说的手拿弓和刀侍奉在皇帝左右的人，指的就是在天子左右的内朝官员。当时，这些人都是以拓跋鲜卑为中心的胡人。换言之，当时出身汉族名族、渤海高氏家族的高允辛劳多年也只不过当个郎官而已，相比之下，出身胡族的内朝官员却只需“站在”皇帝两旁侍候，就都能当上公王。

当时，宫廷内部有一个特点，即使用鲜卑语作为公共语言。也就是说，在皇帝近旁伺候的胡族说的是鲜卑语，而皇帝也用鲜卑语跟他们交谈。北魏时期存在这种鲜卑语和汉语的双重结构，当时中央、地方各个职位配有翻译官便是明证。可以认为，太武帝盛怒之下命令尽快草拟处斩崔浩的诏书，负责“频诏催切”

传话的人，一定是通晓鲜卑语和汉语的近侍官。

北魏孝文帝在位时，在太和初年曾派使者向南齐请求汉籍。南齐朝议是否答应北魏要求时，大臣王融说道："北魏派遣使节到南齐时，总会同时派鲜卑人同行监督。他们的国家制度也依照同样的方式运转，官僚体系置于胡族的监视之下。"

这段话对北魏国家制度的论述可谓一语中的。可以看出，当时北魏在以内朝为最高领导的监察体制下，掌控中央和地方的行政组织，统治汉土。而且在内朝任职的胡族获封王爵、公爵等高级官爵，承担着这种统治结构的部分功能。

因此，这种赐予特权的结构发挥了很大的作用，加强了胡族的团结和胡汉的分别、进而强化了北魏作为异民族国家的特征。

鲜卑集团团结的象征——祀天仪式

使鲜卑作为一个集团紧紧团结在一起的象征并不是内朝制度。在北魏时期举行的祀天仪式可以说是其中一种象征。北魏每年都会在当时的首都平城的西郊举行祀天仪式。祀天在古时是匈奴的龙会、后来是蒙古族的忽里台大朝会举行的仪式，在北方游牧民族地区具有极其重要的意义，在渊源上，日本的大尝祭也与之有关系。

祀天仪式并非只是简单地祈愿家畜繁殖、农作物丰收等宗教性仪式，各部族还聚集在一起，选出部族联合体的领袖，同时还举行领袖的即位仪式，制定国家政策等。北魏在入主中原之后，仍然保持这种仪式，由皇帝亲率百官，每年隆重盛大的祀天。定期举行具有这种特征的祭祀，其结果当然是确认并加强了拓跋鲜卑集团的纽带。

除了祀天仪式以外，当时使北魏鲜卑作为一个集团紧密团结的象征还包括语言、风俗、军制、封爵制度、宗庙制度等等。因此，在这些象征的功能得以发挥的北魏前期，便很难从胡族一方出现突破，克服自五胡十六国起一直持续下来的胡汉对立的意识、胡汉对立的结构。

这便是崔浩事件之所以发生的主因。正因为如此，要想使这种结构从根本上发生变化，必须先等到鲜卑统治者面临的形势所有改变。到了孝文帝时期，形势发生了根本性变化，促使他对北魏国家实行了根本性的改革。

孝文帝的改革

魏晋南北朝时期屈指可数的明君孝文帝

在第三章我们考察了北魏第三代皇帝世祖太武帝时期，此前混乱至极的华北实现了统一，开始寻求从胡汉对立走向打破胡汉壁垒的国家、社会的建设之道。然而，在太武帝时期，民族之间的斗争仍然在各种情形下涌现，出现了崔浩事件，太武帝本人也遭到暗杀。作为旨在克服这种局面的一种政策，朝廷大力推行佛教。关于这些情况我们在前面也都进行了论述。

在这样的时代背景下，第五代皇帝献文帝的长子拓跋宏于皇兴元年（467）出生在当时北魏国都平城（今山西大同），皇兴五年（471）尚为幼儿的他便登基即位，成为北魏第六代皇帝，是为孝文帝。

记载北魏历史的《魏书》给予孝文帝极高的评价："及躬总大政，一日万机，十许年间，曾不暇给，殊途同归，百虑一致，至夫生民所难行……若乃钦明稽古，协御天人，帝王制作，朝野轨度，斟酌用舍，焕乎其有文章，海内生民咸受耳目之赐。加以雄才大略，爱奇好士，视下如伤，役己利物，亦无得而称之。其经纬天地，岂虚谥也。"这段评语可以说是十分贴合史实的。孝文帝是魏晋南北朝时期屈指可数的明君。

孝文帝的改革实质上是北魏王朝的中国化

那么，孝文帝都做了哪些事情？他在位期间进行了各种改革，实际上涉及"官僚制度改革（废除内朝）"、"国家祭祀改革"、"胡族、汉族家世的确定（分定姓族）"、"改变风俗和习惯"、"首创均田制"、"封爵制度改革"、"宗庙制度改革"、"确立北魏作为中原王朝的正统性"等多个方面。一言以蔽之，这些改革可概括为北魏王朝的"中国化"。

下面我们按顺序进行具体的分析，看看这些改革具有什么历史意义。

首先是“官僚制度改革”。简单地说，即北魏废除了此前一直沿用的鲜卑式官僚制度，全面采用中国式的官僚制度。如前所述，北魏从建国之初便存在着一个称为“内朝”的组织。与之类似的组织，也可见于中国历史上其他北方民族，其中蒙古、元代存在的称为“怯薛”的组织，与北魏的内朝及包括内朝各官员的称谓在内，都极为相似。

也就是说，内朝是根植于鲜卑传统的一种非汉族的政治组织，北魏的政治由内朝和外朝（处于内朝以外，根据中国式律令制原则，执行各项政策的行政组织）共同运作。

这样的双重结构在北魏建国后直到孝文帝时期大约一百年的时间里一直沿用，其原因可归结为北魏是非汉族所建立的政权，以及北魏由于自身急速扩大、疲于应对统治区内各地出现的状况，而未能对国家制度进行根本性的改革。

废除内朝的原因

孝文帝废除了具有这种背景的内朝。在孝文帝断然推进改革的时候，经过建国以来的变迁，北魏内朝已出现了很大的变化。当时内朝的成员中，已经有不少汉人担任文官职务，由于擅长文书处理的汉人官僚的大量进入，内朝逐渐丧失了这一组织被鲜卑等非汉民族占据的实质。

另外，由于北魏控制下的领土急速扩张，王朝需要处理的事态日趋复杂且分布广阔，内朝机构逐渐膨胀。原本由皇帝近侍构成的内朝，出现了很多带有各种具体职务的官职，这些官职的设置逐渐加强了对整套行政体系的监察。

这种变化趋势使得内朝与负责行政执行的外朝之间出现了许多摩擦，结果降低了行政效率。

到了孝文帝亲政时，有两条克服这种困境的道路可供他选择。其一是对此前的国家制度进行根本性改革，极力抵制采用中原的各种制度和任用汉人，复归或强化非汉国家的制度。其二是废除鲜卑式的国家制度，全面采用中原的各项制度，以此谋求国家制度的一元化。

65 赫哲族的木主（神像） 一般认为，北魏在都城西郊举行祭天时的木主也与此有关联（载于江上波夫《欧亚古代北方文化》）

结果是，孝文帝选择了第二条道路，废除了之前堪称统治中国的基础的内朝制度。

国家祭祀改革

孝文帝对建国初年以来的国家祭祀也进行了大刀阔斧的改革。这里所说的“国家祭祀改革”是指废除了前面提到的每年四月初四在都城西郊举行的祀天仪式，而统一为在都城南郊举行祀天仪式。

记述北魏历史的《魏书》对孝文帝的父亲献文帝时期在西郊举行的祀天有如下记载：“显祖以西郊旧事，岁增木主七，易世则更兆，其事无益于神明。”于是对西郊祀天进行了更改。

这里所说的“木主七”，来自于鲜卑拓跋部最早出现在历史

66 天坛（南郊） 天坛是皇帝举行祀天仪式的地方。北京的天坛是明清两代祀天的场所。图为祈愿新春五谷丰登的祈年殿

舞台上、构成拓跋部的主要七个部族，原本具有重大的意义，不过从这段记述可以看出，到孝文帝改革的时候，已认识到这一祀天仪式已经脱离了其原有本质。另外，西郊祀天后还要在南郊举行的祀天，在各种国家级祭祀中是中国历代王朝最为重视的国家仪礼。

换言之，孝文帝废除西郊祀天时，由于种种因素同时起作用、应被鲜卑视为团结象征的祀天仪式正逐渐流于形式，于是孝文帝因势利导，废除了西郊祀天，统一采用中国式的仪礼，在南郊祀天。

分定姓族

我们讲到诛杀崔浩事件时，说到崔浩计划明确天下贵族的家世（姓族）序列。而崔浩的姻亲、范阳卢玄听到这个想法后忠告他说："乐为此者，讵有几人。"无奈崔浩执意不听，终致杀身之祸。

这种想法招致了崔浩的败亡，表明崔浩的姓族分定计划也将胡族作为对象。如果实行这种姓族分定政策，那么门第相当的胡汉之间也可通婚。只是当时推行这项政策的时机并未成熟，到了孝文帝时期，这种姓族分定才得以实现。

据《魏书》的记载，孝文帝的改革将胡族中的穆、陆、贺、

姓族＼条件	（一）姓		（二）族		（三）族	（四）族
始祖	部族长	非部族长	部族长	非部族长	（一）（二）姓族的支族（五世以内）	缌麻以内一、二世官者
建国以来三代受封的官爵名称	(1) 给事、州刺史、镇大将军以上 (2) 王、公	(3) 尚书以上 (4) 王、公（中间不降官绪）	(1) 中散监、太守、子都以上 (2) 子、男	(3) 令、副将、子都、太守以上 (4) 侯		

67 **姓族表** 姓族根据建国初年是否具有部族长的家世或北魏之后就任何种官职为标准决定

刘、楼、于、嵇、尉等八姓定为与王室通婚也不觉惭愧的名门。自此以下的各族，首先依照是否具有政权初建拓跋部时期的部族长家世，或北魏建国以来是否三代都被授予特定高等级的官爵的标准，划定等级，第一等级称为“姓”，第二等级称为“族”。

我们需要注意的是，这里所设定的姓族，是根据中原服丧制度即五服制度而设定的。五服是规定了五代亲属之间服丧规则的中原制度，与去世的人越亲、服丧时间就越长，从最短的在心中服丧起，到最长三年的父母去世后的服丧，都有详细规定。

换言之，如果以满足前面提到的具有部族长家世标准的人为中心，那么进入其五代范围的人则属于姓族，否则不属于姓族。

属于姓族的人拥有担任官职的特权，以及免除兵役的免役权，这说明孝文帝的姓族分定改革，意在将以统治中原的鲜卑为中心的胡族大致划分为统治阶层和非统治阶层。

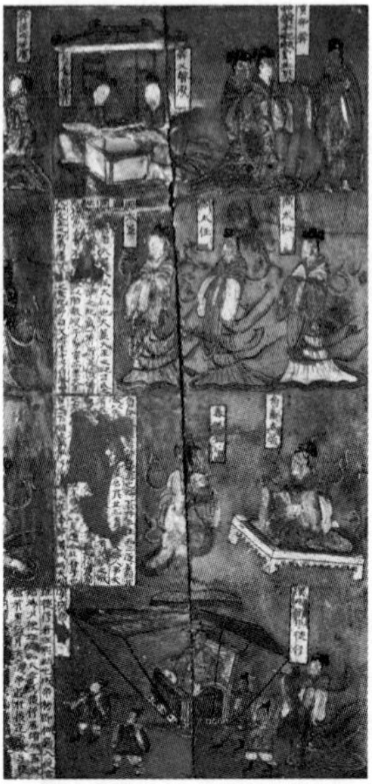

68 山西大同　司马金龙墓出土漆画屏风　司马金龙是带有拓跋王家和司马氏家血统的人，于太和八年（484）去世。其妻为鲜卑人源贺的女儿，继室又娶了匈奴沮渠牧犍的女儿。该墓的出土物品多为具有中国风格的遗物，让人了解到当时的潮流

另外，汉族的情形也与胡族一样，设定与通过姓族分定而处于胡族最上层的穆氏、陆氏等八姓相当的膏粱、华腴等各族，以及与姓族相当的甲、乙、丙、丁四姓的阶层。从这些措施可以看出，姓族分定改革意味着根据家世这一共通的原则对整个胡汉都设定了上下关系，引入了与此前按胡汉进行民族区分不同的原则，这项改革在五胡和北朝的历史中具有重大的意义。

改变风俗和习惯

我们知道，所谓“改变风俗和习惯”是指禁止穿胡服和使用胡语（鲜卑服装和鲜卑语等）。孝文帝选择这样一条道路，即统治民族率先放弃自己的风俗和习惯、使用被统治民族汉族的汉服和汉语，实在出奇。

在思考这一问题时，必须注意到孝文帝改革时，作为统治民族的鲜卑中已经出现了一种忘掉自己的语言、与汉民族通婚的风潮。

用简洁直观的话来说，到了孝文帝时期，北魏的面貌已经发生了质的变化，从原来建国初期的游牧经济型国家转变为将广大

的汉地置于版图之内、将重心转移到农耕经济之上、以统一王朝为志向的国家。因此，孝文帝改革时北魏所面临的政治社会状况潜藏着严重的问题，并非仅仅通过改变官僚制度和宗教仪礼、实施头痛医头脚痛医脚的政策便可以彻底解决的。孝文帝在改革的正当头，断然放弃了北魏原来的首都平城，而迁都到中国历代王都、中原的中心洛阳。将迁都与改革一并推进，反映了当时北魏所面临问题的严重性，也说明了孝文帝的改革并非只是制度上的改变，而是在魏晋南北朝时期具有分水岭性质的一大改革，其意义并不限于北魏王朝一个朝代。

首创均田制

孝文帝作为首创均田制的皇帝而广为人知。孝文帝的均田制对隋唐时期的均田制和古代日本的班田收授制都有影响。

北魏从建国初期以来为了保持国力，努力恢复永嘉之乱以来由于战乱而荒废的农业生产。这表现在平定中原后，政府把人民迁移到王都平城周边并分给他们土地的“计口授田”等形式。

另外，我们在第三章中曾提到，太武帝时期皇太子根据周礼的政治思想推行了劝农政策，鼓励畿内保有耕牛的农民与没有耕牛的农民之间相互融通人力与牛力。这项措施也是旨在保持国力稳定、复兴华北的政策之一。

均田制则堪称是这种路线的所谓的集大成者，于太和九年（485）起实施。其内容规定，分别授予年满十五岁的农民露田

	年龄	露田	桑田	麻田
北魏	男（15—69 岁）	40 亩（倍田）	20 亩	10 亩
	女（已婚者）	20 亩（倍田）		5 亩
	奴婢	同良民	20亩	10 亩
	耕牛（限四头）	30 亩（一头）		
隋	丁男（18—59 岁）	80 亩	20亩（永业田）	
	丁女同上	40 亩		
唐	丁男 (21—59 岁) 737 年 (23—59 岁) 744 年 (25—54 岁) 763 年	80 亩（口分田）	20亩（永业田）	

69 均田制（北魏·隋·唐） 露田为种植谷物的田地，由国家收授（后来的口分田）。桑田种植桑，缴纳绢布，可传给子孙（后来的永业田）。麻田由国家收授，缴纳布帛。隋炀帝时期，取消了奴婢和耕牛授田。唐代 100 亩约合 5.5 公顷

（即到一定年龄时需要返还或授予的田地，相当于唐代的口分田）和桑田（不需还给国家的田地，相当于唐代的永业田），使之从事谷物和绢麻的生产，对收成课税（税率比此前庄园领主、豪民所征收的比例低），死亡或年满七十岁，露田返还给国家。

为了授还田地，需要准确地掌握人口数量，为此北魏实施了三长制。这一制度以五家为一邻，五邻为一里，五里为一党，分别设立邻长、里长和党长，通过这三长进行户口调查和征税事务等。

三长制是为了改变在频仍的战乱中农民被豪族笼络在自己势力范围内、受他们强取豪夺的状况，同时稳定国家财政而实施的制度。

汉族士大夫李冲对当时将五十家、三十家谎称为一家以逃税的不法现状感到担忧，于是提出应当按照旧时的制度实施三长制。据史载，当时有人对这项政策的实施持消极态度，而手握北魏朝廷实权的文明太后冯氏（孝文帝的祖母）认为，实施三长制可以掌握脱离国家的控制而依附于豪族的脱漏户，稳定国家财政，使图谋获取不当利益的人无可遁形，于是果断地决定实施这项制度。

众所周知，均田制和三长制都是受中国古代周朝所推行的制度的影响而创立的制度。周朝制度的背后，是这样的一套思想：天下的土地都是王的土地，因此并不是私有土地，将王土借给人民耕种，所收获的谷物等成为人民用于生存和再生产的资源，其收成的另外一部分则作为税赋征收。前面我们讲到，太武帝时期皇太子根据周礼的政治思想，实施了劝农政策，而且北魏从这时开始提出以周礼作为制定国策的标准。均田制和三长制正是在这一理念的延长线上出现的制度。

孝文帝的改革？
文明太后的改革？

实际上均田制和三长制创立时，孝文帝尚未亲政，北魏朝廷的实权是由其祖母文明太后冯氏掌控的。这与前面讲到的官僚制度、国家祭祀改革等是在孝文帝亲政时推行的有所不同。

有人根据这一点，认为均田制是文明太后的政策、而孝文帝的政策则主要是以北魏国家的汉化为目标。然而，这种解读法只是以当时谁握有政治的实权为标准得出的判断，如果把这个结论放在五胡和北朝史整体演变的过程中重新考虑，这很难说是一种妥当的看法。

这是因为，即便是在孝文帝亲政时期，他也根据周礼制定了度量衡，改革封爵制度、后宫制度和宗庙制度。堪称孝文帝改革的总结或其象征的迁都，显然也是意识到新都洛阳是周代的首都。

文明太后和孝文帝所推行的改革，将道武帝的部族解散、太武帝的统一华北和尊奉道教为国教、景穆太子尊崇佛教并重视周礼的路线、景穆太子之后文成帝将佛教定为国教等北魏史的发展进程推到了极点，所以应该将两人所推行的改革视为一个整体。

孝文帝的个性

为何实行颠覆王朝基础的改革?

孝文帝的改革，对以北魏政治统治阶层以鲜卑为中心的胡族集团的团结给予了重大的打击。那么，我们不禁要问，为什么与中国历史上辽、金、元、清等征服王朝通过实施多种政策、努力加强本民族的团结不同，胡族出身的孝文帝颠覆了异民族统治的基础，推行被后人认为使自己的王朝提前灭亡的政策呢?这个问题的答案可从北魏当时所处的政治社会环境中寻找——北魏王朝全方位的中国化需要孝文帝的改革。

关于这个答案前面我们已经展开了论述，可以说它构成了所谓宏观的视角下改革的必要条件。再进一步想想，就会产生新的问题：

孝文帝在文明太后去世之后，接连不断地着手进行许多以汉化为目标的改革，这是为什么？

还有，孝文帝具体如何调和他对中原文化的尊崇与自身作为鲜卑人之间的关系？另外，孝文帝果断推行中国化政策，却仍然保留禁军中胡族士兵占大多数的体制，这又是为什么？

换言之，如果我们从前面宏观的视角换成更微观的视角探讨孝文帝个人推行改革的冲动源于何处，以及这种冲动以何种形式与改革相关时，前面所说的北魏王朝全方位中国化的时代背景，在某种程度上就很难能够完美地回答为什么孝文帝要采用颠覆异民族统治根基的政策这个问题。

那么，我们下面就以微观的视角，探讨一下孝文帝个人的内在世界与他所推行的改革之间具有什么样的联系。

探究文明太后与孝文帝的“母子说”

文明太后是孝文帝的祖父文成帝的皇后，正史的记载说她与孝文帝之间不存在血缘关系。不过有人认为，实际上文明太后与孝文帝是真正的母子关系。之所以在这里我们要探讨孝文帝的生母是谁这个表面上看起来并非太过重要的问题，是因为在孝文帝从小到大的教育中，这位汉族出身的太后发挥了相当重大的作用，如果文明太后果真是孝文帝的生母，那么可以认为这种血缘关系一定对孝文帝的个性产生了很大的影响。

另外，如果说孝文帝的中国化政策是在汉族出身的文明太后的影响下出台的，那么文明太后和孝文帝的母子说是否属实，也与我们这里力图弄清楚的孝文帝的个性问题有着很大的关系。

那么，按照此前的看法，文明太后与孝文帝母子说的根据在于：

①孝文帝出生时，其父献文帝只不过年满十三岁，很难想象这个年纪就会生儿育女。

②文明太后去世之后，孝文帝不顾群臣的反对，执意要为这位名分上只是祖母的太后服丧三年，这原本是对自己父母的服丧之礼。

③在记述北魏历史的《魏书》中文明太后传中，可以看到有一句极为费解的记载："迄后之崩，高祖（孝文帝）不知所生。"

④记述当时历史的《魏书》、《北史》等史书都说孝文帝厚待太后一族（冯氏），而对史书中记为孝文帝生母的思皇后李氏一族极为冷淡（本来作为皇帝生母的家族，思皇后李氏一族应该受到厚待才是）。

⑤据太后的列传等资料，文明太后是个权力欲极强的人，然而根据其传，"及高祖（孝文帝）生，太后躬亲抚养。是后罢令，不听政事"。孝文帝出生，而太后同时不理朝政，令人费解。

⑥当时史书也有用"母子"一语来形容太后和孝文帝的关系。

另外，史料上明确记载，孝文帝在太和十二年（488）时知道自己的生母是被太后杀害的思皇后李氏，而太后传却说“（太和十四年）迄后之崩，高祖（孝文帝）不知所生”。显然与这条史料矛盾。

70 文明太后雕刻　文明太后葬在永固陵，位于山西省大同市城北 25 公里的西寺儿梁山（古称方山）的南面

实际上，关于孝文帝出生的秘密，当时可能已经有不少传闻了。

因为在《魏书》中有这样的记载：“高祖（孝文帝）奉冯氏过厚，于李氏过薄，舅家了无叙用。朝野人士所以窃议，太常高闾显言于禁中。及世宗（孝文帝之子宣武帝）宠隆外家，并居显位，乃惟高祖舅氏存已不沾恩泽。”（《魏书·李惠传》）

那么，孝文帝的父亲是谁呢？

正史中记为孝文帝之父的献文帝，年仅十八岁就被太后胁迫，让位于孝文帝。当时献文帝希望将帝位让给其叔父、京兆王拓跋子推，但以鲜卑重臣为首的群臣说道：“父传子位，是自古以来的规矩，在北魏历史中也是如此。显然应该以皇太子（孝文帝）为正统，继承圣德。”极力主张应该由孝文帝继位，于是献文帝只好接受了众人的意见。

假如孝文帝的父亲不是献文帝，那么群臣还会如此发表反对意见么？即便太后势力强大，给众人极大的压力，大概也很难想象作为北魏栋梁的各位鲜卑重臣会认同将皇位让给一个非献文帝所生、不具有继承皇位正统性或正统性成疑的太子。

从平城迁都洛阳之后，太和二十年（496），不满孝文帝改革的鲜卑上层贵族发动了谋反，当时带头谋反的人打出了孝文帝长子即皇太子的旗号。这场谋反具有反对孝文帝路线的特性，假如孝文帝非正统，却推举其长子作为盟主，谋反岂不失去了正当性的号召力？

换言之，孝文帝的父亲必须是具有作为拓跋北魏领袖的正统性的一个人物。那么，这个人会是谁呢？难道是太后的丈夫文成帝？然而，文成帝绝无可能是孝文帝的生父。因为文成帝在和平六年（465）五月癸卯驾崩，孝文帝则是在两年后皇兴元年（467）八月戊申出生。这么看来，孝文帝的生父除了献文帝，别无他人。

胡族婚姻中的收继婚风俗

那么，这样的情形是否可能出现呢？

孝文帝生于皇兴元年，献文帝当时年满十三岁（虚岁十四岁）。一般认为，当时太后虚岁二十六岁。另外，与孝文帝是献文帝十三岁时所生一样，北魏众皇帝很多都是父亲年纪不大的时候生的，例如献文帝是文成帝十五岁时所生，文成帝又是景穆太子十三岁时所生。此外，我们知道胡族之间存在一种收继婚的风俗，即所谓的继承家业的儿子娶父亲生前的夫人为妻（生母除外）的风俗。换言之，孝文帝很有可能就是献文帝和文明太后所生的儿子。

我认为，这也许就是孝文帝身世的真相。因为如果认定献文帝是孝文帝的父亲，才能够一举消除各种疑问：为什么在当时尽

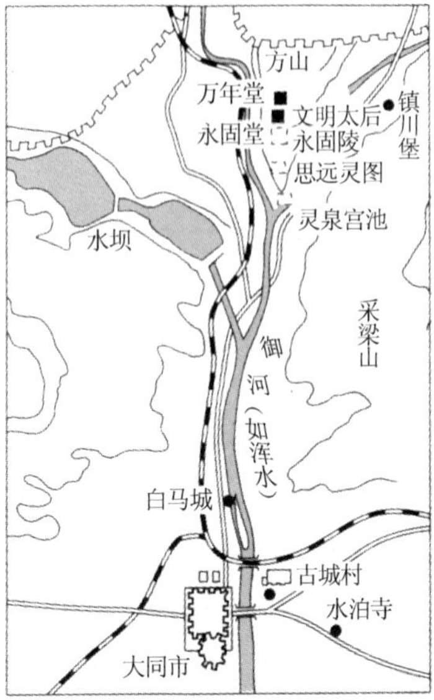

71 文明太后永固陵布局图　永固陵北面是孝文帝的寿陵万年堂。南面有装饰着金银和浮雕的庙堂（永固堂）

管孝文帝是太后的亲生子这种传言甚嚣尘上，群臣乃至最后献文帝自己都承认孝文帝是可以继承献文帝大位的天子？为什么当时的史书记载了孝文帝的生父是献文帝，而对其生母的记载却有太多语焉不详的地方？等等。

如果正如在太后传中的“迄后之崩，高祖不知所生”所记载的那样，孝文帝是在太后驾崩之时或之后不久才了解到前面我们所论述的关于其身世的整体图景，那么对于这位非常孝顺的皇帝而言，这种事实将是多么的令人震惊！《魏书》的如下记载，对于理解当时孝文帝的心情，具有很强的启发性。

> 至承明元年四月，月食尾。五月己亥，金、火皆入轩辕；庚子，相逼同光。皆后妃之谪也。天若言曰：母后之衅几贯盈矣，人君忘祖考之业，慕匹夫孝，其如宗祀何？是时，献文不悟，至六月暴崩，实有酖毒之祸焉。由是言之，皇天有以睹履霜之萌，而为之成象久矣。
>
> 其后，文明皇太后崩，孝文皇帝方修谅阴之仪，笃孺子

之慕，竟未能述宣《春秋》之义，而惩供人之党。(《魏书·天象志》)

这里所说的“述宣《春秋》之义”是指明确为人之道，即公开太后毒死父亲献文帝的真相，作出处置，“惩供人之党”是指处罚支持太后的人。也就是说，这段话是对孝文帝政治的批判，而这里所暗示的太后毒杀献文帝的事件是事实——这一点还可以在别的史料中得到确认(《北史·魏澹传》)。

那么，在太后掌握实权时情况如何我们不得而知，但为什么孝文帝在太后去世后，也没有想过对她追加处罚呢?

大概那是因为比常人更加孝顺、精通中原文化又憧憬汉文化的孝文帝是在太后去世时才得知事情真相，因此才没有把自己所怀念的母亲(太后)当做杀父的大罪人处置吧。

我认为在孝文帝与其父母之间发生了这些事情，于是我们很容易发现这些经历对他的政策产生了很大的影响。

从名分上来说，文成帝的皇后文明太后是孝文帝的祖母(献文帝名义上的母亲)。而文明太后实际上却是自己的生母，而且还杀害了自己的父亲献文帝。这样的事情对于堪称胡族中第一文化人的孝文帝来说，无疑是一场野蛮的乱伦噩梦，这种愚昧黑暗通过血缘的纽带和他联系在一起。产生这种乱象的根源，正是胡族的收继婚风俗。

在太后去世之后，孝文帝的改革从根本上改变了此前他所生活的世界，推行了中国化的政策，其中尤以从猛烈北风劲吹、武力一边倒的北方（平城）迁都到气候温和、沃土千里的中原（洛阳）为代表。在这种改革的背景中，恐怕包含有如上所述的孝文帝希望将自己从过去的愚昧黑暗中解放出来的强烈意志。

另外，北魏为了抑制外戚势力的抬头，有将继位的皇太子的生母赐死的惯例。文明太后之所以有本章所论述的那种举动，可以想见其中一个原因也是担心会被按祖制赐死。孝文帝即位后，废除了这个惯例(《北史·后妃传下》)。可以推测，孝文帝只是认为这种习惯是野蛮的行为，才作出废除的决定的。

孝文帝所追求的世界

孝文帝的阶级意识

孝文帝断然推行多项改革，还有另外一个出于个人的原因，即他在保持作为鲜卑人的意识的同时，又逐渐产生了远远超出鲜卑意识之上的阶级意识——作为中华皇帝的意识。

我们常说孝文帝的改革在某种程度上抛弃了作为鲜卑人的自豪感而追求向汉人社会的全面同化。另一方面，正如上一节所讲的，孝文帝是具有非汉民族政权北魏的正统、拓跋王家直系血统的皇帝。这样的一个皇帝在推行中国化政策时，其内心或多或少应该会有一些挣扎。

然而，我们几乎看不到任何这种痕迹。那么孝文帝的这种心境一定自有其存在的原因。文明太后和孝文帝之间的“母子说”可以算是其中的一种解释。然而，这只是他感情层面（也许这么说并不十分贴切）的解释。其政治立场的层面，更具体地说，他作为鲜卑人的意识与他内心所表现出来的重视社会上层阶级的意识之间，到底存在什么样的关系呢？

耐人寻味的是，孝文帝作为鲜卑人的意识其实是非常淡薄的。这可以从以下的一则故事中找到例证。据史载，北魏迁都到洛阳时，由于鲜卑人不懂汉语，孝文帝下令将儒教的经典之一《孝经》翻译成鲜卑语，用于教导鲜卑人。这本书当时被称为《国语孝经》。

这件事说明，与后来辽、元那些征服王朝将本民族的语言用于发扬国威的情形相反，北魏使用本民族的语言是为了让鲜卑人理解汉文化的精髓——《孝经》，这正是孝文帝亲自下达的命令。

如果孝文帝当时认为鲜卑要统治汉人的话就必须理解他们的思想，他是无论如何也不会令人翻译和教导《孝经》的。可以认为，这件事说明了孝文帝作为鲜卑人的意识非常淡薄。

另外，孝文帝喜好读书，通晓儒家、老庄的著作及史书等百家典籍，善于作诗赋，甚至据说在亲政期间所有的诏册都是他自己草拟的，精通中原文化。可以认为，孝文帝对中原文化理解之深，使得他内心意识到的“中原文化”与自身早已融为一体，而非彼此割裂开来。这一点也在以下情形中得到淋漓尽致的展现：当孝文帝准备为文明太后服丧三年却遭到胡汉重臣反对（认为皇帝服丧三年太久）时，他运用自己对中国古典文化的广博知识一一加以反驳。

另外，相传有一次孝文帝与朝臣议论海内的门第和人物，遭到一位朝臣的揶揄：陛下不也是鲜卑么？对此孝文帝没有丝毫不悦，而说这个人喝醉酒了，此后也跟从前一样对待他。

在第三章我们讲到出身华北第一名门望族——清河崔氏的崔逞在北魏开国皇帝道武帝攻占后燕时，将鲜卑比作飞鸮和淮夷而被视为大不敬，触怒了道武帝而被赐死。两相比较，可以看出道武帝作为鲜卑人的意识与孝文帝之间存在着极大的差别。

阶级意识与孝文帝的民族意识

那么，孝文帝如此淡薄的民族意识是如何形成的呢？在他成长的时期，正值社会文化环境酝酿着巨大变动，随着建国初期以来与汉文化的接触不断加深，北魏各种制度逐渐中国化，从而鲜卑逐渐丧失其主体性。胡族社会发生的这些变化，通过其幼年和青年时期所受到的教育以及各种事件，甚至影响到其内在世界。前面说到的他对中国古典文化有着广博深厚的理解，正是这些影响的一种表现。这里需要注意的是，正如以下所要探讨的，孝文帝对这种社会变动中出现的胡族社会内部的阶层分化敏锐地作出反应，从而逐渐形成了强烈的阶级意识。而且，这种阶级意识的存在，与其民族意识的淡薄之间不无关系。

如前所述，孝文帝对胡族实施了姓族分定，未能成为姓族的相当一部分胡族在后来被固定成在制度上具有平民身份的人，这说明孝文帝将胡族分成统治阶层和被统治阶层两类人。而在孝文帝改革之前，鲜卑通过源于游牧时期制度和风俗的许多象征（祀天的仪式、鲜卑语等），好歹还能维系在一起，具有相互的连带感。

经过前后的对比，孝文帝的姓族分定政策显示了他选择基于身份制原则的阶层社会，而非基于原先那种连带感的社会。换言之，孝文帝民族意识之所以淡薄，是因为他受到北魏社会变化的影响而产生了阶级意识。

孝文帝通过改革，抛弃了胡族的风俗，使国家各种制度全盘中国化，并大量起用汉人做官。然而，在迁都洛阳之后，担任皇宫守卫的士兵跟以前一样，都是胡族士兵占大多数。这说明在其内心深处仍然坚守着作为鲜卑人的意识，对汉人保持着警惕。不过，禁军中给予胡族兵更多的编制，在一定程度上也是孝文帝兼顾到当时社会的一个现实：善于骑马的胡族兵比汉族兵在军事上更有战斗力，同时也考虑到有必要保证因迁都而移居到洛阳不久的胡族的生计。因此，这其中很难看到有征服王朝式的表现。

另外，迁都洛阳后担任皇宫守卫的各将军（被称为领军、左卫、右卫、武卫等的将军），大部分都由胡族出任（不过，这些胡族全都属于胡族的上层阶级）。一般认为，之所以出现这种情形，其原因在于当时禁军的大部分士兵都是胡族，以及对仅占全体胡族一小部分的上层贵族的重视。从对胡族上层的重视中，

图六

图六　毗楞竭梨王本生局部 第二七五窟 北壁 北凉

图七

图七 供养菩萨局部 第二七五窟 北凉——在敦煌郊外的沙漠中开凿莫高窟，始于四世纪中叶五胡十六国时期。此后大约一千年间，在鸣沙山东麓 1.6 公里长的断崖上，持续开凿了分成两三层、总数一千多个石窟，现在清理出来的有 492 窟。年代早的石窟集中在中间，两边则是后来新开凿的。洞窟内正面靠里的须弥坛上排列着塑像，四周墙壁上画满了壁画。与云冈、龙门一样，敦煌石窟反映了当时人们对佛教信仰的强烈热情。

可以看出孝文帝身上受阶级意识的影响民族意识有所偏离。

然而，孝文帝极为鼓励胡族上层与随着北魏国家的封建化政治经济利益与胡族逐渐趋于一致的汉人贵族之间的通婚，实际上胡汉联姻因此非常盛行。当我们注意到这一点时，即使禁军将官的大部分职位都由胡族上层出任，也不会因此夸大孝文帝的民族意识在其中所起的作用。

成为中华皇帝的志向

迁都洛阳后不久，孝文帝对臣下说道："朕自行礼九年，置官三载，正欲开导兆人，致之礼教。朕为天子，何假中原？"孝文帝在文明太后死后才当上名副其实的北魏皇帝，而我们从他所说的这段话中，却可以感受到他希望超越北魏皇帝而成为中华天子的气概。作为本章的结尾，我想介绍一下"行次"的变更，这明确地展现了孝文帝追求成为中华皇帝、希望北魏成为中华帝国的雄心。

五行是指木、火、土、金、水这五种要素。根据中国自古以来的世界观即阴阳五行说，这五种要素构成了世界，王朝也各自对应着五行的其中一种要素，正如汉承火德、曹魏承土德一样，按木、火、土、金、水的顺序兴亡更迭。

《魏书》假托拓跋氏的先祖是中国神话传说中的皇帝——黄帝。黄帝承土德而为王，因此拓跋氏后裔自称为"拓跋"，在鲜卑语中"拓"意为"土"，"跋"意为"帝"。北魏建国当初，天空出现了瑞兆，有一颗黄色的星闪闪发光。因此，北魏的五行顺序即行次，便定为从土德。

通观从汉至十世纪赵宋的这段历史，可以说北魏是称霸中原的王朝中的特例。曹魏、晋都是接受前王朝的禅让而建立的王朝，与之不同，北魏与后来蒙古族的元朝一样，不是通过前王朝的禅让，而是由本民族建立政权的国家。

这一点是我们在思考北魏这一国家的特性时应该注意的。如前所述，北魏随着与中原接触的加深，逐渐完成中国化。北魏建国初期所议定采用的土德，可以说也是中国化趋势的一种表现。值得注意的是，当时议定土德时并没有设想过其前面的火德所对应的王朝。

这种“疏忽”在后来得到了弥补，北魏主张本王朝承接的是前秦的火德，是为土德。也就是说，西晋金德灭亡，前赵水德出现，前赵灭亡后，前燕木德出现，随后前燕又变成前秦火德，前秦刚一灭亡，北魏建国，因此北魏行土德。

然而，到了孝文帝亲政时，北魏的行次从土德改为水德，宣称北魏是直接继承西晋金德的王朝。这一变化表面上看似乎无关紧要，实际上并非如此，这是一次重大的改变，甚至影响到现今我们看待中国历史的观点。

五胡十六国这一时期称谓的原理

通常人们用秦汉、魏晋南北朝、隋唐等朝代称呼中国历史上的某一段时期。然而，春秋战国、五代十国这样的时期却用不同的命名方式进行断代。那么，五胡十六国时期的称谓，是基于何种原理而形成的呢？

一般认为，这段时期是从西晋灭亡到北魏统一中华为止、五胡引起华北大乱的时期。那么最早这一时期划分是由谁提出的？既然说五胡，那么北魏也是五胡之一的鲜卑拓跋部所建立的王朝，如果因为北魏统一了华北，北魏以后的这段时期就称为南北朝时期，这么说不免有些牵强。

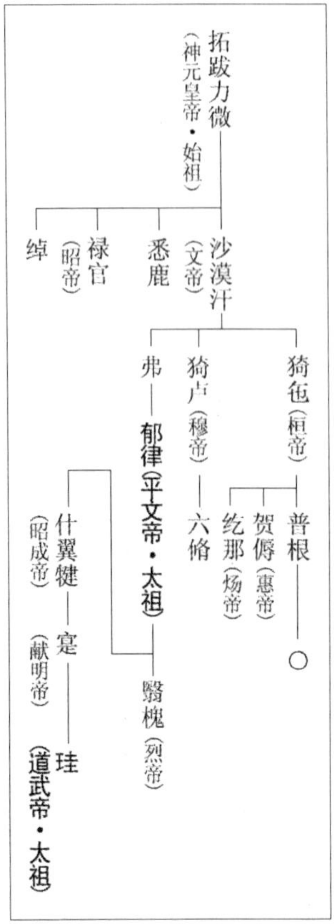

72 拓跋部世系表

北魏继承前秦的火德而为土德，而前秦又是继承了前赵、前燕的行次而出现的政权——前面说到的这么一种逻辑，实际上承认五胡之一的匈奴所建立的赵国、鲜卑所建立的燕国、氐羌所建立的秦国，和西晋一样都是统治中原的正统王朝。那么，按照这种逻辑，绝对不可能产生这么一种思想：以北魏统一华北为界，将此前的时期和此后的时期划分为五胡十六国时期和南北朝时期。

这是因为，五胡十六国时期的称谓，暗含着这么一种观念：

73 孝文帝陵　迁都洛阳后，孝文帝在洛阳北边的邙山台地上修建了自己的陵墓（长陵），将此地作为皇族、鲜卑族的墓葬区

这段时期由于异民族的入侵，天下大乱，华北地区不存在正统王朝。而南北朝时期的称谓，则是因为人们认为尽管南北两朝之间存在争斗，但双方在一定程度上具有正统王朝的资格。

有了这样的理解，就会明白孝文帝跳过了此前的五胡各国，而将北魏视为继承西晋金德的水德王朝这么一种改变具有重大的意义。在孝文帝决定将北魏从此前的土德变更为水德时，其背后存在着认为赵、燕、秦等各国都是僭伪王朝的逻辑。也就是说，孝文帝认为：这些政权并非统治中原的正统王朝，符合正统王朝资格的只有统治中国全境的先前的西晋王朝，以及统一了华北、目前正致力于再次统一中国的北魏。换言之，此举可以说是拓跋鲜卑主张自己并非五胡同类。

北魏的强盛最终使得这种逻辑成立，北魏作为正统王朝也逐渐得到汉人的认同，被称为“北朝”。北魏末年有一本史书《十六国春秋》，由崔鸿所作。我们现在使用五胡十六国时期（304—439）称呼中国历史上的一段时期，在很大程度上源于这本书。不过这种历史断代之所以成为可能，其根本在于孝文帝进行的行次变更所形成的断代观和时代认识。

在这次行次变更中，孝文帝展现了其非比寻常的决心。因为同时孝文帝也改变了北魏的太祖。中原王朝的皇帝在去世之后，后人用庙号和谥号两种方式称呼他们，庙号是在宗庙立室奉祀时特起的名号，而谥号则是根据其生平事迹与品德修养而评定褒贬的称号。北魏开国皇帝拓跋珪的庙号是太祖，谥号为道武帝，孝文帝拓跋宏的庙号是高祖，谥号为孝文帝。“太祖”通常都是给予王朝创立者的庙号。称道武帝为太祖，表示他被视为北魏王朝的开创人。但在孝文帝进行行次变更之前，北魏的太祖并非道武帝，道武帝此前的庙号只是“烈祖”。此前被奉为太祖的，是道武帝的曾祖父、平文帝拓跋郁律。

拓跋郁律是西晋灭亡时在北方拥有一百万骑兵、对南方虎视眈眈的拓跋部首领。孝文帝将太祖的庙号从这么一位人物改到道武帝身上，意味着他对道武帝以前的领袖与道武帝以后的皇帝进行了明确的区分。而且孝文帝通过此举还试图严格区分道武帝以下的拓跋本家和以前的王族。

我们在前面讲到，孝文帝的姓族分定政策将鲜卑分成姓族和非姓族两大类。在迁都洛阳之时，鲜卑又分成了移居洛阳和留守在原首都平城的两部分人。以太祖变更为中心的拓跋宗室的分类，以及同时进行的行次变更等举措，与这些形势都有着密切的联系。

第八章

北朝后期的政治与社会

北魏后期的政治与社会

洛阳的繁荣

在迁都洛阳五年后的499年，北魏孝文帝在讨伐南朝的征途中病逝。继位的宣武帝（499—515年在位）于501年，征发了五万余人力，在首都洛阳大兴土木。据史载，这座恢弘壮观的都城，东西二十里，南北十五里，由三百余处里坊构成，其中有一千三百六十七座伽蓝，熙熙攘攘，热闹非凡。

《洛阳伽蓝记》记述了北魏洛阳城的繁华。据书中记载，当时的北魏是个强大的国家，乃至从葱岭以西到大秦（东罗马帝国），百国千城，无不追随，胡人的商队和贩客，每天都朝国境涌来，仰慕北魏风土而到此定居的人不可胜数。

74 灵太后所建永宁寺佛塔的发掘现场

当时仅归化北魏的外国人就有万余户，首都洛阳门巷修整，家家户户的大门紧紧相连，青槐的树荫遮住了街道，绿柳垂在庭院中。天下很难得到的物资全都汇聚于洛阳。宣武帝的皇后灵太后所创建的永宁寺，成为一派繁荣景象的象征。相传从西域来到洛阳的僧人菩提达摩，看见永宁寺金盘炫日，光照云表，不由地口唱南无，合掌数日，自称这座寺庙的精巧华丽是世界上独一无二的，即便是走遍人世间，也很难见到。

北魏与佛教

洛阳呈现出的景象，让人觉得北魏确实是一个佛教国家。而北魏最初与佛教的接触，并没有这么密切，在开国皇帝道武帝进入华北之前，鲜卑与佛教之间几乎没有什么真正的接触。

然而，在北魏进入华北之后，他们与佛教的接触便逐渐增多，在五世纪上半叶太武帝统一华北的过程中，北魏灭掉十六国之一的北凉时，将那里的三千名僧人迁移到当时的首都平城，从此，北魏作为佛教国家的特性便显著地增强了。如第三章所述，太武帝在位期间对佛教大加镇压，而到了其后的文成帝时期，佛教势力再度增加，确立了可称为北魏国教的地位。众所周知，从这个时期起在首都平城西郊的云冈，开始开凿营建大型石窟。

75 山西大同云冈石窟

在孝文帝、宣武帝以及孝明帝在位期间，佛教得到优厚的庇护，影响进一步扩大，正如前面讲到的洛阳城内数量众多的伽蓝熙熙攘攘一样，呈现出隆盛的局面。尽管现在我们无法亲眼见到当时繁盛的景象，但从孝文帝迁都洛阳时便同期开凿、一直持续到隋唐时的龙门石窟的宏伟气度，便可以感受到当时皇帝和贵族带头掀起的对佛教的信仰狂潮。

据书中记载，四月初四开始的佛诞节，饰以黄金和宝玉的庄严的佛像被抬出来在洛阳城内巡游。初七日，都中登记在册的一千多余佛像聚集到宣武帝建造的景明寺中，各佛像在初八日来到阊阖宫前受皇帝散花。是时飘散的金花在阳光照射下熠熠生辉，宝盖在天空飘扬，如浮云一般，旌旗多得像树林一样，香烟像雾一般缭绕。梵乐和诵经的声音在天地间回响。在祭礼期间，吞刀吐火、地下出水、植枣种瓜须臾之间皆得食等各种异国的魔术、杂技轮番上演。然而，同时我们不能忘记的是，当时的这种状况在很大程度上已经脱离了虔诚信仰的姿态，而退化成追求奢华的寺庙和佛像营造、消耗财力和民力的贵族式佛教。

《洛阳伽蓝记》记载了一则故事，洛阳崇真寺的僧人惠凝死后复活，讲述了阎罗王重复进行着发人深省的审判。书中讲到，努力宣讲佛经、编撰佛典和营造佛像的僧人都要受到惩罚，阎罗

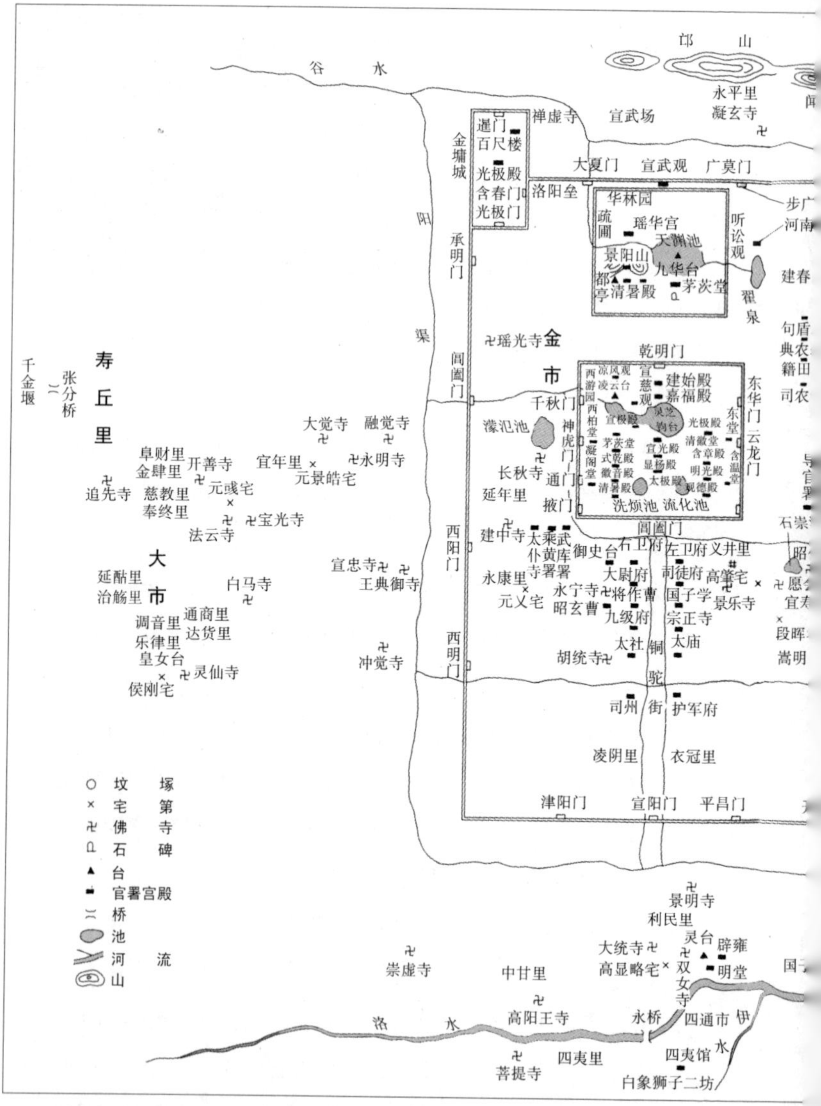

76 北魏洛阳城伽蓝布局图 （参考平凡社《中国古典文学大系》绘图）

王斥责道："讲经的人很傲慢，自以为高人一等。讲经是僧侣的第一粗行。而编撰经典、营建佛像，图的是得到他人的财物。"他将这些人都赶下地狱，而让坐禅苦行和诵经的僧人升入天堂。这则故事说明，当时对于只在乎比试佛教知识而忘了实践修行、热衷于修寺造佛的贵族佛教已经存有批判。

问题不只是出现在与佛教相关的事情上。洛阳城拥有国际色彩的繁华，并非只是表现在佛诞节上的特殊场景，而且是在城内以东西市集为中心、每天都在反复上演的景象。许多手工业者和商人在市场周边修建住房，随着洛阳这个巨大的消费型都市的繁华程度日增，许多贵族和平民的生活也逐渐变得奢华起来。

然而另一方面，还有一大批被这个花花世界遗忘的人。在洛阳中央和北边的地方之间，在上层贵族和下层民众之间，形成了落差，不久便演变成导致北魏王朝崩溃的原因。下面，我们进一步对导致北魏崩溃的原因展开探究。

太和谋反事件

如上一章所述，孝文帝的改革是通过重组北魏国家的贵族制而实现中国化的过程。这一路线遭到以拓跋鲜卑为中心的北族的强烈抵触。在孝文帝时期，最大的抵触是发生于太和二十年（496）的谋反事件。

太和二十年十二月初八孝文帝废了皇太子，两天后，北族的世家大族陆叡、穆泰等人作为主谋，发动了这次谋反事件。当初他们挑头拥戴皇太子，而皇太子被废，也与他们的所作所为有关。

此次叛乱大部分北族望门都牵涉其中，因此对于北魏王朝而言，这是一种充满危机感的局面。不过由于孝文帝先发制人，在事态刚刚萌芽时便将其镇压，参与谋反的许多北族被肃清。与第三章讲到的崔浩被诛事件中朝廷的动作相比，当时是对汉族的肃清，而此次的对象则是北族，两相对照，象征性地显示出时代的巨大变化。

然而，这里我们需要注意的是，参与这次叛乱的人大多并非出于反对北魏的中国化政策本身。其佐证是，发动谋反的北族上层人士在北魏的中国化过程中，正是走在最前面的先锋。

据当时的史书记载，他们的不满大多是因为以下一些因素：孝文帝在施政中信任汉族官僚，听从汉族的意见推进改革，由此北族上层人士之间弥漫着一种疏离感；尽管孝文帝的改革使他们获得了新的特权，但改革后取消了以前向皇族以外的人赐予王爵的做法，他们原来的一些特权被剥夺了；洛阳比平城热，出生于北方的北族难以忍受，等等。

77 龙门石窟宾阳中洞释迦牟尼像

换言之，他们的谋反是因为不满于既得利益的丧失所引起的，并未联合更广泛的北族中下层民众。说得极端一些，对于北族上层人士而言，中下层的人身份比他们卑贱，孝文帝旨在建立门阀贵族制国家的政策——将他们与中下层北族区别对待、设定北族上层可以与汉族上层通婚的家世——反倒是更受他们的欢迎。

在这种形势下所产生的谋反，很容易被镇压下去。据当时的史书记载，北魏王朝方面也看得清楚：发动此次叛乱的人并没有什么大目标。然而不要忘了，这一事件在北魏的国家纽带中，埋下了重大的隐患。

北魏末的动乱

北族中下层的不满

此后，北族中下层民众对王朝的不满与日俱增，最终严重到一发不可收拾。我们在上一章提到，孝文帝迁都洛阳时，把北族分成两部分，一部分迁

78 北魏要图——六镇图　资料来源：谷川道雄《隋唐帝国形成史论》(筑摩书房)

营（和龙镇）
辽东
乐浪
丸都
昌黎
小辽水
高句丽
大辽水
怀荒镇
御夷镇
参合陂
上谷
安州
燕
幽
涿鹿
平（辽西）
平壤
范阳
定（中山）
瀛
博陵
河间
渤海
浮阳
钜鹿
沧
常山
赵
河水［黄河］
冀（信都）
殷
乐陵
光（东莱）
长广
清河升城
北海
（南赵）
齐
广平
广宗
平原
（历城）
青
胶
梁邹城
漳
水
阳平
济
泰山
黄
相（邺）
顿丘
兖
北徐
西兖
东徐
（琅邪）
海（临海镇）
高平
北豫（荥阳）
（下邳）
淮水［淮河］
河阴
徐
海
嵩山
（彭城）
东楚
陈
南兖
扬
豫
楚
（寿春镇）
南荆
建康
霍
江水
［长江］
南定
义
南朝
国都（含其他王朝）
州
没有明确城民存在的州
四中府军所在州
都
其他镇
战场遗址
北魏最盛期的疆界

往洛阳，一部分留在北方。从迁移到洛阳的人（因平城古称“代”，从平城迁到洛阳的人被称作“代迁户”）中选拔出称为羽林、虎贲的近卫军。这一次动乱便是由这些近卫军因对北魏王朝的不满而发起了行动。

自北魏建国以来，构成北魏国军核心的拓跋鲜卑便成了为北魏王家效力的中坚，为帝国的兴旺而竭力奋战。然而，当时高官都被王室和胡汉的贵族所独占，而中下层官职则由汉人垄断，到后来以拓跋鲜卑为首的中下层北族逐渐被边缘化。在近卫军羽林、虎贲中广泛吸纳代迁户也是为了消除这些刚迁居洛阳不久、陷于贫困的中下层北族的不满，并保证他们的生活。虽然这个时候同时还大力采取措施，录用代迁人士为文官，但这一举措却又激化了北族和多数任职文官的汉人之间的暗斗。

孝文帝去世大约二十年之后，在孝明帝在位初期，汉人出身的官员张仲瑀上奏朝廷，建议改变官员选拔方法，排抑武人，不让他们进入士大夫行列。这里所说的武人指的是拓跋鲜卑为中心的羽林、虎贲等北族。张仲瑀的这份排斥北族的奏章，足以让羽林、虎贲的将士感到愤慨。

神龟二年（519），他们走上街头，大骂张仲瑀，演变成袭击张仲瑀及其父亲、北魏王朝要人张彝的行动。同伙的一千人首先袭击了尚书省，随后手持火把，冲进张彝府中，将张彝拉出来，使他狼狈不堪。他们放火烧张府，将张仲瑀之兄活活烧死。张仲瑀和张彝好不容易出逃活命，张彝不久即死去。

然而，对于这场暴乱，朝廷仅仅处斩了八个主谋，而对其他人实施大赦，不再问罪，草草处理了这一事件。朝廷不得已采取的这种息事宁人的处理方式，反映出当时体制的松散与危机的严重程度，有识之士则从中看出了亡国的先兆。

据史载，从北魏末年的叛乱中崭露头角、此后建立了北齐王朝的高欢，当时从北边的军镇作为信使来到洛阳，亲眼目睹了这场骚动，并且看到朝廷担心事态演变成叛乱而不敢作出处罚，他清楚地意识到如果朝廷这样下去，今后会出现什么局面，于是返回北镇，广散家财，募集志同道合的人，为迎接乱世做好准备。

北镇之乱

北魏的乱象不只是源于代迁北族的不满。北方产生了更加严重的问题。自从拓跋部南进、在中国建立北魏王朝之后，柔然在蒙古高原迅速扩大。为此，北魏在北边设立了六镇（沃野、怀朔、武川、抚冥、柔玄、怀荒），将以鲜卑为主的北族、中原的汉人豪族等安置在那里，使之承担起国境防卫的任务。

最初这些人都被当做国之栋梁对待，拥有免服税役的特权，许多人因立下军功而出人头地。然而随着北魏统一华北，并且与柔然的作战胜利的一方总是北魏，北镇在北魏国家中的重要性便逐渐减弱。尤其是孝文帝迁都洛阳以后，国家重心南移，北镇由于距离首都非常遥远，住在洛阳的人们对北镇的关心也就日渐淡薄了。

在记述当时情况的文献中，可以看到有如下记载，“北魏从建国开始便重视国土的防卫，由名门世家子弟承担这一任务。因此他们都豁出性命尽忠职守。国家也相应给予特殊待遇，不仅提供官场晋升的机会，还免除其税役。然而到了此时，即使一生卖命操劳，最多也只能当上小队的头目。而同族迁往洛阳的人，却成为贵族，荣显腾达，其状况与留守北方的人天差地别”。“北镇的人被称为‘府户’，与身份卑贱的人同等待遇，既无法进入官场，也羞于与大族结亲。然而，在洛阳的同族人，荣显至极。这自然引起怨愤，希望北镇各地区取消军镇制度，和中国内地一样设置郡县制，免除府户的义务，使他们成为平民。”（参看《北齐书》卷二十三，列传第十五）

在北魏前期，鲜卑以军事实力为依托，作为中国的统治者高高在上。因此鲜卑士兵与户籍设在地方行政区划的州郡县中的普通汉人不同，他们的户籍归属于北魏国内各地的军镇。北镇的人被称为府户，正是基于这样的背景。而北魏后期所出现的上述情况，说明受北魏王朝中国化的时代大潮的影响，士兵府户的身份已成为希望被“宽免”的对象了。从中可以看出，被发配到以北镇等军镇地区的北族，其愤懑之情有多么强烈。

另一方面，北魏在前期对在外蒙古一带扩张势力并屡次入侵北魏边塞的敕勒族人进行了彻底讨伐，并将从中得到的数量庞大的敕勒降民用作防卫柔然的兵力。据当时的史料记载，其总人数达百万之众。这些人也被安置在北镇，以用于北魏北边的防卫。北魏进入中原时，鲜卑军的总数约为四十万，敕勒兵数量与之相比，规模非常庞大。

另外，我们在第三章举例讲到，北魏太武帝进攻南朝控制下的盱眙城时，曾说道："吾今所遣斗兵，尽非我国人。城东北是丁零与胡，南是三秦氐、羌。设使丁零死者，正可减常山、赵郡贼，胡死，减并州贼，氐、羌死正减关中贼。君若杀丁零、胡，无不利！"正如太武帝所说的，北魏的军事编制由核心的鲜卑军以及作为挡箭牌的其他种族的军人构成。北镇的敕勒兵也起了同样的作用。北镇的鲜卑尚且处于如前所述的境地，人数更多的敕勒兵处境如何大概也就可想而知了。于是这些人的不满终于爆发了。孝明帝正光四年（523），讨伐柔然的十万北魏军无功而返，北镇的人见状，确实感到朝廷的无力。北镇之一的沃野镇的镇民、匈奴人破落汗拔陵杀掉了镇将，率先造反，同属北镇之一的柔玄镇的杜洛周、怀朔镇的鲜于修礼等人相继响应，叛乱瞬间扩大到北边全境。朝廷虽然答应改镇为州，将镇民从军籍中解放，但为时已晚，叛乱已开始呈现出向全国扩散的势头。

尔朱荣的登场

另一方面，对此作出反应进行镇压的北魏朝廷，当时正陷入政争不断、功能不全的局面。宣武帝、孝明帝时期的政治，随着皇帝和诸王权力的不断强化，外戚、宦官也逐渐成了两股跋扈的势力。羽林之变和北镇叛乱时，北魏的实权掌握在孝明帝的生母灵太后手中。

正如上一节所说，按北魏的祖制，皇太子的生母会被赐死。然而，由于孝文帝的改制，这一规矩不再实行，同时也由于宣武帝的庇护，灵太后尽管是储君的生母，并没有被赐死。孝明帝即位后，她成了皇太后，由于孝明帝年幼，朝政的实权便一手在握。

然而，太后干政宠信宦官和近侍，此后乱象不断，纲纪涣散便无可避免。问题不仅仅是宫廷内部混乱，皇太后还滥用国家财政，修建寺塔，极尽奢华，甚至数度游幸永宁寺、龙门石窟、嵩山等地，每次都要征发人力，使民众疲于应对。

就在这样的局面下，北镇叛乱爆发。太后担心自己的不端行为被孝明帝知悉，甚至杀害了孝明帝的近侍。随着孝明帝年龄增长，日益对太后的淫乱专权感到憎恶，与太后一派的对立不断加深，令人意想不到的是，武泰元年（528）太后竟然为了自身的利益而将皇帝毒死，立年仅三岁的元钊（孝文帝的曾孙）为帝。太后的这些行为当然招致朝野的激愤。当时在山西北秀容（太原北面）扩张势力的武将尔朱荣成为反太后的领袖。

尔朱荣出身契胡族长的家族中，其先祖跟随道武帝称霸中原，立下功勋，后来率领部民来到山西省北秀容地区，维持着与北魏王室的姻戚关系，成为当地一股潜隐的势力。在北镇叛乱时，得知孝明帝驾崩的消息，尔朱荣痛斥太后一派的恶行，拥戴孝文帝之孙、长乐王元子攸（后来的孝庄帝），开赴洛阳。随后，要求百官到行宫上朝，追究天下大乱和孝明帝驾崩的责任，任由太后、少主元钊、皇族以下一千三百人遭受军队的杀戮。

79 山西省北秀容附近的牧场

这场惨剧史称河阴之变。此时尔朱荣已有篡夺北魏之意。不过，由于占卜结果不如意，同时意识到北魏尚未完全失去天下人心，尔朱荣暂时打消了这个念头，重新拥戴长乐王元子攸，是为孝庄帝。

另一方面，沃野镇的破落汗拔陵发起叛乱，与之相呼应，南方的高平镇的酋帅胡琛、关中秦州城民莫折太提、莫折念生也揭竿而起。破落汗拔陵的叛乱瞬间波及全部北镇，不过暂且被广阳王元渊所剿灭。然而，朝廷将这个过程中投降的多达二十万生活贫困的镇民遣散到定州、冀州、瀛洲等地（今以河北省为中心的地区），以便解决他们的生计问题，却使暴乱从北部边境蔓延到了北魏的心脏地带。此时广阳王元渊感叹道："此辈复为乞活矣，祸乱当由此而作。"不久，难民在鲜于修礼、杜洛周的带领下集结，后集中到葛荣麾下，组成一支数量达几十万的大军。

尔朱荣掌握洛阳中央的实权时，正是葛荣集结叛乱军之际。葛荣的部队号称百万大军，向洛阳进发。虽然尔朱荣一方的军队人数处于绝对劣势，但针对轻敌的葛荣军，尔朱荣巧施妙计，在其进军沿线各地布下伏兵，成功地击溃葛荣军队。随后吸取了此前的教训，让投降的士兵自己决定去留，录用其中有才能的人，于是乱徒很快四散而去。

虽然表面上看起来，破落汗拔陵叛乱所引发的华北大乱被一举终结了，但事态并未就此平息而继续有新的发展。在大乱中尔朱荣、高欢、宇文泰等魏末英雄出现了，许多人逐渐认识到，北魏王朝的灭亡近在朝夕。

由于在与葛荣军的大战中获胜，尔朱荣的威势越发变得稳固，相应的，其专横程度也日益加强。另一方面，魏末大乱时，汉族名士高翼在临终前对子孙说道："主忧臣辱，主辱臣死。今社稷阽危，人神愤怨，破家报国，在此时也。"同样身逢北魏末年乱世的汉族名士封隆之发起了勤王之号召："国耻家怨，痛入骨髓，乘机而动，今实其时。"

这种现象说明，与五胡十六国到北魏前期时汉族士大夫拒绝承认胡族政权相比，时代已发生了巨大的变化。北魏末年汉族士大夫竟然对北魏产生了勤王的想法，可以说这种变化让人感觉恍如隔世。这其中包括上一章考察的北魏王朝自身的变化，尤其是孝文帝改革以后急速出现的变化。

然而，北魏王朝的威势到这个时候却只有依靠掌握朝廷实权的权臣才得以维持，尔朱荣成为奠定此后北齐、北周王朝根基的高欢、宇文泰的先驱。这些实权在握的人高举勤王的旗帜，巧妙地操纵着北魏王朝，逐步实现其篡夺的野心。在这样的时局下，尔朱荣在自己的老巢山西晋阳，遥控朝廷，在皇帝左右安插自己的亲信，首都的动静，无论大小，尽在掌握之中。其势力不断膨胀，甚至公然发出了不逊的言论："孝庄帝是在谁的大力支持下才登上帝位的？”孝庄帝被尔朱荣的这种僭越行为激怒，最终杀掉了他，却招来了尔朱荣一族的反叛，结果孝庄帝被尔朱兆抓到晋阳，死于非命。

然而，此时在尔朱荣势力中崭露头角的高欢说道：“举兵犯上，大逆不道”，严厉地批判尔朱兆的行动，举起了勤王的旗号。结果，旧尔朱荣的势力从此产生分裂，最终霸权被高欢夺取，权臣与皇帝之间的冲突，从尔朱荣与孝庄帝之间转移到高欢与其拥立的皇帝出帝脩之间，重又出现。

高欢的出身

高欢自称是河北渤海郡蓨人，即与我们在第三章讲到的北魏名臣、渤海的高允同族。而记载高欢所开创的王朝——北齐历史的《北齐书》本纪中，说高欢名叫贺六浑（贺六浑是具有鲜卑风格的名字），先祖移居到北镇之一的怀朔镇，风俗习惯逐渐与鲜卑相同。从这段记载来看，估计高欢实际上就是鲜卑人。另外，北齐建国功臣、后来被高欢所出卖的高乾是真正的渤海蓨人，在其传中有这样的记载：“由于不是颍川原来的随从，也不是丰沛时的故交，因此不能作为心腹得到高欢的信任。”[15] 也就是说，他借用刘秀和刘邦的故事，指出自己和高欢并非同族。这更进一步地说明高欢是鲜卑人。

据史载，高欢自幼家贫，后来娶了一家富户的女儿为妻，才拥有了马匹，成为怀朔镇的队主。后来他从队主转任信使，来到洛阳，曾给洛阳的一位下级官吏麻祥当差。有一次麻祥让高欢吃肉，按理只能站着吃，高欢却坐了下来，立即被麻祥斥责，还被鞭打，受到了侮辱。前面我们讲过北魏末年被蔑称为“府户”的北镇镇民的穷苦状况，而高欢受到麻祥的苛待，生动地表现了洛阳官人是如何对待“府户”的。

不过，高欢在洛阳的生活并非始终只有屈辱。目光敏锐的他想必对我们前面讲到的壮观奢华的洛阳城的光鲜和阴暗两面都有充分的认识吧。另外，羽林之变所导致的混乱，使他预见到了北魏衰亡的征兆，于是高欢回到北镇，倾尽家产，招募同志。这段期间，他与司马子如等北齐建国的股肱人物聚集在一起。后来造成南朝建康从繁荣走向没落的侯景也作为其中一员而出现。后来，当被安置到华北的北镇难民在杜洛周和葛荣的领导下再次叛乱时，高欢与其同志一起先是投靠杜洛周，此后又投靠葛荣，最终成为尔朱荣的部下。随后逐渐崭露头角，在尔朱荣发动河阴之变时一路同行。尔朱荣被杀后，高欢在与尔朱兆进行继承权的争夺中胜出。

西魏和北周统治下的新动向

北魏分裂成东、西魏

高欢掌握北魏的朝政之后，便以尔朱荣为榜样，给自己立了一个傀儡皇帝——孝文帝之孙平阳王元脩（孝武帝）。高欢和尔朱荣一样，以勤王为标榜，自己坐镇晋阳，掌控朝政，图谋篡夺。而被他扶上帝位的平阳王也跟过去的孝庄帝一样，绝不甘于做傀儡皇帝，厌恶高欢的专权，尝试各种各样的反抗。

然而，孝武帝未能挽回北魏的衰败，他采取了一招起死回生的策略，出奔到当时在关中形成反高欢根据地的宇文泰那里。为此，高欢立即拥立了清河王的世子元善见，使之即位。结果，魏国东西两处分别有两个皇帝，统治华北一个半世纪的北魏，至此分裂成东魏和西魏（534 年）。

迎奉孝武帝（东魏称之为“出帝”）、获得勤王旗号的宇文泰逐渐发展成与高欢二分华北的一股势力，为北周的建立奠定了基础。据北周的史书《周书》记载，宇文泰出身北镇之一的武川镇。宇文是胡语，意为“天子”。宇文部当初是与建立北魏政权的拓跋部实力相当的大部族，在北魏开国皇帝道武帝进攻中原时，归顺了北魏，宇文部在其首领宇文陵的时候迁到武川。

清代著名历史学家赵翼在所著的《廿二史札记》中指出，北周与随后的隋、唐的建国者全都与武川镇有关。也就是说，隋朝开国皇帝杨坚是移居武川镇的杨元寿的五世孙，杨坚的父亲杨忠曾跟随宇文泰征战南北。而唐朝的开国皇帝李渊是移居武川镇的李熙的四世孙，李渊的父亲李虎也曾是宇文泰麾下一员大将。

如此看来，北镇之乱宣告了北魏的下一个时代的到来。我们很容易注意到，包括怀朔镇出身的高欢在内，各镇英雄辈出，此后实现中国统一的隋唐皇室都出自宇文泰的势力。可以认为，北镇之乱在葛荣统合各镇势力时达到极点。随后这股势力遭受尔朱荣的奇袭而瓦解、被遣散安置时，下一时期的主导者高欢和宇文泰这两个人中，高欢已在尔朱荣的部下崭露头角，成为一名得力干将。

另一方面，宇文泰原是葛荣的部将，在葛荣被尔朱荣击破后，归顺了尔朱荣，是旁系人物。更有甚者，宇文泰在葛荣被打败后，被迁到尔朱荣的根据地晋阳，其兄宇文洛生被冤枉处死，宇文泰自己也几乎获罪。从这一些情况来看，宇文泰的处境可以说是非常不安稳的，不能与高欢相比。

在这种环境中，他得到同乡即武川镇出身的贺拔岳的推荐。贺拔岳在尔朱荣进京以前便是其部下，他的兄长贺拔胜是宇文泰的父亲宇文肱的盟友。贺拔胜以勇猛闻名，当时是尔朱荣手下的一名大将。宇文泰跟随贺拔岳奔赴关中，平定高平镇出身的万俟丑奴所起的叛乱，从这个时候起，宇文泰迎来了转机。贺拔岳镇压了叛乱，驻扎在关中。坚定了篡夺图谋的高欢嫉妒其战功，与侯莫陈悦串通，杀掉了贺拔岳。当时宇文泰整合了贺拔岳的残部，大败侯莫陈悦，成为关中的霸主。正好这个时候，北魏孝武帝从高欢的专权中逃出，来到长安，投奔宇文泰。

东魏、西魏的角逐

孝武帝出走到关中时，随从的鲜卑兵不足一万人。洛阳的鲜卑兵大部分被高欢所掌控。再加上尔朱荣、葛荣的残部，北魏末势力的大半尽归高欢所有。换言之，比较当初东西的势力，高欢占有压倒性优势，宇文泰方面则显然处于劣势。

以这种绝对优势为依托，在东西两魏分立三年后的537年，高欢为了一举消灭西魏，亲自率军进入关中，在陕西渭水以北的沙苑向宇文泰发动进攻。然而，宇文泰方面拼死防卫，高欢遭受惨败，不仅如此，山西要地蒲坂也被西魏夺取，高欢从根据地晋阳倾巢而出，对西魏发动攻击，却陷入了不利的局面。

然而，第二年宇文泰亲自率军进攻洛阳，与高欢麾下猛将侯景在洛阳北面的邙山相遇，被侯景大败。这一冲击促使在沙苑之战中被俘而投降西魏的东魏诸将叛离，因此宇文泰的长安空巢陷入极度紧张的状态。高欢乘机迂回蒲坂，计划从孟津渡黄河进攻关中，在邙山吃了败仗的宇文泰火速撤回长安，收拾了局面，有惊无险地避开了高欢的锐锋。

北齐和北周替代两魏之后，这种状况仍然持续到高欢之子文宣帝高洋在位时。据史载，北周害怕北齐的进攻，在黄河天险布下防线，乃至在冬天打碎冰面，以防止东军从黄河结冰面上过河。

采用周礼

然而，历史的天平却逐渐向西魏和北周一侧倾斜，最终由北周灭掉继承东魏的北齐，并在北周的基础上建立了隋朝。这背后到底是哪些原因呢？

一般认为，这是因为实力弱小反而促使西魏和北周集团增进了团结。与高欢相抗衡的宇文泰的势力，包括他继承的贺拔岳的

周禮卷第一

天官冢宰第一　鄭氏註

惟王建國

辨方正位

80《周礼》《周礼》记载了以周代官制为主的礼制

部众和孝武帝带来的数量不多的兵将。而贺拔岳的部众由两部分组成，一部分是讨伐关中叛乱的万俟丑奴时从尔朱荣军团中派遣的将士，另一部分则是万俟丑奴的残部，具有杂牌拼凑的浓厚色彩。另外，由于魏末的混乱，关中各地随处可见自卫性质的军队组织。其中甚至包括既非汉族亦非胡族的巴族士兵。为了整合这些混编集团，迫切需要采用促进集团团结的政策。在制定国是政策的过程中，关中武功出身的苏绰发挥了重大的作用。

苏绰作为宇文泰的谋士可谓功劳卓著，其中最大的贡献是推行周官制度和制定六条诏书。周官是指中国周代的官僚体制，记载其具体官职和结构的《周礼》被奉为儒教圣典。假托是周代实行的这套官制为实现祭政一致的政治形态，将周王统领下的各官职分成宫中各官相关的天官，主管地方行政和教育的地官，负责祭祀的春官，掌管军政的夏官，管理司法的秋官，负责制作车服、弓矢等的冬官等六管系统（六官），六官各系统长官以下设置二百七十多个官职，并规定其职务和官员数。

在这个时期实施周官制度，容易被人看成是推行一种极端复古的时代错误的政策，这与明治维新时期日本废弃武士政治而实施太政官制的做法相似。然而，正如宇文泰之子孝闵帝接受西魏恭帝的禅让而创立周王朝（北周）所表现的那样，明确地以周礼为国策，以此对国家进行管理、使其运作。礼亦是其谋士苏绰的主意，那么为什么他们在制定国策时，如此执著于周礼呢？

81 西魏甲胄骑兵图（敦煌 285 窟壁画） 当时的战马也披着铠甲

周代制度原本与胡族毫无关系。因此当五胡入侵中原刚刚建立起胡族政权时，几乎没有考虑过遵循《周礼》。然而，到了我们第三章、第七章所论述的北魏时期，《周礼》逐渐引起了人们的注意，在制定国策时发挥了重要的作用。尤其是到了孝文帝的时期，逐渐采用了均田制、三长制等以周礼为典范的各项政策。

注意到历史的如此演变，那么西魏、北周时对周礼的执著和采用，可以说就是对孝文帝路线的继承。然而，即便是在孝文帝时期，官僚制度也只是援用魏晋以来的官制，而并没有全面推行周代的官制。而宇文泰和苏绰在孝文帝路线的基础上更进一步，援用周代官制，在西魏时期推行了这种周官制度。从中我们可以看出他们所表达的意思：正是西魏、北周继承和发展了北魏的国家正统。宇文泰的政权通过这种方式加强了团结，应对与东魏和北齐的战斗。

苏绰制定的政策中包括六条诏书。六条诏书倡导“治心身”、“敦教化”、“尽地利”、“擢贤良”、“恤狱讼”、“均赋役”，要求各级官员尤其是地方官做好准备。据说宇文泰要求各官员牢记这六条内容，不能领会其精神的地方官不得任职。推行这些政策的目的是为了富国强兵，而我们要注意的是，其内容由六条组成。为什么值得注意？因为可以想见六条诏书和《周礼》六官制存在一定的联系。

周礼的影响表现在理念和官制等各个层面，进而还影响到堪称当时最重要的军队制度。如前所述，西魏鲜卑族的士兵很少，单靠鲜卑族军队很难与东魏的军事力量相抗衡。因此，政府也从汉人中征兵，努力增强国军的实力。宇文泰在军队中设立六位柱国大将军，六位柱国大将军以下各设置两位、共计十二位大将军，十二位大将军以下各设置两位开府仪同，共计二十四位开府仪同，组成二十四军。由六柱国十二大将军所统领的二十四军最初是丞相府的直辖军，后来变成皇帝的禁军，到隋代确立了十二卫制，并发展成唐代的府兵制。

因此，二十四军制被认为是府兵制的源头，这种军队制度成功地集聚了胡汉的力量，为西魏和北周的兴盛作出了极大的贡献。值得注意的是，国军以六、十二、二十四等六的倍数构成，这显然是源于周礼的思想：天子六军的思想，即以一万两千五百人为一军、周王统率六军。

可见，西魏、北周受到中国古代政治思想渊源——《周礼》的浓厚影响。当我们思考为什么会如此彻底地采用和推行周礼思想时，却发现把原因只归结到如前所述的、这些举措的推行是为了向内外宣告继承北魏正统、提高国家凝聚力这一点上，说服力是不够充分的。

《周礼》确实记载了中国政治思想渊源的古代礼制。然而，从汉到魏晋南北朝，在中国的历史发展过程中，随着时代的推移，周礼日益与现实脱节。

正因为如此，周礼只是作为理念而被尊崇，在实际施政的过程中，尤其是与北朝同时期的南朝，几乎并未原样照搬。在《周礼》的影响下产生的均田制和三长制并没有在南朝实施，便是明证。

均田制得以在华北地区推行的背景，在于长期的战乱频仍造成可供分配的荒地大量存在。这说明长期的战乱导致了黄河文明的中心——华北的极大疲敝，也正因为如此，在国家、社会的发展阶段与后世相比仍处在未分化状态、祭政合一的社会中产生的《周礼》才得以在这种社会条件下采用。

另一方面，对于这个时期的统治者胡族阶层而言，由于《周礼》的构成和内容都比较原始，因此反而容易接受。胡汉双方的这些情况也构成了采用《周礼》的基础。我们在考虑这个问题时，也不能忘记这一点。

胡汉融合的状况

考察西魏二十四军制时，除了前面我们说到的情况以外，还存在一种耐人寻味的现象，即各军府的府兵都以该军府长官的姓氏为姓。这种习俗根植于胡族的古老传统，沿用所属部族首领的姓氏，在鲜卑、匈奴、乌丸等北方民族之间普遍可见，并被继承到北魏时期。

下面讲到的一则故事发生在隋末。隋末英雄李密谴责弑杀隋炀帝的宇文化及时说道："卿本匈奴皂隶破野头耳，父兄子弟并受隋室厚恩……"（《隋书·李密传》）这里李密对宇文化及提出指责的根据在于，宇文化及的先祖原姓破野头，在北魏初年跟随宇文俟豆归（前面提到的宇文泰的先祖宇文陵之父），后来便以宇文氏为姓。（《隋书·宇文述传》）这说明自北魏建国起两百多年以后，即使到了七世纪初叶，至少还保留有这种随主人姓的习俗，才有可能以此揶揄他人。

换言之，西魏二十四军制既包含有《周礼》的传统，也沿袭了胡族的旧俗。当时的军人采用的是胡族的姓，正如史书的如下记载："魏氏之初，统国三十六，大姓九十九，后多绝灭。至是，以诸将功高者为三十六国后，次功者为九十九姓后，所统军人，亦改从其姓。"（《周书·文帝纪》）孝文帝时期，以拓跋鲜卑为中心的胡族，改变了此前基于部族或氏族名称的称呼，采用了汉族式的单字姓氏，如王室拓跋为元氏，贺兰为贺氏，丘穆陵为穆氏。然而，经过魏末的混乱，到了西魏和北周统治时期，胡族又重新恢复了胡姓。

那么，能否认为这种现象是回归到孝文帝改革以前的时代呢？在一定程度上，可以这么认为。不过，考虑到如前面所述，西魏和北周标榜以汉族政治思想渊源的周礼为国策，具有"周礼国家"的特征，从中还是可以看到时代的发展。

宇文泰之子、灭掉北周夙敌北齐的武帝宇文邕是有名的灭佛皇帝，与北魏太武帝等一起并称历史上“三武一宗”。他在灭佛时，声称自己并不是五胡：“佛生西域寄传东夏。原其风教殊乖中国。汉魏晋世似有若无。五胡乱治风化方盛。朕非五胡心无敬事。既非正教所以废之。”（《广弘明集·辩惑篇》）武帝受北镇之乱后当时形势的影响，能够自如地使用鲜卑语。当时他还将自己对国军发布的军令汇编成一本《鲜卑号令》。周武帝姓宇文（胡族姓氏），自如地使用鲜卑语，却说自己不是五胡，以魏晋时期的观念来看，显然是矛盾的。这与西魏、北周一方面标榜周礼主义，另一方面却重新恢复胡姓的做法倒也相符。这说明当时的情况有别于魏晋时期胡汉的对立，呈现出胡汉融合或混杂的局面，同时存在着基于这种局面的中华意识。

我们在第三章讲到的北魏太武帝时期也存在与此相似的情况，即太武帝一方面有着强烈的鲜卑自我意识，另一方面却将汉族地区原生的道教确立为国教，并将自己比作真人（即道教中的圣人），改元太平真君。由于佛陀不是汉人，因此五胡十六国时期以来的胡族君主将佛教作为与自身相连的宗教，对之保护厚待有加。尽管如此，北魏太武帝和北周武帝却以中华皇帝的姿态对佛教大加镇压。这种所谓新的中华的出现，与五胡的中华意识之间的关联，我们在下一章将进一步论述。

北周武帝与华北再统一

东魏、北齐的动向

在北镇之乱中诞生的一代英雄高欢于 547 年在讨伐西魏的途中去世，其子高澄成为继任者。早在高欢生前便扬言“高欢要是死了，我绝不能与鲜卑小儿共事”的怀朔镇勇将侯景，在高欢去世时，人在河南。他得到这一消息后，便劝诱东魏诸将谋反。然而，临终前已对侯景的叛乱早有预知的高欢留下遗言：“如果侯景谋反，可将名将慕容绍宗召回退敌。”高澄依计行事，侯景的野心不堪一击，被迫投降南朝，并进而诱发了侯景之乱，有关这部分内容，我们在第五章已作论述。而我们可以毫不夸张地说，正是巧妙地控制住以侯景为首的、在北镇之乱中历经百战磨炼的军人，高欢的势力才得以维持。

当时的史书将这些军人当中登上高位的人称为“勋贵”。从帝权一方看来，这些人的存在构成了帝权完全伸张的阻碍。为此，帝权任用汉人官僚以压制勋贵的势力，而这种压制势必引起勋贵阶层的抵触。可以说，侯景的叛乱也是因为这种对立而产生的。

由于高澄在临近禅让时突然去世，其弟高洋接受了东魏的禅让，于 550 年即皇帝位（文宣帝）。文宣帝虽然留下了修订东魏时期制定的法律《麟趾格》，以及击破北方勃兴的突厥等业绩，但由于前面讲到的对勋贵阶层的压制，再加上他自身个性暴虐，在其在位的后半期，文宣帝杀掉了许多官员和魏的宗室元氏族人，有的还是他亲手所为。

反对这种行为的勋贵阶层废掉了文宣帝死后继位的高殷（废帝），由常山王（孝昭帝）即位。

82 北齐佛　北齐继承了北魏的制度和文化。人们虔诚地信仰佛教，这个时期塑造的佛像，其艺术性之高，实在令人惊叹

孝昭帝一改文宣帝的路线，尊重勋贵阶层。这一路线也被下一任皇帝武成帝所继承。然而，勋贵的专横成为国家不稳定的因素，与帝权的伸张相抵触。因此，勋贵阶层与基于中国政治理念、致力于伸张帝权的汉人门阀官僚之间的暗斗，在北齐后期呈现出极为复杂的局面。再加上和士开等当时被称为“恩幸”的、出身卑贱、平步青云的皇帝宠臣集团得势，这些势力之间的斗争有增无减，北齐的凝聚力严重下降。

在这个过程中，甚至淮南地区也被南朝梁之后、实力较弱的陈朝所夺取。

到了北齐后主时期，与和士开联手图谋权力伸张的汉人官僚祖珽，加强了对勋贵的攻击。然而，这时被视为北齐军事力量象征的名将斛律光被杀，北齐的凝聚力进一步降低。

此后，成功削弱勋贵势力的汉人门阀势力又与恩幸势力彼此对立，混乱不断发展，乃至当时汉人势力的根据地文林馆的汉人官僚多数惨遭杀害。北周武帝发兵讨伐北齐时，北齐正处在这种内乱纷争当中。

北周武帝统一华北

武帝宇文邕（560—578 年在位）是宇文泰第四子，据史载，宇文泰对他的评价是："成吾志者，此儿也。"其兄明帝被掌握朝政大权的堂兄宇文护弑杀后，被宇文护推上帝位。武帝在此后长达十多年的时间里都受到宇文护的掣肘，于建德元年（572）武帝终于杀掉宇文护，实现亲政。

如前所述，武帝在位期间，发动了被列为所谓三武一宗法难的灭佛活动，通过这些行动，他取缔了道教和佛教这两种宗教的组织，另一方面设立称为通道观的寺院，将儒、佛、道三教统一到国家权力之下。我们在本章开头就洛阳佛教的兴盛与腐朽的部分进行了论述，武帝的宗教政策是对佛教整体堕落的否定，旨在确立皇帝权力对宗教的控制。

另外，武帝还通过大规模募兵，增强了府兵的军队。当时他还实施了一项政策，将此前对士兵的称呼改为"侍官"。侍官意为皇帝的近侍，将府兵称作侍官，意味着将府兵视为具有皇帝直属名誉的战士。前面我们在讲到西魏二十四军制时指出，这种军制在汉族式的编制原理基础上，同时还混有起源于胡族的因素，而我们从侍官的称呼中也可以看到胡族的传统。因为当时侍官的称呼，大多用在对第七章论述的北魏内朝官的称呼上。另外，还因为在原本胡族的世界中，士兵作为其共同体的战士，是有名誉有地位的人群。

另一方面，从汉民族的立场来看，正如兵户之子仍为兵户这种世袭兵户制所清楚地显示的那样，魏晋以来中国的士兵与一般的民户有所区别，甚至还遭受歧视。北镇之乱前夕的镇民之所以被称为“府户”而遭受歧视，其中的一个原因是，在北魏王朝整体中国化的过程中，这种思想也渗透到北魏体制之中。

然而，武帝把在魏末的混乱中成长的士兵称为“侍官”，并且在与北齐一决雌雄的战斗中，身披甲胄，不断身先士卒地冲入敌阵中。这种行为与中国的皇帝为自身安危而从不现身大军前线的做法大不一样，在胡族的世界中，常常要求首领一马当先以充分发挥领导力，五胡十六国和北朝各代的皇帝，大多会采取这种行动。

在国内的文化、军制等整顿齐备之后，武帝着手解决其最大的政治课题——出兵征讨北齐。如前所述，北齐当时政治混乱到了极点，北周趁势于 576 年底终于攻下了北齐重镇晋阳，进而在第二年攻陷了北齐首都邺，至此成功统一了北魏末年以来混乱之极的华北全境。然而，不久武帝病倒，仅三十五岁便英年早逝。武帝在其遗诏中说道：“将欲包举六合，混同文轨。今遘疾大渐，力气稍微，有志不申，以此叹息。”说出了在位期间未能实现天下再度统一的遗憾。武帝的夙愿在其后大约十年之后、由接受北周禅让的隋文帝实现。

第九章

古代东亚与日本的形成

倭国与邪马台国

东亚的历史发展与古代日本

在前面八章的考察中，我以中国史的观点对魏晋南北朝时期的各种事象进行了论述。然而，这段时期还包含有许多中国史的框架无法容纳的问题。另外，正如我们接下来将要分析的那样，理解这些中国史框架下无法容纳的问题，对于深入理解这个时期，具有极为重要的意义。

因此，我们在此稍微将视野放大，从这一时期东亚全境的历史发展和中国历史发展之间关系的角度，对夹在秦汉和隋唐这两大统一国家时期的魏晋南北朝时期进一步做深入考察。

所谓的三国时期正值日本历史上的邪马台时期。南北朝时期则被认为是日本应神天皇和仁德天皇的时期。那么，古代日本从邪马台国到应神和仁德天皇时期的历史发展，与中国的历史发展之间存在何种关系呢？出于对上述问题的关心，首先我们对有历史关联的问题进行考察。

众所周知，追溯日本古代国家形成根源的江上波夫学说，存在一种骑马民族国家论的观点。这一观点认为，在本卷所考察的魏晋南北朝时期，擅长骑马技术的民族沿朝鲜半岛南下，来到日本列岛，征服了土著势力后，建立了新王朝。本章的目的并非在于讨论这一学说是否正确，不过正如前八章所论述的那样，魏晋南北朝时期中国华北动乱而引发的人口流动巨浪，的的确确对周边各地产生了巨大的影响。

那么，在东亚动乱的这个时期，日本如何应对、进而这些又对其历史发展产生什么样的影响？这个问题的解答自然与理清日本这个国家的形成过程——即现今日本的根源——不无关系。

倭国的出现

日本的英文表记为Japan。日本和Japan这两种称谓在魏晋南北朝时期均不存在。换言之，日本这一国家称谓的出现，是在这个时期之后的事情。当时的日本与后来日本的领域并非完全重合，被称作“倭国”（日本如何自称尚无定论，其中最有力的一个候选是“大和yamato”）。在记录东汉时期历史的《后汉书》中，有记载古代日本的部分（《后汉书·倭传》）。书中写道，公元107年倭国王帅升带着贡品前来朝贡。

另外，现藏于九州福冈县太宰府天满宫的卷轴国宝《翰苑》中，也引用了《后汉书》的内容，记载同一件朝贡事件，记为“倭面上国王师升”。《翰苑》是成书于中国唐代的书籍，原本共有三十卷，现已散佚，太宰府天满宫所藏的部分是其中第三十卷的写本，据认为是在平安初期抄写的。此外，同样是中国唐代所作的书籍《通典》，同样引用了《后汉书》的内容，记为“倭面土国王师升”。至今许多研究者仍然对这两处记载的不同很感兴趣。

83《翰苑》（太宰府天满宫藏） 唐代初年的书籍。太宰府天满宫所藏品为第三〇卷的写本

这里最大的问题在于存在两种观点，一是二世纪初的时候倭国以某种形式实现统一，并存在统治全境的国王，二是情况并非如此，在此阶段统一的倭国尚未出现，因此倭国王亦不存在，存在的是倭国土地中的一部分——倭面土——的国王，正如获赐志贺岛金印的汉委奴国王那样。

不过，在《魏志·倭人传》中，关于卑弥呼遣使的事件有如下记载：

其国本亦以男子为王，住七八十年，倭国乱，相攻伐，历年乃共立一女子为王，名曰卑弥呼。……（魏明帝封卑弥呼）为亲魏倭王，假金印紫绶。

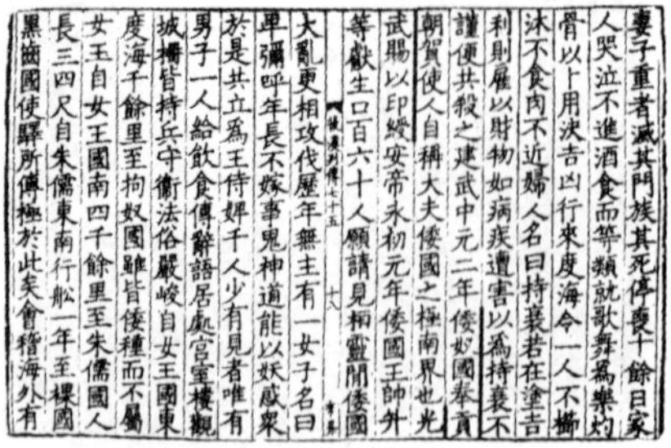

妻子重者滅其門族其死停喪十餘日家
人哭泣不進酒食而等類就歌舞爲樂灼
骨以卜用決吉凶行來度海令一人不櫛
沐不食肉不近婦人名曰持衰若在塗吉
利則雇以財物如病疾遭害以爲持衰不
謹便共殺之建武中元二年倭奴國奉貢
朝賀使人自稱大夫倭國之極南界也光
武賜以印綬安帝永初元年倭國王帥升
等獻生口百六十人願請見桓靈閒倭國
大亂更相攻伐歷年無主有一女子名曰
卑彌呼年長不嫁事鬼神道能以妖惑衆
於是共立爲王侍婢千人少有見者唯有
男子一人給飲食傳辭語居處宮室樓觀
城柵皆持兵守衛法俗嚴峻自女王國東
度海千餘里至拘奴國雖皆倭種而不屬
女王自女王國南四千餘里至朱儒國人
長三四尺自朱儒東南行船一年至裸國
黑齒國使驛所傳極於此矣會稽海外有

84《后汉书 · 倭传》

换言之，仅就《后汉书》和《魏志 · 倭人传》的记载而言，可以看出在倭王卑弥呼出现之前，日本已存在男性的倭国王，换句话说，存在具有一定政治组织的倭国这样一个国家，而国王也在卑弥呼出现之前已经存在。

只是《后汉书》中并没有记载，这个国王是否作为中国皇帝的臣下被册封为倭国王、并授予印绶。

著名的汉委奴国王的印绶（志贺岛的金印）之授予，尽管只有短短的一句记载，但考虑到在《后汉书 · 倭传》中，这段记载后面紧跟着师升遣使的事件，可以认为当时师升很可能还不是作为中国皇帝的臣下而被册封为倭国王（虽然很难说这个推断是确切的）。

亲魏倭王卑弥呼的时期

在帅升之后，卑弥呼向三国时期的魏国派遣使节，被封为倭王。实际上这一事件意味着，倭国作为一个整体明确地被纳入以中国为中心的政治秩序之中。

秦代时在中国历史上首次统一中国的始皇帝新创了一个称号——皇帝，用作中国统一后最高统治者的称呼，并将自己置于第一代皇帝的地位(始皇帝)。因此，此前用于称呼一国元首的“王”，成为次于皇帝的称号，此后成为由皇帝分封的角色。

换言之，在秦始皇以后的中国，“王”绝非相当于西方中意味着第一把手的King，而是皇帝的臣属。

秦汉之后，中国皇帝除了国内之外，亦对追随自己的国外元首敕封以“王”的称谓，形成了以中国为中心的世界秩序。例如，因志贺岛金印而闻名的奴国国王便是在东汉光武帝时期前去朝贡、被封为奴国王的，从中国一方看来，这意味着奴国王成为中国皇帝所主宰的世界秩序内的臣下。另外，卑弥呼被魏朝封为亲魏倭王，而卑弥呼对此欣然接受，这与奴国王的敕封具有同样的意义。只不过卑弥呼被封为倭王，意味着这种秩序并没有像奴国那样只限于日本的一部分区域，而是涵盖了卑弥呼统治的整个倭国。

卑弥呼遣使时面临的时代背景，是当时的东亚存在围绕着魏蜀吴三国展开的复杂的国际关系。其详情在第四卷《三国志的世界》中进行论述，因此我们这里从略。只是确认一点：与志贺岛金印时期的奴国作为日本列岛内的一个割据政权参与中国的世界秩序不同，倭国是以邪马台国、奴国、伊都国等联合国家的形式，作为中国的朝贡国而加入到以中国为中心的国际秩序中的。下文将对此后东亚与日本的关系的实际情况进行深入考察。

谜一般的四世纪

邪马台国以后

倭国是以邪马台国为中心的国家联合，众所周知，当时日本列岛内还存在一个与这一国家联合相抗衡、乃至拥有凌驾于其上的势力的国家，即狗奴国。我们不应忘记的是，与邪马台国名中“邪（恶的）马”、卑弥呼称呼中的“卑（下）”一样，“狗奴（隶）”这种称谓显示了当时魏朝对倭人地区的看法。

姑且不管这些称谓，且说狗奴国对倭国发动了猛烈的攻击，倭国不得不向魏朝寻求援助。倭国向魏朝报告了狗奴国的攻击情况，为此魏朝身为宗主国，向倭国和狗奴国的战争现场派出一个名为张政的使节，作为皇帝的代表，发布了命令对方停止攻击的檄文。

后来卑弥呼去世，倭国虽一时陷入混乱，但在卑弥呼的族人壹与即位后，便与中国建立了与卑弥呼时期一样的关系。倭国向中国派遣使节，一直延续到继承魏朝大统的西晋时期。

然而，向中国王朝派遣使节的做法到 266 年便戛然而止。换言之，从卑弥呼到壹与时期倭国向中国的遣使，始于 239 年，终于 266 年，其间持续了二十七年。随后 413 年倭国再次向中国派遣使节，时隔一百多年。这一百多年可谓是谜一般的四世纪。

中断遣使的原因

为什么会出现这种情况？第二次世界大战后，长期处于对立关系的日本和中华人民共和国之间恢复邦交，至今也已过去了三十多年。众所周知，这一次恢复邦交与越南战争结束等当时国际局势紧密关联。而当年遣唐使的废止，是根据菅原道真提出中国内部混乱的情况而作出的决定。另外，卑弥呼向三国时期的魏朝遣使，既不是发生在238年，也不是发生在240年，而是选在239年，也绝非偶然，这种决策与当时朝鲜半岛的形势密切相关。按照这种逻辑，那么可以说从266年到413年日本和中国之间长期没有政治往来，肯定存在着与国际时局有关的重大原因。

问题需要从两个方面进行分析。其一是双方交往断绝的直接原因。卑弥呼得以遣使的直接原因，恐怕还是因为东汉末年在辽东半岛长期割据、妨碍了日本和中国之间交往的、由公孙度建立的公孙氏政权于238年被魏所灭。其二是时间跨度稍长的因素。自向东汉遣使以来，日本时隔多年在卑弥呼时期又恢复向中国派遣政治使节的原因中，包含了当时倭国上层对国际形势的研判：在东汉末年的混乱之后，魏晋政权重新收拾旧山河，中国出现再度统一的趋势，倭国需要应对新的局面。

从这种宏观的角度来看，可以说266年以后倭国长期停止向中国遣使的最大原因在于，遣使的目的地中国自身出现了混乱。正如本卷前面八章所论述的那样，始于东汉末年的混乱到三国归晋后，中国又陷入了比东汉末年的混乱有过之而无不及的八王之乱、永嘉之乱等无休止的大混乱之中。这场大混乱基本上持续了将近三百年，到了隋朝统一中国之后才宣告终结。也就是说，这种混乱的局势可以说是日本方面没有遣使的最大原因。

然而，我们设想还有其他方面的原因。正如我们在前面第二、第三章所述，八王之乱、永嘉之乱造成的中国崩溃，同时也是魏晋所构建的世界秩序的崩溃。我曾在前些年亲眼目睹了社会主义国家苏联的解体。在苏联解体前后，以东欧为首的许多社会主义国家也崩溃了。甚至可以说，这种国际政治的剧变也使日本国内的政治结构发生了很大变动，时至今日，余波未止。刚才我们论述了倭国加入了以魏晋为中心的世界秩序中。而以魏晋为中心的世界秩序的崩溃，对华北、华南、西域等地产生了什么样的影响，我们前面已经进行了考察。

如此看来，这种崩溃的影响当然也会波及倭国。在所谓谜一般的四世纪这段时期，倭国各地建造了前方后圆的巨坟，包括马具等在内的铁制武器得到广泛使用，这些情形不能说与当时世界秩序的变动没有关系。

那么，为什么在 266 年日本又中断向中国遣使了呢？266 这一年，正值蜀国灭亡，西晋建国，而吴灭亡、中国再度统一是 280 年的事情。这段时期西晋的国力非常强盛，找不出为什么这时倭国停止遣使的原因。另外，八王之乱发生以前，西晋作为统一的国家，贵族文化一派繁荣。因此事实上目前我们尚不清楚遣使中断的原因。从 266 年到八王之乱、永嘉之乱使西晋王朝陷入混乱之前的这段时期，倭国有充分的可能性向中国派遣使节。如此看来，这段空白只能推测是因史料缺失造成的。就目前而言，我倾向于将三世纪下半叶遣使中断的原因解释为史料的缺失。但是，永嘉之乱以后遣使的中断，恐怕就不能归结为史料的缺失了。

85 石上神宫传存七支刀（石上神宫藏。奈良县天理市）上刻有铭文，被认为是见证了谜一般的四世纪中倭国与大陆之间政治交往的物品

谜一般的四世纪

如前所述，倭国再度向中国派遣使节，已到了413年。实际上，从266年算起，时隔一百四十七年。在这一百四十七年间，倭国内部发生了什么事情？邪马台国后来又如何？这段时期建造的许多巨型古坟到底有什么含义？据认为是四世纪从百济带回的七支刀（奈良县天理市石上神宫藏）向今天的我们传达的是什么信息？五世纪初叶建造的好太王碑记载了四世纪下半叶倭人在朝鲜半岛的活动，这又具有什么样的历史意义？这些问题，一直讨论至今。

然而，七支刀本身是否真是四世纪带回日本本土的？好太王的碑文本身是否被人窜改过？诸如此类的问题并非能够轻易解决的，很难找到确凿的证据。因此，这段时期，就被称为谜一般的四世纪。

另外，建造了仁德天皇陵古坟等巨型坟墓的政权，是由邪马台国发展而来，还是继承了邪马台政权的势力？与朝鲜加深关系，是否只是为了确保朝鲜半岛的铁资源？好太王碑文记载的倭是否属于大和的势力？对于如此种种问题的解答，只有留待今后了。

我只能肯定地说，这段时期东亚局势的变动对日本确实产生了影响，日本出现了前所未有的强大政权，这一政权凭借着实力，加深了与朝鲜的关系，同时这种权力亦与如今日本的天皇家不无关系。此后，日本进入了倭五王的时期。

倭五王时期

遣使恢复与东亚的国际局势

根据记载中国南朝宋的历史的《宋书》，倭五王是指倭国五位留有名字的王：赞、珍、济、兴、武（《宋书·倭国传》）。倭五王的时期日本恢复了向中国派遣使节，但史书上却对遣使恢复的原因只字未提。我们从这处记载只是可以知道，这次恢复遣使的时期正处于南北朝时期初年。也就是说，在以华北为中心的大混乱中出现的统一华北的胡族政权（北魏）和南方的汉族政权（东晋→宋）这两大势力逐渐形成对立的形势下，日本重新向中国派遣使节。

诸葛孔明（诸葛亮）和司马仲达（司马懿）之间于 234 年在五丈原对战后，蜀国逐渐衰弱，魏国势力则日趋强大，而魏和吴在对日本也有重大影响的辽东地区展开的角逐，眼看魏国就要取得胜利——卑弥呼遣使正是发生在这种形势下。按照这种逻辑，我们不由猜想，五世纪初叶出现了某种国际形势的变化，从而影响到日本向中国再次遣使。

审视五世纪初东亚的局势时，我们会发现当时出现了一位英雄——建立南朝宋政权的刘裕。刘裕在建立宋朝前是东晋的将军，为了收复被异族夺去的汉族的故土——中原地区，他从江南起兵北伐。途中，他灭掉了割据于山东半岛的鲜卑慕容部建立的南燕，其时为410年。三年后，倭国重新恢复遣使。

刘裕在灭掉南燕之后，从山东西进，到达洛阳、长安，灭掉氐族建立的后秦政权，暂时收复了中原地区，随后回师江南，接受东晋的禅让，建立宋朝（420）。

古代日中往返路线

下面我们分析一下刘裕攻陷山东到底具有什么意义。

古代从日本前往中国所走的路线主要有三条：①渡过对马海峡后，经朝鲜半岛从陆路进入中国；②同样渡过对马海峡后，顺着朝鲜半岛沿岸经海路北上，等待季风横渡黄海，到达中国的山东半岛；③从九州出发，横渡中国东海，中间不作停留，直达江南。其中，由于当时与倭国处于敌对关系的高句丽从中阻挠，很难采用路线①（《宋书·倭国传》）。路线③在倭五王的时期倒也有可能会被采用。然而，这条被称为南路的路线，从倭五王时期到三四百年后的遣唐使时期，都有过数次渡海失败的记录。再加上考虑到遣隋使和早期遣唐使行走的都是被称为北路的路线②，那么可以认为这也是倭五王时期的主要路线。另外，经由路线②到达山东半岛的倭五王的使节，在到达中国后一般通过陆路或内陆水路前往南朝首都建康（今南京）。不过，沿山东半岛从海路南下前往江南，则意味着舍弃有中国方面引路、保护的安全途径，同时还需要克服江苏省沿海到长江河口之间沙洲很多的困难。

现在的黄海沿岸（江苏省沿海）有大沙、长沙、北沙等多处浅滩。与现在相比，倭五王时期江苏省的海岸线向内陆回缩五十公里左右。现在的海岸线是黄河、长江所带来的大量泥沙堆积形成陆地的结果。此处海岸线在蒙古族建立元朝政权以后急速向东推进，再考虑到圆仁在唐代前往中国时，所乘船只触礁也发生在附近海域（《入唐求法巡礼行记》），我们可以推断五世纪时从江苏省沿海驶往长江河口的航行并非易事。也就是说，倭国五王时期的使节前往建康时，主要都是经海路到达山东半岛之后，避开江苏省沿岸的海域，前往江南——这种判断应该不会有太大问题。

高句丽恢复遣使

刘裕北上具有如此意义的山东，灭掉了割据此地的南燕。恢复遣使的五世纪初正处于一个过渡期，在第三章所论述的淝水之战引发的前秦政权崩溃后华北、华中出现了巨大的政治变动，逐渐形成北朝（北魏）和南朝（宋）这两大势力对立的格局。下面我们按时间顺序将淝水之战后发生的具体事件梳理如下：

① 386 年北魏建国。

② 随着北魏势力的扩张，397 年后燕政权崩溃。

③ 南燕、北燕建国。

④ 刘裕北伐，南燕、后秦灭亡。

从这些局势变幻中寻找它们与日中往返路线的关系，可以推断 410 年山东半岛的南燕政权的灭亡，对包括朝鲜、日本在内的东北亚政治形势产生了很大的影响。

这里需要加以注意的是，提到 413 年倭国恢复遣使的记载原文如下：

> 是岁，高句丽、倭国及西南夷铜头大师并献方物。(《晋书》“安帝纪、义熙九年”条)

从中可知，这一年高句丽也跟倭国一样，向江南的东晋派遣了使者，而且这是高句丽时隔七十年之后向东晋遣使。另外，如前所述，仅从现存史料来看，倭国的遣使是自 266 年以来时隔一百四十七年重新恢复。朝鲜和日本这两个邻国向中国的遣使，中间同时中断了相当长时间(七十年和一百四十七年)。这么看来，上述高句丽和倭国的恢复遣使，极有可能是由同一种因素引起的。将这种情况与前面所述的路线问题、南燕的灭亡等结合考虑，我们几乎可以确定这些因素之间是相互关联的。

南燕政权之前的山东半岛，相继由前燕（鲜卑）、前秦（氐）、后燕（鲜卑）等非汉民族政权所统治。与倭国在朝鲜南部争夺霸权而展开激烈对抗的高句丽，其行动受到与西方接壤的这些王朝的强烈制约（其中甚至还遭受到来自前燕的重大打击，国都被攻陷）。

413 年当高句丽再度向中国遣使时，原来在西部牵制高句丽、由鲜卑慕容部所建立的后燕政权已在和新的中原霸主北魏的斗争中落败而亡国（407 年后燕灭亡）。后燕之后的北燕，由于其建国者慕容云带有高句丽人的血统，因此与高句丽保持着良好的关系。另一方面，继后燕之后成为华北霸主的北魏，在灭掉北燕之后于 436 年前后，将势力延伸至高句丽。

换言之，正是在 410 年由刘裕控制下的东晋灭掉南燕、将伸入渤海和黄海的航路要冲山东半岛收入版图之后不久，在这种国际形势下高句丽恢复了遣使。

对于高句丽而言，这是一个新出现的巨大威胁。因为当时高句丽趁中国内部混乱，将原属于中国领土的辽东地区纳入本国疆域，而刘裕的北伐军，正是打着从异族手中夺回汉族领土的旗号，并且实际上正在逐一收复失地，先后灭掉南燕和后秦。换言之，高句丽的恢复遣使，可以说是对东晋正在向一衣带水的渤海对岸扩张强大的军事力量的局势所作出的应对之策。同时，刘裕的北伐亦是宣告过去周边各国派遣使节的目的地、东亚文明的中心——晋的复兴，高句丽的恢复遣使也带有因应这种趋势变化的含义。

就应对东晋复兴的势力扩张这一点而言，可以说倭国或多或少也与高句丽处于同样的立场，但如果从倭国方面来看待高句丽恢复遣使的意义，可以想见倭国之所以也向东晋派遣使者，除了是为了应对上述东晋复兴的趋势之外，还兼带有别的意图——即倭国希望通过恢复遣使，利用势力延伸到山东半岛的东晋南朝，牵制长年的夙敌高句丽，将朝鲜半岛的局势引向有利于己方的方向发展。这是事关倭五王整体外交战略的问题，下面我们通过对日本国内出土的铁剑铭文等具体文字史料的分析，对此稍作深入考察。

稻荷山的铁剑

从埼玉县行田市“埼玉风土记之丘”的稻荷山古坟出土的一把铁剑，其正反面发现有金象嵌的115字（正面57字、反面58字）的铭文。铭文的全文如下：

> 辛亥年，七月中记。乎获居臣，上祖名意富比垝，其儿多加利足尼，其儿名弖已加利获居，其儿名多加披次获居，其儿名多沙鬼获居，其儿名半弖比（正面）
>
> 其儿名加差披余，其儿名乎获居臣。世世为杖刀人首，奉事来至今。获加多支卤大王寺在斯鬼宫时，吾左治天下，令作此百练利刀，记吾奉事根原也（反面）

86 稻荷山铁剑（埼玉县埼玉资料馆藏） 1968年，从稻荷山古坟（埼玉县行田市埼玉）出土。1978年，经X射线调查，发现了金象嵌的115字。从铭文中的干支“辛亥”，可推知制造于公元471年

铭文中首先刻着“辛亥年七月中记”的时间，接着记载了铭文的主人公乎获居上溯至意富比诡的八代先祖系谱（意富比垝→多加利足尼→弖已加利获居→多加披次获居→多沙鬼获居→半弖比→加差披余→乎获居）。

铁剑反面的铭文接着记录了这样一段内容：乎获居一族从其先祖起便世代担任卫队首领，乎获居亦承袭此位，辅佐获加多支卤大王在斯鬼宫时的统治，奉命锻造这把刀，并刻铭文以作纪念。

此后的研究表明，开头的辛亥年为471年，获加多支卤大王是倭五王的最后一个王——倭王武，即雄略天皇。这里我们想探讨的是，铭文中出现的“治天下”三个字。

从字面上讲，“治天下”即“统治天下”的意思，那么这段铭文说的便是乎获居辅佐获加多支卤大王统治天下。实际上，通过对稻荷山铁剑铭文的解读，此前未能充分理解其义的熊本县玉名郡菊水町船山古坟出土的铁刀铭文也得到解读，研究者指出该段铭文应断句为“治天下获加多支卤大王世”。换言之，这两处铭文都记述了获加多支卤大王是统治天下的大王。

据此推断，倭王武是统治其治下领域的倭国首领，而这里的“天下”与织田信长、丰臣秀吉治天下中的“天下”意义相同，

410 年	东晋灭南燕。东晋占有山东半岛。
413 年	高句丽向东晋遣使。**倭国向东晋遣使。**
420 年	东晋灭亡，宋建立。
421 年	**倭国向宋遣使。**
425 年	**倭国向宋遣使。**
430 年	**倭国向宋遣使。**
436 年	北燕灭亡，北魏势力拓张到渤海。东夷诸国向北魏遣使。
438 年	**倭国向宋遣使。**
443 年	**倭国向宋遣使。**
450 年	北魏南侵至长江北岸、瓜步山。宋从元嘉之治中衰败。
460 年	**倭国向宋遣使。**
462 年	**倭国向宋遣使。**
466 年	北魏从宋手中夺取淮水以北四州及淮水以西地区。
469 年	正月，宋在山东半岛的据点东阳陷落。北魏占有山东半岛。2 月，柔然、高句丽、契丹等诸国向北魏遣使。
470 年	北魏在山东半岛设置光州。
470 年代初	宋魏之间围绕着淮水、泗水地区的占有展开激烈的争夺战。
472 年	百济向北魏遣使，失败。
475 年	北魏在光州设置军镇。
477 年	**倭国向宋遣使。**
478 年	**倭国向宋遣使。**倭王武上表阐述遣使之不易。
479 年	宋灭亡，南齐建立。
480 年代	北魏进一步南侵。
490（488？）年	北魏向百济发起攻击。

87 倭国向宋遣使年表

由此看来，如果以现今日本人的一般思维做参照，两者并没有什么区别。然而，“天下”这个概念原本是产生于中国的一个概念，指的是天底下广阔的人间世界。而得以支配“天下”的，只有承受天命的皇帝这一个人。这是中国的思维方式。

因此，正如《三国志》所记载的时代那样，魏、蜀、吴三国各自都出现了自称为皇帝的人，这并非常态。各个皇帝都认为自己才是真正承受天命君临天下的皇帝，而诈称承天命而僭称皇帝的，应该天诛地灭。

获加多支卤大王被认作是倭五王的最后一个即倭王武，那么作为治天下大王的倭王武，便是在稻荷山铁剑铭文所记载的五世纪下半叶，成为与中国皇帝不同的另一个天下的统治者。

《宋书·倭国传》的记载

然而，现在中国方面留存下来的文献即《宋书·倭国传》的记述，却与铁剑铭文的记述存在着重大差别。《宋书·倭国传》收录了倭王武于478年呈递给中国南朝的宋顺帝的上表文。我们先把全文放上来，看看其中包含了什么意思。

> 顺帝升明二年，遣使上表曰：“封国偏远，作藩于外，自昔祖祢，躬擐甲胄，跋涉山川，不遑宁处。东征毛人五十五国，西服众夷六十六国，渡平海北九十五国，王道融泰，廓土遐畿，累叶朝宗，不愆于岁。<u>臣虽下愚</u>，忝胤先绪，驱率所统，

軍倭國王表求除正詔除安東將軍倭國王珍
又求除正倭隋等十三人平西征虜冠軍輔國
將軍號詔竝聽二十年倭國王濟遣使奉獻復
以為安東將軍倭國王二十八年加使持節都
督倭新羅任那加羅秦韓慕韓六國諸軍事安
東將軍如故并除所上二十三人軍郡濟死世
子興遣使貢獻世祖大明六年詔曰倭王世子
興奕世載忠作藩外海稟化寧境恭修貢職新
嗣邊業宜授爵號可安東將軍倭國王興死弟
武立自稱使持節都督倭百濟新羅任那加羅
秦韓慕韓七國諸軍事安東大將軍倭國王順
帝昇明二年遣使上表曰封國偏遠作藩于外
自昔祖禰躬擐甲冑跋涉山川不遑寧處東征
毛人五十五國西服衆夷六十六國渡平海北
九十五國王道融泰廓土遐畿累葉朝宗不愆
于歲臣雖下愚忝胤先緒驅率所統歸崇天極
道逕百濟裝治船舫而句驪無道圖欲見吞掠
抄邊隸虔劉不已每致稽滯以失良風雖曰進

88《宋书 · 倭国传》倭王上表

归崇天极……

首先请大家注意画线的部分。倭王武即 471 年所刻的稻荷山铁剑铭文中记为“治天下”的获加多支卤大王，在 478 年的时候向定都建康（今南京）的宋顺帝呈递了上表文，自称“微臣虽然身份低下，而且愚笨（臣虽下愚）”。这种语气不止此处可见，而是贯穿通篇上表文的一种风格。

这篇上表文可以翻译成如下意思：陛下封给我的国家（封国）在中国看来地处偏远，在外面修建藩屏。自古以来，我的先祖披着甲胄，亲自跋涉于山河间，一刻也未曾休息。在东边征伐了毛人居住的五十五国，在西边征服了夷狄的六十六国，渡海平定了北边九十五国。最终陛下统治的世上大治（王道融泰），陛下的领土扩展到遥远的地方（廓土遐畿）。我们世世代代每年都向您朝贡，不敢有所懈怠（累叶朝宗，不愆于岁）。微臣虽然身份低下，而且愚笨（臣虽下愚），却谨记先祖的教导，希望率领属下臣民，归顺陛下所代表的天的中心（天极，具体指建康）。

稻荷山铁剑铭文中出现的治天下大王获加多支卤与《宋书》记载中的倭王武的形象，竟然存在这么大的差异。这是为什么呢？

倭国与天下

古代日本中华意识的形成

获加多支卤一方面自称为“治天下大王”，另一方面却向宋称“臣”，为什么会出现这样的区别呢？比倭五王向南朝宋遣使稍晚，小野妹子在隋代作为遣隋使前往中国的时候，曾向中国的隋炀帝递交了如下内容的著名国书：

……日出处天子致书日没处天子无恙（《隋书·倭国传》）

这里出现的“致书”一词，是在向对等关系国家呈送书信时使用的特殊用语，另外，“天子”一词是承接天帝命令统治天下的皇帝的别称。在遣隋使所呈送的国书中，当时的倭国使用了这样的外交表述，相当于向隋宣告倭国国王也是承受天命而统治天下的皇帝。

据《隋书·倭国传》的记载，在607年小野妹子赴隋之前于600年来到中国的倭国使者，在听到隋炀帝的父亲隋文帝关于倭国风俗的询问时，曾作如下回答：

……倭王以天为兄，以日为弟。

也就是说，当时倭国使者说的是，倭国王比“天子”的级别更高，相当于天子的叔父。

大家都知道倭国大王后来号称“天皇”。“天皇”位居“三皇”（天皇、地皇、人皇）之首，是中国远古时期天子的称号，即“天皇”也是相当于统治天下的皇帝之意的用语。了解了这层背景，我们就能明白从“汉委奴国王”作为中国皇帝臣下的王号起，古代日本经过“治天下大王”、“天子”的称号，确立了以“天皇”为顶点的体制。

换言之，古代日本以“天皇”为顶点，从大化革新后采用只有中国皇帝才能使用的年号，模仿中国体制，在倭国国内推行有别于中国的独特法律体系（律令），一步步建设成古代律令制国家。

这一系列的举措显示了古代日本在导入中国政治思想的同时，在自身内部亦构造出一个以自我为中心的“中华”世界，形成了中国式的中华意识。

如此看来，获加多支卤大王时期在倭国国内使用“天下”，乃是我们今天回溯古代日本中华意识形成的最早始发点。换言之，在倭奴国王和卑弥呼的时期，日本作为中国皇帝的臣子加入了其国际秩序。可以想见，尽管获加多支卤大王也作为倭国王继承了原有的路线，加入了以南朝的中国皇帝为中心的国际秩序中，却又同时希望脱离这一体制，追求自立。后来到了遣隋使阶段主张与中国皇帝对等而使用“天子”称号，可以认为是与获加多支卤时期以来的这种自立趋势一脉相承的。

获加多支卤时期倭国的天下观

话说回来，获加多支卤所使用的“天下”，原本指的是哪个地域呢？考虑到像织田信长的“天下布武”的说法那样，“天下”这个词在后世的日本使用时仅限于指日本国内，那么获加多支卤的“天下”，也可认为其具体地域指的是倭国国内。

然而，正如前述《宋书·倭国传》所记载的，获加多支卤大王对中国皇帝说道：“东征毛人五十五国，西服众夷六十六国，渡平海北九十五国。”这里的“毛人之国”、“众夷之国”、“渡平海北之国”与倭国之间到底是什么关系并没有明确说明，仅就他实际上被认定是“治天下大王”以及《宋书·倭国传》的字面意思而言，很自然地应该认为获加多支卤的“天下”具体也包括了毛人五十五国、众夷六十六国和渡平海北的九十五国。

不过，在平定各国的文字之后，又说“王道融泰，廓土遐畿”，说明获加多支卤大王在面对中国皇帝的时候，也认为这些国家和倭国都在中国皇帝统治的范围内。

只是在现实中，这些地域是包含在获加多支卤所构想的“天下”之内的，这么说大概不会有错。这里我们必须注意以下几点：

①倭五王的第二位——珍自称为“都督倭、百济、新罗、任那、秦韩、慕韩六国诸军事、安东大将军、倭国王”。（这一自称未得到宋朝承认。）

②倭五王的第三位——济在位时，宋朝允许倭国王自称“都督倭、新罗、任那、加罗、秦韩、慕韩六国诸军事、安东将军”。

（然而，宋朝并不承认倭国所希望的对百济的军事权和安东大将军称号）

③倭五王的第五位获加多支卤（中国名为“武”）在位时，自称对包括上述六国加上仍然未得到宋朝承认的百济一共七国拥有军事权和安东大将军的地位。随后，获加多支卤在宋顺帝升明二年（478）遣使之后，虽然对百济军事权仍未获得承认，却被授予安东大将军的称号，被封为“都督倭、新罗、任那、加罗、秦韩、慕韩六国诸军事、安东大将军、倭国王”。（以上内容均出自《宋书·倭国传》。）

89 高句丽好太王碑

在当时的中国，一旦被任命为上面所见的“都督……（国名、地区名）……诸军事”，即被授予了对“都督”和“诸军事”中间的地区的军政权。另外，以中国为中心来看，安东将军意味着被授予控制中国东部领域权限的将军，安东大将军则是比安东将军更高一级的将军称号。古代倭国之所以不断要求获得比“将军”更高的“大将军”称号，是因为高句丽、百济已早早被宋朝封为与“安东”同样概念的征东大将军、镇东大将军。

换言之，当时的倭国与高句丽、百济围绕着朝鲜半岛的权益进行着种种竞争，为了在这样的竞争中确保对朝鲜半岛南部地区的优先权，倭国便努力争取获得当时东亚国际政治秩序的一大中心——南朝对其军政权的承认。后来在获加多支卤的时候，终于从中国获得了对除百济地区以外的军政权的承认和大将军的官位。

如此看来，获加多支卤大王时期的“天下”，具体而言应该是指安东大将军倭王武的势力以某种形式所能达到的，包括倭国、新罗、任那、加罗、秦韩、慕韩等六国地区。而且，尽管对百济的军政权到最后都未能得到南朝宋的承认，但考虑到“治天下”这个词的含义，以及倭王武自称为包括百济在内的七国都督（上述③），可以认定当时倭国的获加多支卤作为“治天下大王”而君临或说希望君临的“天下”在现实中亦包括百济在内，这样的推断大致不会有错。

倭国视野中的“天”

前面在讲到遣隋使的时候，我们曾提到倭国王自称为“天弟”、“天子”。另外，在著名的好太王碑文中关于高句丽建国神话的部分，对高句丽建国的起源有如下记载：

> 惟昔始祖邹牟王之创基也，出自北扶余天帝之子。母河伯女郎，剖卵降世。……言曰：我是皇天之子。

这里出现的“天”指的是什么？这里“天帝”的“天”、“皇天”的“天”，尽管同样是“天”字，显然其意思是“以高句丽为中心的天”，而与中国所使用的、相对于中国皇帝而言或以中国为中心的天并不相同。另外，如前所述，“天下”这个概念指的是天底下广阔的地面世界整体，本来就不是一个具有界限的领域概念。

有鉴于此，我们可以认为“治天下大王”等说法中出现的“天”，原本就是“以倭国为中心的天”，在这种“天”的概念下形成的“天下”，本来并不是一个领域概念。这与中国的观念之间只存在如下的区别：一方是以中国为中心的“天下”，另一方则是以倭国为中心的“天下”。

换言之，获加多支卤大王时期的倭国，在参加中国的世界秩序时作为中国的臣子承认其世界秩序。不过，在以本国为中心的立场上，在理念上则根据“以倭国为中心的天”的思想设定“天下”的概念，在现实的层面将“天下”设想为包括倭国和朝鲜半岛南部的周边诸国在内的领域。

这样一来，当我们回溯至例如卑弥呼时期的日本，就会产生这样一个问题：当时如何看待“天”和“天下”的概念？由于不存在能够弄清这一问题的史料，我们这里只能进行推测。首先的问题是，在卑弥呼时期的日本当政者对原本“天”、“天下”等源自中国的政治思想中的概念能有多深的理解？就我的研究而言，我认为当时日本的当政者大概未能充分理解这种政治思想，也许都不知道存在“天”、“天下”这种源于中国的思想。

不过，根据《魏志·倭人传》的记载，卑弥呼常常使用鬼道迷惑民众。如果这个记载属实，那么卑弥呼大概曾通过萨满手段实施政治、宗教性质的行为。可以想见当时存在他们所供奉的某种形式的“天”。但是，卑弥呼的“天”与中国的“天”差别很大，因此，可以认为作为派生概念的“天下”，尚未被倭国接受。

通过魏晋南北朝时期的文化传播，以汉字为中心的中国文化逐渐传到日本。在这个过程中，中国的“天”和“天下”的意义也逐渐被倭国民众所理解，到了获加多支卤时期，便产生了“治天下”的概念。

另外我们在前面讲到，在遣隋使小野妹子之前去到中国的倭国使者，在回答隋朝开国皇帝隋文帝的问题时说：“倭王以天为兄，以日为弟。”《隋书》接着还记载了倭国使者与隋文帝的如下交谈：

> 天未明时出听政，跏趺坐，日出便停理务，云委我弟。高祖曰：“此太无义理。”于是训令改之。（《隋书·倭国传》）

“天弟”、“日兄”这样的说法，比作为天帝之子的中国皇帝的地位还高，实在让文帝感到不合道理。

在这次600年的遣使之后，倭国到了607年以小野妹子作为遣隋使的时候，倭国王在其国书中已经舍弃了“天弟”、“日兄”的说法，而是自称为“天子”。出现这种变化的原因是什么？单从词语本身来看，这种变化一改家族关系中处于长辈地位的“天弟”，而降格变成了“天子”。那么倭国为什么会出现这种变化呢？我们只能认为，这其中反映了600年遣使时隋文帝与使者之间问答的结果。因为根据《隋书》的记载，文帝指出倭国王自称“天弟”、“日兄”不合道理，于是向倭国使者发出更改的训令。

在外交场合中，607 年的使节不可能在交涉时竟然连 600 年遣使时出现的问题一无所知。可以认为，607 年的遣隋使在针对 600 年的遣隋使所发生的问题定好应对之策后，才与隋朝进行交涉。换言之，可以认为倭国考虑到隋文帝指出“天弟”、“日兄”不合道理而训令更改的意图，同时亦为了贯彻本国的主张，经过一定的判断，决定在 607 年遣使时使用“天子”的自称。

我们认为，这时倭国采用“天子”和“致书”等措辞、主张与中国在政治上的对等，说明到了遣隋使的阶段日本对中国政治思想的理解与以前的时期相比已经有了很大的进步。然而，当我们仔细地研读遣隋使相关的史料之后，发现即使到了这个阶段，日中对于“天”的理解仍然存在着相当的差异，正如倭国在“天未明”中的使用那样，“天”与太阳关系非常紧密，而中国的“天”则与革命思想联系在一起。

第十章

中华世界的扩大与“新”世界秩序

古代东亚与日本的关系

世界秩序的相互克制

在上一章，我们探讨了倭国在魏晋南北朝时期的国际关系中古代国家的形成过程。我们捋清了在这个过程中，古代日本逐渐接受了中国的政治思想，从一开始采用作为皇帝臣下的王号，到使用“治天下大王”、“日出处天子”等称谓，最终创制年号，建立了以皇帝的别称天皇为顶点的律令体制，一步步形成了中华意识。另外，我们在本书的开头提过一个问题：为什么在这个过程中，日本的奈良即平安时期的首都——京都会以中国的王都洛阳为名？我们还指出，这与古代日本的中华意识的形成不无关系。

在本章中，我们将论述这种现象并非只在古代日本出现，同时代的高句丽、百济、新罗等古代朝鲜国家，也产生了类似的情况。另外，我们将探讨出现这种现象的渊源，指出在魏晋南北朝时期，魏晋南朝继承自汉代的世界秩序与承载此前华夷关系演变的五胡十六国、北朝、隋唐所担负的世界秩序之间的相互克制，并且经由隋唐帝国实现前者向后者的转化。在此基础上，作为本书的结尾，我们将阐明在古代日本形成的中华意识也是这一历史大趋势的组成部分，揭示出本书书名中的“中华的扩大”的涵义。

高句丽的中华意识

三国时期魏国灭掉了割据于辽东的公孙氏势力之后，为了确保新的领土，于244年派遣将军毌丘俭到辽东，讨伐辽东背后的高句丽。在魏国的攻击下，原在朝鲜北部发展国力的高句丽遭到沉重打击，国都沦陷，国王亡命。三世纪下半叶起随着魏晋交替，晋的国力衰退，中国势力对辽东控制的渐弱，高句丽趁机再次开始扩张。终于在313年攻陷了自西汉以来长期作为中国王朝控制朝鲜半岛的根据地而发挥作用的乐浪郡，成功将生产力丰富的西北朝鲜地区以及居住在当地的汉人收归治下，其势力急速增强。

此后，高句丽与不断在朝鲜南方扩张势力的百济之间展开激烈的争斗，到了历史上著名的好太王时期（391—412），高句丽王开始自称“太王”，并使用永乐为年号。使用年号等措施，说明高句丽在国家形成过程中，以中国政治制度为一种范本。好太王去世后，继位的长寿王于414年为了颂扬父亲的功绩，建造了著名的好太王碑。好太王碑第一面记述了高句丽的起源：“惟昔始祖邹牟王之创基也，出自北夫余天帝之子。母河伯女郎，剖卵降世。……言曰：我是皇天子。”这里使用了“皇天”的说法，值得注意。因为如前所述，这里出现的“天”并非“以中国为中心的天”，而是“以高句丽为中心的天”。另外，好太王碑中还记载了高句丽的始祖邹牟王是天帝和河伯之女所生的剖卵降世的儿子，说明高句丽具有其独特的神话世界。高句丽的神话当然跟中国没什么关系，因此可以认为，碑文中出现的“天”的内容与中国的“天”大不相同。

然而另一方面，我们也要注意到，这个高句丽的神话世界却使用了源自中国的“天帝”、“皇天”等词语进行描述。因为高句丽的神话世界通过了中国思想的过滤处理，从中折射出高句丽接受了中国文化、并借用中国的词语描述本民族神话的一面。

另外，在好太王碑第一面还可以看见“百残（指百济）、新罗旧是属民，由来朝贡”，第二面还有“跪王自誓，从今以后，永为奴客。太王恩赦”，据此可以认为，高句丽的政治体制是以高句丽王为中心的“朝贡、跪王”体制。

高句丽对中国政治思想的接受

从高句丽使用“跪王”、“奴客”等独特用语来看，中国的“朝贡”这一政治用语与当时高句丽的“朝贡”并非完全相同。然而，这里我们要注意的是，建造好太王碑时的高句丽用“朝贡”这个词语描述他们与百济这些附属势力的关系。此前好太王碑的研究者都将这种词语的使用视为当然，而并没有对“朝贡”这一起源于中国的政治用语在中国以外的朝鲜地区使用这一奇怪现象本身具有什么意义进行探讨。然而，使用这一词语至少说明，尽管当时高句丽存在“跪王自誓”等独特的隶属礼仪，但他们也根据中国的政治思想，将自己与百济、新罗等的关系界定为“朝贡”关系。

另外，从好太王之子长寿王时期担任北扶余地方官的牟头娄的墓中出土的墓志中，出现了“天下四方”的说法。换言之，基于中国政治思想的高句丽国家、高句丽社会的形成趋势，仍持续至好太王之子长寿王时期，并将“天下”的概念引入高句丽（不过，对“天下”这个概念的接受也许可回溯至更早的时期）。

另外，在建于五世纪末的朝鲜忠清北道中原郡的高句丽入侵新罗的纪念碑——中原碑中，可以看见“东夷寐锦”（当时本地人对新罗王的称呼）、“赐寐锦衣服”等说法。高句丽本身便被中国视为“东夷”，而他们称新罗为“东夷”、赐以衣服等行为，却不能理解为高句丽接受了中国的这种看法，并将之用在对待同属于中国眼中的“东夷”而前来归附的新罗身上。这是因为，如前所述，高句丽使用了年号和“天下”这一用语，已将自身置于“中华”的地位上。即从这个时候高句丽以自己为“中华”的立场来看，可以认为他们已经将新罗视为位于本国东方的“东夷”（而非中国的东夷）。

然而，高句丽王一方面自称太王，另一方面却又向中国遣使，请求将自己视为臣下的中国王朝赐予将军称号和王爵（494 年、

496年)。这种举动与倭国王向南朝宋派遣使节、请求中国王朝赐予官爵的情况相同。我们认为此举亦有助于促进中国政治思想在高句丽的扎根。我们必须充分注意这个时候高句丽的中枢积极采用这一路线,促使其国家形成的做法。

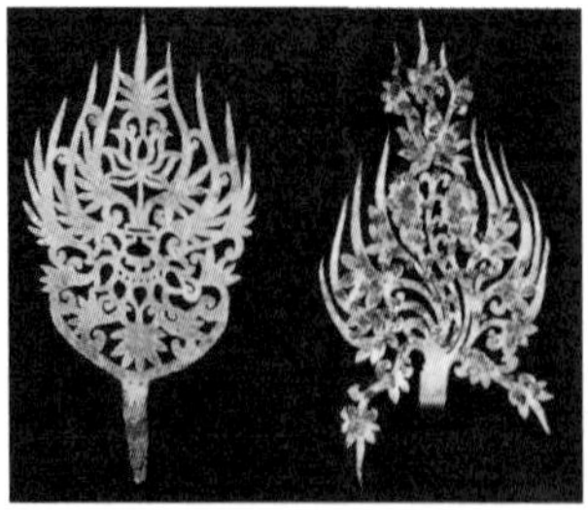

90 百济武宁王金冠　韩国忠清南道公州出土

换言之,从高句丽采用基于中国政治思想的年号、采用"朝贡"体制、对"天下"的认识等来看,可以说高句丽先于古代日本,开始形成了以高句丽为中心的"中华意识"。

百济的中华意识

从三韩之一的马韩中兴起的百济,在其国王近肖古的时期(371)曾一度攻破高句丽首都平壤,显示出强大的威势,不过到了阿华王这一代,则遭受挫折,如前所述,以奴客的身份向高句丽太王下跪(396)。此后,尽管在475年由于遭到高句丽的攻击而濒于亡国,不过随后又重整旗鼓,再次复兴,百济王于495年向南朝齐遣使,请求中国王朝赐予对其治下的将军称号和王爵,就像高句丽、倭国一样。

百济王曲线请求中国赐予爵位,成了国内的王中王,即实际上的"大王",这说明和古代日本出现的"大王"称号和"天皇"称号、高句丽出现的"太王"称号一样,百济也出现了同样的趋势。据成书于南朝梁代的《梁职贡图》记载,当时百济统领着叛波、卓、多罗、前罗、斯罗（新罗）、止迷、麻连、上已文、下枕罗等诸国，这说明百济的发展情形与古代日本、高句丽相同。

新罗的中华意识

新罗原是高句丽的属民（好太王碑第一面），到了六世纪初，根据503年建立的迎日冷水新罗碑的记载，至都卢葛文王自称智证王，根据524年建立的蔚珍凤坪新罗碑的记载，牟即智寐锦王自称法兴王，就这样新罗王自称带有佛教色彩的中国王号。另外，凤坪新罗碑还记载了新罗为了让本国攻取的地盘上的高句丽旧民不违背新罗王的命令，要求他们对“天”发誓。这里的“天”与倭国、高句丽的情形一样，显然是指“新罗的天”。然而，新罗一方面在南朝梁的普通二年（521），随同百济一起到南朝朝贡，并以此为契机，加深与中国的交涉，最终被中国王朝封为新罗王、乐浪郡公等官职，与倭国、高句丽一样，成为中国的册封国。

另外，在法兴王廿三年（536），首次创建新罗本国的年号，以536年为建元元年。也就是说，在536年新罗也开始使用在中国的政治思想中只有中国皇帝才能使用的年号。这与高句丽采用永乐年号相较晚了一百多年，却比日本的大化年号早了一百多年，这在考察新罗的中华意识形成过程时具有重要的意义。

然后，到了后来，新罗向奈良时代的日本派遣使者（735），由于使者将本国称作王城国，被日本驱赶回去。

“王城”并不是指由中国皇帝册封的新罗王的城，而是指天子的都城。在中国古代，方千里的王畿外围，按顺序设定侯服、甸服、男服、采服、卫服、蛮服、夷服、镇服、藩服等九个区，侯服每年一朝、甸服两年一朝、男服三年一朝，采服四年一朝……

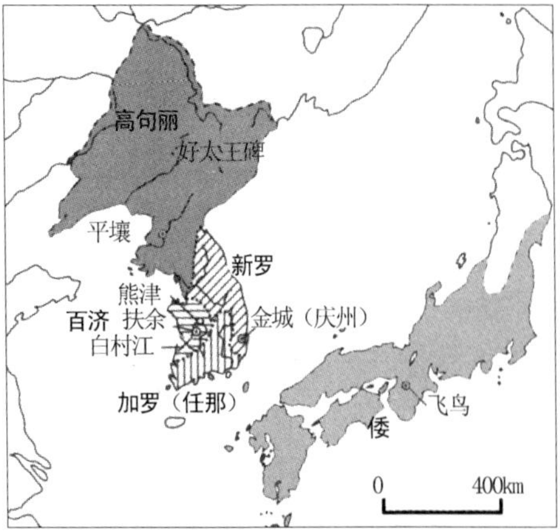

91 古代朝鲜、倭国图

以此类推，向天子朝贡，而位于天下正中，是天子居住的“王城”。将这个制度与新罗自称王城国结合在一起考虑，我们可以知道新罗在八世纪上半叶，曾向日本自称“天子之国”。正因为如此，已确立了日本版的中华意识的奈良朝时期的日本，这才把新罗的使节逐回本国。这说明，新罗也跟高句丽和古代日本一样，逐渐形成了中华意识。

古代日本、朝鲜的中华意识形成的先驱

五胡中华意识的形成

如上一节所述，在古代朝鲜的高句丽、百济、新罗等各国，也出现了与上一章我们分析的中华意识在古代日本形成过程相同的现象。对中华意识在

包括倭国在内的各国形成的过程进行比较，我们会发现建造于五世纪初的好太王碑上出现了高句丽独创的年号，而其他各国都在稍晚之后才开始同样的行动，可以认为在这些国家中，最早出现中华意识形成趋势的是高句丽。那么，能否说高句丽就是这些现象的渊源呢？这一节我们将对这一点进行探讨。

中华意识在高句丽和倭国形成发展的时期，正是我们前九章所论述的五胡入华所展现的东亚动乱的年代。在这段时期，产生了文明圈规模的大量的人口流动，甚至连朝鲜、日本也受其影响。这些动乱的中心位于中国的华北，那里胡族和汉族之间一次又一次地展开了激烈的攻防大战，对此我们前面已进行了考察。

五胡十六国时期一开始的时候，汉族人主张的思想是："自古诚胡人而为名臣者实有之，帝王则未之有也。"换言之，胡族不能成为中华世界的帝王，最多只能为汉族服务而成为"名臣"，这是一种歧视性的言论。另一方面，胡族反驳说道："夫帝王岂有常哉？大禹出于西戎，文王生于东夷，顾惟德所授耳。"他们主张胡族也可以成为中华世界的帝王。

于是尽管一开始有些胡族的君主对是否自称皇帝而踌躇，但总的趋势是，他们向着采用皇帝称号的方向奋勇前进。我们必须注意的是，存在这种采用皇帝称号的趋势，说明他们接受了中国的政治理念，逐渐形成了一种将自己放在中华世界正统位置上的意识。

这种尽管身为胡族却将自己视为中原正统、中华正统的趋势，也逐渐表现在将自己的军队（即胡族军）称为“王师（即天子军队）”的话语形式上。

另外，刘裕在五世纪初建立宋朝前夕、作为东晋的将军进攻据于山东半岛的鲜卑慕容部建立的南燕政权时，南燕的皇帝慕容超聚集群臣商讨御敌之策。南燕大将公孙五楼进言道：“东晋军敏捷而果敢，我们应该先发制人，发动攻击。”慕容超没有采纳这个建议，而是固城自守。这时慕容镇对南燕尚书韩謔说道：“主上决定固城自守……今年国家灭亡，我一定死战到底。但你们中华之士又要重新被文身了。”（《晋书·慕容超载记》）这充分说明，当时慕容鲜卑已将自己视为中华。

这里出现的“文身”让人想起南方野蛮人（南蛮）的风俗“被发文身”，也就是说，定都江南的东晋就是这样的南蛮。而从南燕的统治下被编入东晋的统治下，就是从“中华”陷入“文身”的境遇。

存在这种话语，说明尽管慕容镇是鲜卑族人，其国家南燕是胡族所建立的政权，他们却以“中华”自居，而将汉族王朝东晋视为“南蛮”国家。

北朝的中华意识

这种倾向在五胡十六国时期的其他各国中也可以看到，到了后期，更是显示出进一步发展的势头。

在记录北魏时期洛阳情景的《洛阳伽蓝记》一书中，有这样的记述：在流经洛阳的伊水和洛水之间，在皇帝御道两边有接待东西南北外族使节的四夷馆。路的东边有四馆，名为金陵、燕然、扶桑、崦嵫。路的西边有四里，名为归正、归德、慕化、慕义。[16]

这段文字记录了鲜卑拓跋部所建立的北魏政权在迁都后，在都城洛阳设置了“四夷馆”和“四夷里”，正如归正、归德、慕化、慕义等用词的寓意那样，北魏给馆和居住区起的名字，表达了周边四夷仰慕北魏的正义、帝德和王化，纷纷慕名前来都城洛阳朝贡的愿望。

也就是说，这种安排说明鲜卑这个在汉族的中华思想看来不过是夷狄的外族所建立的北魏，却将自己放在中华的位置上。

另外，记录北魏历史的《魏书》将南北朝时期与北魏相对峙的南朝建国者分别称为“岛夷刘裕”、“岛夷萧道成”、“岛夷萧衍”等，将他们称为居住在长江以南一个岛上的夷狄，这种现象也可以看成是中华意识的一种体现。

将这些情况与我们上一章、上一节论述的情况（即古代日本出现了中华意识的形成；高句丽、百济、新罗也出现同样的趋势；并且从使用年号、太王称号来看，可以认为高句丽是这些趋势的先驱）进行比较时，在五胡所建立的华北各朝中中华意识的形成，尽管在时间上也有一部分与古代朝鲜、日本形成这种中华意识的时期相重合，但显然比古代朝鲜、日本的这种趋势先行一步。

换言之，朝鲜、日本的“中华”意识的形成，乃至本书开头

“前言”部分讲到的日本将京都称为洛阳的现象，不仅与古代日本、朝鲜等各国中华意识的形成有关系，而且在渊源上与五胡等非汉民族所萌发的“中华”意识起源有关系。

中国的巨大影响

我们这里需要明确的是，这种“中华”意识正如其表现在皇帝尊号、天下、年号、中华和夷狄等概念之上一样，其形成终归脱离不了传统中国政治思想的框架。尽管我们认为五胡入华使中国陷入了前所未有的混乱，但从中也可以重新看到此后中国对各国所产生的巨大影响。

在考察中国的巨大影响时不应忘记的是，中国在南北朝时期将军的任命制度。在将军作为一种实际职务而非虚号时，将军下设一整套官僚机构，由长史、司马、参军（长史主持将军府内的行政事务、司马和参军掌管府内的军事）等各种官吏组成。这个机构当时称为“府”、“军府”，设置“府”则称为“开府”。同样的情况也出现在古代日本、朝鲜的王接受中国册封、被任命为将军的场合中。下面我们分析一下这种现象具有什么意义。

倭五王的第一位倭赞于元嘉二年（425）向南朝宋派遣使节司马曹达（《宋书·倭国传》）。“司马曹达”可以理解为姓“司马”、名“曹达”，但实情似乎不是这样的。因为倭王赞曾两次向南朝遣使，在元嘉二年的前四年即永初二年（421）也曾派遣使节，当时宋朝皇帝刘裕向倭赞下诏，其中对倭国跨越万里波涛的遣使行动表示赞赏，“可赐除授”。

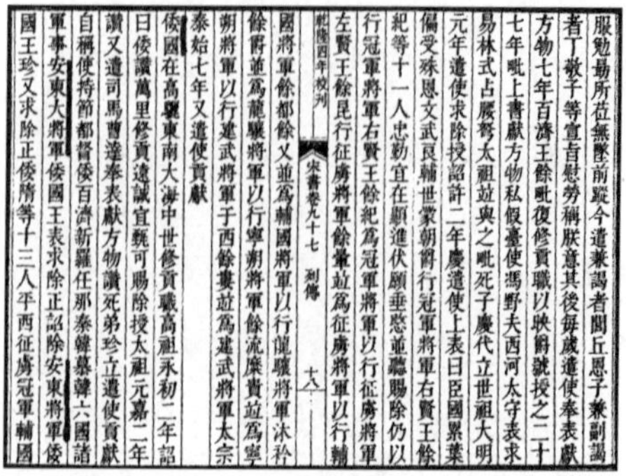

服勉昜所莅無墜前蹤今遣兼謁者閭丘恩子兼副謁
者丁敬子等宣旨慰勞稱朕意其後每歲遣使奉表獻
方物七年百濟王餘毗復修貢職以映爵號授之二十
七年毗上書獻方物私假臺使馮野夫西河太守表求
易林式占腰弩太祖並與之毗死子慶代立世祖大明
元年遣使求除授詔許二年慶遣使上表曰臣國累葉
偏受殊恩文武良輔世蒙朝爵行冠軍將軍右賢王餘
紀等十一人忠勤宜在顯進伏願垂愍並聽賜除仍以
行冠軍將軍右賢王餘紀爲冠軍將軍以行征虜將軍
左賢王餘昆行征虜將軍餘暈並爲征虜將軍以行輔

乾隆四年校刊　宋書卷九十七　列傳　十八

國將軍餘都餘乂並爲輔國將軍以行龍驤將軍沐衿
餘爵並爲龍驤將軍以行寧朔將軍餘流麋貴並爲寧
朔將軍以行建武將軍于西餘婁並爲建武將軍太宗
泰始七年又遣使貢獻
倭國在高驪東南大海中世修貢職高祖永初二年詔
曰倭讚萬里修貢遠誠宜甄可賜除授太祖元嘉二年
讚又遣司馬曹達奉表獻方物讚死弟珍立遣使貢獻
自稱使持節都督倭百濟新羅任那秦韓慕韓六國諸
軍事安東大將軍倭國王表求除正詔除安東將軍倭
國王珍又求除正倭隋等十三人平西征虜冠軍輔國

92《宋书·倭国传》 可看到有安东将军、安东大将军的文字

可以认为正是这个时候倭赞获封安东将军、倭国王的官爵，那么也可以断定，安东将军府设置了“司马”这一官职。另外当时与倭国一样向南朝派遣使节、受封镇东大将军的百济王，向中国派遣了长史高达、司马杨茂、参军会迈等将军府的属官（《南齐书·百济传》）。注意到这些情况，我们可以说“司马曹达”确应是“担任司马一职的曹达”。

原来就有的长史、司马、参军等，到了魏晋南北朝时期突然成了重要性大增的中国内地地方军政官。倭国、朝鲜等各国被中国各朝封以安东将军、镇东将军等基于中国本土中华思想（维护中国东部的安宁、镇守中国东部）的将军称号。那么，在这种情形下，长史、司马、参军等官员便具有作为这些将军府属官的特征。这说明日本、朝鲜的古代国家在建国初期进行的国家建设中，以中国的国家制度作为一种范本。

征夷大将军与中华意识

众所周知，日本出于征伐虾夷的目的，设置了征夷将军、征夷大使等官职，后来在此基础上发展成最高位阶的武官——征夷大将军。征夷大将军开了“幕府”（开府），而“征夷”这一用语则源于以京都为中心的日本征伐位于其东方的夷狄（东夷）虾夷。

另外，这里的“东夷”这个说法，绝不等同于倭五王的最后一位、安东将军倭王武在上表宋顺帝时表述的那种意识：自己的祖先在东夷的地域不懈努力，“东征毛人五十五国，西服众夷六十六国，渡平海北九十五国，王道融泰，廓土遐畿”。

93 南蛮屏风　南蛮是日本在中世纪时用于称呼东南亚各地的用语，随着欧洲人航海到来，这个词具体所指也发生了变化

按说这也是理所当然的。在“征夷大将军”的表述背后，包含着与前述“天下”的用语在日本的改版——本来以中国为中心而产生的“天下”思想转换成以日本为中心的概念——一样的概念转换。将虾夷视为东夷，与前述将京都称为洛阳以及古代日本通过对中国政治思想进行改版的形式而形成了中华意识，三者均具有相同的渊源。

另外，众所周知，日本人在此后更晚近的安土桃山时期，使用“南蛮”（原本对居住在中华世界南方的野蛮人的称呼）称呼来到日本的葡萄牙人和西班牙人。江户时期末年驱逐外来的外国人时还打出了“尊皇攘夷”的口号。从这种认识世界的观念中，可以看出本章所论述的、受古代中国国家制度的影响而形成的思维方法，如何经过长时间的跨度仍持续对日本产生影响。

中国政治思想的传播

传播中国政治思想的人士

前面我们论述了古代朝鲜、日本以及五胡各国家中华意识的形成。既然都根源于中国的政治思想，那么自然这种思想或制度就必定是通过某些方式向各个民族传播的。有人认为，周边的这些民族通过阅读中国的书籍引进了中国的思想和制度。

然而，我认为将中国的思想或制度传播到周边各民族的人士，基本上是中国人，或者是深受中国文化影响的人。众所周知，这段时期由于五胡的入侵，包括东亚、北亚、东南亚、西域在内的广阔地区出现了人口大流动。其中心是华北，躲避战乱的人们在华北境内移动，进而越出华北，向上述东西南北各地区迁移。这是与邪马台国的卑弥呼同一时代登上历史舞台的鲜卑拓跋族始祖神元皇帝拓跋力微去世不久发生的事情：“始祖（力微）崩后，（操）与从子雄及其宗室乡亲姬澹等十数人同来归国，说桓㐌穆（猗卢）二帝招纳晋人，于是晋人附者稍众。桓帝嘉之，以为辅相，任以国事。”（《魏书·卫操传》）这段文字记载了躲避战乱的一部分

94 冬寿墓中的壁画

中国人翻越长城，流入鲜卑族建立的国家（代国）的事情。尽管这段时期最大的一股移民、难民流是从华北涌向江南，自然这种大迁移也波及朝鲜半岛。

投奔高句丽的冬寿便是其中一个例子。正如本章开头所述，313 年高句丽占有了乐浪郡。然而，有许多原本居住在乐浪郡的汉人和官员仍然留居当地。从乐浪郡的原址发现的壁画古坟中有一座安岳第三号坟。这座古坟中有这样一段文字："永和十三年（357）十月戊子朔廿六日癸丑，使持节、都督诸军事、平东将军、护抚夷校尉、乐浪相、昌黎、玄菟、带方太守、都乡侯，幽州、辽东郡、平郭都乡、敬上里冬寿，字□安，年六十九薨官。"这是被封为使持节都督的冬寿这个人的墨书墓志铭。我们认为，此冬寿与《资治通鉴》中所记载的"曾为慕容皝部将，奉命进攻慕容仁，被慕容仁打败后投降，并于 336 年逃亡高句丽"的冬寿是同一个人。换言之，冬寿的例子与前面逃亡拓跋部被任命为国相的卫操一样，可以说都是汉族难民在非汉族国家得到重用的事例。

"部"的制度

在高句丽、百济、新罗、倭国的国家制度中，都有共通的"部"的制度。具体而言，高句丽有称为消奴部、绝奴部、顺奴部、灌奴部、桂娄部的五部制度，百济有上部、前部、中部、下部、后部组成的五部制度，新罗有梁部、沙梁部、牟梁部、本彼部、汉岐部、习比部等组成的六部制度，而日本有部民制。

那么，为什么在高句丽的五部、百济的五部、新罗的六部和日本的部中都会出现同样的“部”的用语呢？是否只是为了表达“分类”的意思而出现了表述的一致呢？然而，如果对古代分处不同地区的各国出现这种表述一致的现象作出这样简单的解释，则未免失于粗浅。现有的定论认为，“部”在各国的表述一致，说明了相互之间有某种关联。我认为这与我们前面所说“传播中国政治思想的人士”的问题是连在一起的，我们就此稍作展开。

高句丽的五部与单纯的划分或表示部族、氏族等血缘地缘集团之意的“部”相比，具有较为不同的特征。高句丽的五部带有明显的军事以及行政区划的特征，归属于部的人几乎都集中居住在国都及其周边。百济的五部、新罗的六部也带有明显的军事、行政区划特性，实际上这种体制在其鼻祖中国也存在。北魏的八部制便是其中的一个例子。

正如第三章所述，北魏在建国后，将所属各族都集中迁到当时的国都平城周边，并将他们重新编入八个特别行政区（八部），建立了以北魏国军为核心的体制。这种体制是否由北魏独创，需要进一步深入研究，我则认为这种体制亦存在于北魏称霸中原过程中所灭掉的后燕及其上一代前燕两朝中。

古代日本、朝鲜各国中“部”的制度互有关系——基于这种现有的观点，如果我们以探讨日本中华意识的渊源时所采用的相同视角进行考察，就会发现古代日本、朝鲜各国的“部”的渊源与高句丽的五部制有关。高句丽五部的名称中出现的“奴”，在古代朝鲜意为“原始的小国”，那么消奴部、绝奴部、顺奴部、桂娄部后面所带的“部”字，则是跟在意为“原始的小国”的“奴”字后面的用语，“部”大概就相当于“奴”的汉语表述吧。

另外，高句丽在五世纪初的时候，将首都从原来的国内城南迁至平壤，当时将此前血缘关系浓厚的五部制重组为基于方位的东西南北内部等五部。一般认为这种改变受到了毗邻的鲜卑族所建立的强大燕国的影响。

“部”这一用语具有如此背景，从中可以看出当时存在这样一种概念：在高句丽五部制出现前夕的东亚，“部”并不只是单纯的划分，亦不仅仅是指血缘、地缘集团，而具有军事、行政单位的意义，其成员在王权的命令下聚居在特定的区域，而且还出现了根据方位进行划分的体系。

这样一来，也许就会有人问，将这种概念传播到高句丽的人士都是什么样的人？回答这个问题时，我们都不用想起前面提到的鲜卑拓跋部的卫操、高句丽的冬寿等事例，大概自然会说这些人无非就是对“部”这个汉字表述带有特定印象的人。如前所述，高句丽的五族原本称为“奴”。然而，在后面加上“部”字的，必定是通晓汉语的人。像“消”、“绝”、“顺”、“灌”+“奴”+“部”这样汉语和非汉语表述的混杂现象，在这个时期的史书中频频出现，不胜枚举。

从这样的视角来看，古代日本将“部”念作“be”的读音，是汉语“部”的发音的一种讹变。可以推测，在古代日本负责朝廷记录的百济侨民史部按照百济的习惯，将汉语“部”以及百济人的发音“be”一起传到日本。

换言之，“部”这个用语在当时东亚地区是通用的说法。在倭国、百济以及百济引以为范的高句丽，乃至新罗，都使用这个字，在这些国家中，“部”字要么念成“bu”，要么稍有音变，念作“be”。

《翰苑》与“部”

太宰府天满宫收藏的成书于中国唐代的《翰苑》写本，被列为日本国宝。这本书籍在中国现已失传，是非常贵重的天下孤本。书中有对高句丽五部制的记载：

> 五部皆贵人之族也。一曰内部，即《后汉书》桂娄部，一名黄部。二曰北部，即绝奴部，一名后部，一名黑部。三曰东部，即顺奴部，一名左部，一名上部，一名青部。四曰南部，即灌奴部，一名前部，一名赤部。五曰西部，即消奴部，一名右部，一名下部，一名白部。内部姓高，即王族也。

这段文字记载了具有血缘集团浓厚特性的三国时期的五族（消奴部、绝奴部、顺奴部、灌奴部、桂娄部）在王权的主导下依照方位重新组编为五部（东西南北内部）制之后的情况。其中可以看到，内部和东西南北部的别名黄部、黑部、青部、赤部、白部是根据阴阳五行说的五方色而命名的，这与是什么样的人将“部”的概念带到高句丽的问题之间的关系，引人注意。

根据中国的阴阳五行说，构成世界的五种元素即五行（木火土金水），分别对应于东、南、中央、西、北五个方位。另外，青、赤、黄、白、黑五色也与五行分别对应。日本相扑中的青房（蓝穗子）、白房（白穗子）与颜色的对应也与前面《翰苑》的记述一致。换言之，高句丽的五部制显然受到了五行说的影响。

另外，很难想象高句丽在设置五部制时，首先设置了内部和东西南北部，之后才出现黄部、青部、白部、赤部、黑部等基于五行方色的别称。因为这么一来，我们就不得不承认在古代朝鲜，五个方向的部与五种颜色的部之间，凑巧展现出与中国相同的对应关系。这种偶然的一致，大概不可能是惯例吧。

因此我们可以推测，当时高句丽有一批人理解中国五行思想并将之反映在五部制中，而且理解当时存在于华北的“部”的制度，是他们参与了五部制方案的制订。换言之，结合“部”这个字在东亚各国都念其在汉语中的读音“bu”或与之相近的音这种现象，可以认为这些人就是从中国迁居到高句丽的人（包括其子孙）。

在记述六世纪时期百济情况的资料中，有这样的记载：“都下有万家，分为五部，曰上部、前部、中部、下部、后部，部有五巷，士庶居焉……其人杂有新罗、高丽、倭等，亦有中国人。”（《北史·百济传》）我们不知道百济都中是如何划分士庶的，但

95 乌衣巷匾额　南京市乌衣巷为东晋南朝时期王氏、谢氏等贵族居住的区域，现今为文庙附近，图为当地所悬挂的匾额

在 1995 年 5 月至 6 月对百济后期首都所在地泗沘城的考古挖掘中出土的木简中可见到“西部后巷”的记载，可见上文中出现的“巷”是实际存在的，五巷与五部一样，分为中巷、前巷、后巷、上巷、下巷。

另一方面，同时代的南朝国都建康也有被称为“乌衣巷”的巷。百济的巷制在多大程度上受到建康南朝巷制的影响，其详细情况有待今后的研究，而前述的种种情形可以说都反映了当时高句丽、百济等各国中，存在相当数量的中国人或熟悉中国文化的人。上边引用的《北史·百济传》的末尾说到“其人杂有新罗、高丽、倭等，亦有中国人”，就是一处明证。

另外，迄今为止对在朝鲜发掘的安岳第三号坟（冬寿墓）进行的研究揭示了如下几个事实：汉人冬寿逃亡到高句丽后保持着潜在的势力；这个时期乐浪（平壤）、带方（首尔北面）以及辽东郡的遗民们在本郡灭亡后仍奉立东晋的年号；王姓（日本书纪中记为将汉字传到日本的第一人、从异邦来到日本的王仁也姓王）是乐浪郡的大姓；在《宋书·倭国传》中作为倭王的使者被派遣到宋朝的司马曹达是渡海来到日本的汉人。另外最近的研究表明，与这个时期在中国广泛出现的难民领袖（中国称为“坞主”）

及其所率领的集团相似的人群，在当时的乐浪、带方、辽东各郡也都可以见到。

倭国与百济的上表

古代日本与魏晋南北朝时期东亚的这些变动趋势不可能毫无关系，那么对于日本所受的影响，我们下面根据南朝宋的时期倭王武（雄略天皇获加多支卤）向中国的宋顺帝呈送的上表，对之进一步分析。

《宋书·倭国传》中478年倭国向刘宋的上表原文如下：

> 顺帝升明二年，遣使上表曰：①“封国偏远，作藩于外……王道融泰，廓土遐畿。累叶朝宗，不愆于岁。臣虽下愚，忝胤先绪，②驱率所统，归崇天极。③道径（遥）百济，装治船舫，而④句骊无道，图欲见吞，掠抄边隶，虔刘不已。每致稽滞，⑤以失良风。（数字编号和下划线是为了便于说明由笔者添加。）

这段文字我们已经在上一章中介绍了前面的部分：“陛下封给我的国家（封国）在中国看来地处偏远，在外面修建藩屏……微臣虽然身份低下，而且愚笨（臣虽下愚），却秉记先祖的教导，希望率领属下臣民，归顺陛下所代表的天的中心（天极，具体指建康）。”

在下划线②“归崇天极”接下去的部分，倭王武谴责了高句丽的无道：“要前往宋的国都，必须经过百济，装备好船只。然而高句丽无道，总是袭击我们，杀害我的边民。因此我们派遣使者受阻，错过了借助季风前往中国的季节。”

另外，我们还可以看到与478年倭王武对宋的上表文有关、具有极为重要意义的、472年由与当时倭国关系密切的百济向北魏派遣使者时呈递的另一篇上表文。

> 延兴二年(472)，其王余庆始遣使上表曰："①臣建国东极，④豺狼隔路。①虽世承灵化，莫由奉藩。②瞻望云阙，驰情罔极。⑤凉风微应，伏惟皇帝陛下协和天休，不胜系仰之情。谨遣私署冠军将军、驸马都尉弗斯侯，长史余礼、……司马张茂等、③投舫波阻，搜径玄津，托命自然之运，遣进万一之诚。(《魏书·百济传》)

在百济向北魏呈递的这篇上表文中，百济王说道："微臣在中国的东方建国(臣建国东极)，高句丽如豺狼一样阻隔我们前往中国的道路(豺狼隔路)，我们虽然世代承受王化，却未能前去称臣(虽世承灵化，莫由奉藩)。仰望陛下所居住的高至云霄的宫殿，敬仰之情益发强烈(瞻望云阙，驰情罔极)。凉风吹来(凉风微应)……派遣长史余礼、司马张茂等人，乘船在茫茫大海中搜寻前往中国的路径(投舫波阻，搜径玄津)，将生命托付给自然运气，呈献我们万分之一的诚意。"

很多人都已指出，倭王武向宋顺帝呈递的上表文意思非常通达。不过，这两份上表文的相似之处，此前却没有受到太多的关注。为了分析的方便，我们给从《宋书·倭国传》原文引用的史料和《魏书·百济传》的史料加上了编号和下划线，在“①封国偏远，作籓于外”（《宋书》）、“①臣建国东极”、“①虽世承灵化，莫由奉藩”（《魏书》）以下各自对应部分的叙述都非常类似。

在距离当时1500年漫长岁月的今天，要弄清楚这种类似是什么原因造成的，确实存在相当大的困难。不过，在史料极为有限的这段时期，由相邻的百济和倭国分别于472年、478年这么接近的年份呈递具有如此类似的用语和措辞的上表文，这不能简单地解释为偶然的一致。自然我们会认为，当时两国之间甚至在这种层级上也存在着紧密的关系。另外，这两份上表文都由极为通畅的中文写成，从中我们可以推测当时朝鲜、日本存在中国人或有深厚的中国文化素养的人，并且可以看出这些人之间的密切合作。

旧人与新人

我们在第三章指出，这个时期因战乱而产生了大量的人口流动，我们从这种状况与五胡十六国、北朝史之间的关系的角度，对这种人口流动所带来的变化进行了探讨，并从“旧人”（建立胡族政权、或在该政权的草创时期担负国家重任、以五胡为主体的人士）和“新人”（国家建设以及在国家扩大的过程中被王权所吸收、重用的以汉族为主体的人士）之间的对立、融合的过程，分析了出现在五胡政权中的政治结构。

以非汉族为核心而扩大的五胡政权，随着其统治领域的扩大，逐渐包含了许多新归附的民众。对于志在强化王权的五胡君主而言，笼络新人，尤其是在确立新的国家制度过程中笼络具有宝贵知识的中国知识分子，便具有极为重大的意义。前面说到的拓跋鲜卑始祖、神元皇帝拓跋力微去世之后为拓跋部出谋划策的卫操、姬澹等汉人的事例也是其中的一种表现。朝鲜半岛也出现了同样的现象，前面讲到的高句丽的冬寿便是其中一例。

至于倭国方面的情况，《日本书纪》对推测是《宋书》中的倭王武上表文的执笔者——舶来人史部身狭村主青、桧隈民使博德有如下记载："(雄略)天皇以心为师。误杀人众。天下诽谤言、大恶天皇也。唯所爱宠、史部身狭村主青、桧隈民使博德等。(雄略天皇二年十月条)"对这些舶来人的宠信、或此后陆续来到日本的大陆人进入政界的情况，恐怕也需要以上述的观点进行考察。

在前面的论述中，我认为关于这一时期朝鲜、日本的古代国家建设问题，有必要扩大视野，分析其与在华北建立政权的五胡各国之间的关系。当然不仅是国家建设一个方面，从中国文化的传播这一更广泛的观点来看，这一时期人口的迁移将中国文化传播到江南、福建、云南、贵州、岭南、东南亚、北亚、西域、朝鲜半岛等各个地区。那么朝鲜、日本的古代国家建设问题，便与这一时期人口移动的全貌解析这一更大的问题之间，存在着一定的关联。

顺便说一下，将中国文化传到朝鲜的中国人死后葬在当地，在其墓地出土的砖（黄海道安岳柳城里出土）铭文中，可以看到有“逸民含资王君藏”、“含资逸民王君砖”等文字，这里使用“逸民”的说法引人关注。因为在这个时期的中国史书中收录了很多“逸民”传，在贵族制鼎盛的这段时期的中国，成为“逸民”乃是身为读书人的士大夫的一种理想。正因为如此，上述王氏（大概曾在乐浪郡做官、发挥了重要作用）的墓砖上才刻下了“逸民”的字样。我们也要注意，在中国文化传播的意义上，这种与贵族的生活方式有关的概念，也被传播到朝鲜半岛。

魏晋南朝的世界秩序与北朝隋唐的世界秩序

外臣的内臣化与魏晋南朝的世界秩序

在魏晋南北朝时期，可以看到这样的现象：与中国缔结了册封关系（朝贡关系）的周边各国的君主（即“外臣”）被授予中国王朝的爵位和官职，成为中国王朝的臣子（即“内臣”）。倭国王除了王号以外，还获封将军号、都督号，正是这种现象的一种明确表现。这个时期适逢中国王朝权力弱化，中国王朝考虑到这种情形，力图将周边各国纳入自己的体制中，因此这种外臣的内臣化现象愈演愈烈。

然而，在胡族为首的各民族看来，这是一种与各民族走向独立的过程相并行的趋势。如前所述，五胡入侵之后，北朝不断扩大其版图，而对此深感不安的南朝，则企图形成一个围住北朝的国际包围圈。

南朝的宋时期，便可以看出这种端倪。450 年，北魏世祖太武帝发兵五十万进攻南朝宋。大军抵达长江北岸之时，太武帝给宋太祖发去一封信，信中说道："顷关中盖吴反逆，煽动陇右氐、羌，彼复使人就而诱劝之。……彼往日北通芮芮，西结赫连、蒙逊、吐谷浑，东连冯弘、高丽，凡此数国，我皆灭之。"（《宋书·索虏传》）

然而，随着时局的发展，这个包围圈逐渐分崩离析。上述的 450 年北魏发兵直达长江北岸的南侵，也在这个过程中发挥了重大的作用。

下面我们列举一个事例，来具体看看以南朝为中心的体制的衰退情形。

我们在上一章指出，倭五王时期的山东半岛，作为倭国等东夷诸国向南朝派遣使者时的中转站，具有极为重要的战略意义。我们还论述了 413 年倭国开始向南朝派遣使节，与东晋将军刘裕灭掉鲜卑慕容部所建立的南燕政权、占有了山东地区这一事件不无关系。

然而，到了 469 年正月之后，山东半岛进入了北魏的版图。

北魏从南朝手中夺得山东半岛之后，马上开始在当地经营。时隔一年之后（北魏皇兴四年）在山东新设光州（参考图 42），五年后的延兴五年（475）设置军镇，进一步强化对山东半岛的控制。此后，北魏以此为基地，逐渐严密监控前往南朝朝贡的东夷船只。

因此，甚至还出现了这样的事情：东夷诸国向南朝派遣的使节以及南朝的答礼使被在山东沿海游弋的北魏船舶捉拿。另外，皇兴三年（469）二月末，柔然、高句丽、库莫奚、契丹等北亚、东北亚各国相继向北魏朝贡，这恐怕是作为此前东北亚各国向南朝遣使时的中转站——山东半岛于上一个月陷落而触发的。这从反面说明了山东半岛成为北魏领土对东夷各国有多大的影响。两年之后，高句丽在北魏孝文帝在位时将对北魏的朝贡品增加了一倍，这恐怕也与山东的陷落不无关系。

换言之，在五世纪下半叶，南朝推行旨在以国际合作的方式对北朝实施封锁的政策，然而却在其东部战线中这个连环被切断了。

另外，在南朝与当时西部的吐谷浑、河西走廊的势力以及北方的柔然势力的联络中发挥重大作用的长江上游四川地区，也在旷日持久的南北对抗中，到了南北朝的后半期，最终落入北朝的势力控制下。那是西魏废帝二年（553）的事情，这个时候江南正处于我们第五章所讲到的侯景之乱中。当时身为征西大将军而镇守四川地区的梁武帝的第八子武陵王纪于552年八月率军东下，进逼湖南。

当时湖南地区由武帝第七子湘东王绎（后来的元帝）所镇守，

他担忧自己抵挡不住，于是向北方的西魏求救，请求他们从背后进攻四川。对此，西魏定下征讨四川之计，派遣将军尉迟炯于次年三月起兵。武陵王虽奋力防卫，无奈八月成都陷落，四川被西魏所控制，南朝丧失了对北朝在国际战略上的这一重要据点。

经过这样的南北对峙，最终由北朝最后的王朝隋再度统一中国，南北朝时期落幕。从南朝一方来看，可以说这种结局意味着以南朝为中心的世界体系的崩溃。

北朝扩张、隋唐帝国的出现不仅仅对南朝有影响。正如我们前面讲到的、北魏太武帝发给宋太祖的信中所说的那样，此前与南朝联合行动或处于其势力影响下的柔然、吐谷浑、云南爨蛮、高句丽、百济等诸势力，到了唐代都相继灭亡了。另一方面，在上述诸势力背后不断积蓄力量的突厥、吐蕃、南诏、渤海、新罗、日本等逐渐崛起。

华夷秩序的变貌

我们注意到，原属于夷狄、从五胡中崛起的北魏，甚至也被中国的士大夫承认为北朝，而在北朝的基础上发展起来的隋唐成为中国的正统王朝——这是一种逆转现象，同时隋唐文化、国家制度中也可以见到胡族文化的影响。从秦汉到魏晋，中国历史的流向在此出现反转，原来非正统的王朝成为了正统，这里展现了一段非常耐人寻味的历史发展过程。

我们在第七章对北魏孝文帝的各项改革进行了考察，论述了其中孝文帝将北魏定为继承西晋金德的水德王朝，指出了拓跋鲜卑提出自身并非五胡的主张。结合本章的分析逻辑，可以看到孝文帝改革具有原来非正统成为正统的魏晋南北朝时期的历史发展中的分水岭地位。

另外，上一章我们从古代日本的中华意识形成的观点，对古代日本的历史发展进行了考察，将其轨迹与沿着五胡—北朝—隋唐的次序展开的中国历史相比较，我们发现两者尽管按秦汉魏晋的秩序来看同属夷狄，却在转变为“中华”这一点上（“从作为东夷的倭国转变成作为中华的日本”和“从五胡转变为中华”）具有相似的轨迹。并且按照我们前面所论述的逻辑，可以说这种轨迹的相似绝非偶然的因素造成的。

换言之，五胡、北朝、隋唐与古代日本可以说是具有以下共同侧面的国家群：它们都是以秦汉帝国为母胎，以接受其册封的形式在魏晋南北朝的体系中成长，并在突破这一体系的过程中逐渐崛起。

附录

译 注

[1] 原文是:“成周之世，中国之地最狭，以今地里考之，吴、越、楚、蜀、闽皆为蛮；淮地为群舒;秦为戎……洛阳为王城，而有杨拒、泉皋、蛮氏、陆浑、伊雒之戎。京东有莱、牟、介、莒皆夷也……其中国者，独晋、卫、齐、鲁、宋、郑、陈、许而已……盖于天下特五分之一耳。”出自《容斋随笔》。

[2] 原文是 :“引咎责躬，所以愧服天下之心而固其权耳。盗亦有道，况盗国乎。”出自《资治通鉴》胡三省注。

[3] 本领安堵 : 在日本镰仓和室町时代，政府承认武士、寺庙神社对旧有领地的所有权。

[4] 原文是:“司马大将军引二败以为己过，过消而业隆，可谓智矣。若乃讳败推过，归咎万物，常执其功而隐其丧，上下离心，贤愚解体，谬之甚矣！”出自《资治通鉴》卷七十六。

[5] 原文是 :“各分摊公有地进行耕种”，这种说法有点含糊，容易被理解为在各自占田之外,还分配有公有地耕种。而据“课田制”的规定,占田之中,丁男（16—60 岁）有 50 亩、丁女有 20 亩、次丁男（13—15 岁、61—65 岁）有 25 亩要课税，次丁女减半，称为课四，每亩课田收税谷 8 升。

[6]《颜氏家训》中的原文是 :“夫圣贤之书，教人诚孝，慎言检迹，立身扬名，亦已备矣。魏晋已来，所著诸子，理重事复，递相模学，犹屋下架屋、床上施床耳。吾今所以复为此者，非敢轨物范世也，业已整齐门内，提撕子孙。夫同言而信，信其所亲 ; 同命而行，行其所服。”

[7] 原文是 :“自荒乱以来，诸见俘虏，虽百世小人，知读《论语》、《孝经》者，尚为人师 ; 虽千载冠冕，不晓书记者，莫不耕田养马。以此观之，安可不自勉耶……犹为一艺，得以自资。父兄不可常依，乡国不可常保，一旦流离，无人庇荫，当自求诸身耳。”出自《颜氏家训》。

[8] 原文是:“梁末之灾，群凶竞起，郡邑岩穴之长，村屯邬壁之豪，资剽掠以致强，恣陵侮而为大。高祖应期拨乱，戡定安辑。”出自《陈书》卷三十五。

[9] 原文是:“又表毁征南将军田益宗,言华夷异类,不应在百世衣冠之上。”出自《魏书》卷七十一，列传第五十九。

[10] 原文是：“李庠，字玄序，特第三弟也。少以烈气闻。仕郡督邮、主簿，皆有当官之称。元康四年，察孝廉，不就。后以善骑射，举良将，亦不就。州以庠才兼文武，举秀异，固以疾辞。州郡不听，以其名上闻，中护军切征，不得已而应之，拜中军骑督。”出自《晋书》卷一百二十，载记第二十。

[11] 原文是：“案闽寇陈宝应父子，卉服支孽，本迷爱敬。梁季丧乱，闽隅阻绝，父既豪侠，扇动蛮陬，椎髻箕坐，自为渠帅。”出自《陈书》卷三十五，列传第二十九。

[12] 原文是：“其法以五月五日聚百种虫，大者至蛇，小者至虱，合置器中，令自相啖，余一种存者留之，蛇则曰蛇蛊，虱则曰虱蛊，行以杀人，因食入人腹内，食其五脏，死则其产移入蛊主之家。”出自《隋书》卷三十一，志第二十六“地理下”。

[13] 原文是：“中原冠带呼江东之人，皆为貉子，若狐貉云。巴、蜀、蛮、獠、溪、俚、楚、越，鸟声禽呼，言语不同，猴蛇鱼鳖，嗜欲皆异。江山辽阔将数千里，睿羁縻而已，未能制服其民。”出自《魏书》卷九六《司马睿传》。

[14] 原文是：“帝会与朝臣论海内姓地人物，戏谓聪曰：‘人谓卿诸薛是蜀人。定是蜀人不？’聪对曰：‘臣远祖广德，世事汉朝，时人呼为汉臣。九世祖永，随刘备入蜀，时人呼为蜀臣。今事陛下，是虏，非蜀也。’帝抚掌笑曰：‘卿可自明非蜀，何乃遂复苦朕！’聪因投峠而出。”出自《北史》卷三十六，列传第 二十四。

[15] 原文是:“但以非颍川元从，异丰沛故人，腹心之寄，有所未允。”出自《北史》卷二十一，列传第十三。

[16] 原文是：“伊、洛之间，夹御道有四夷馆。道东有四馆。一名金陵，二名燕然，三名扶桑，四名崦嵫。道西有四里:一曰归正，二曰归德，三曰慕化，四曰慕义。”出自《洛阳伽蓝记》卷三。

主要人物略传

刘渊（？—310）

五胡十六国汉（前赵）的开国皇帝。308—310 年在位。

字元海。生于匈奴单于家族，作为匈奴贵族的子弟自幼学习儒学，武艺也很出众。魏末被送到洛阳的晋王门下作人质。西晋时成为匈奴五部的统领，因为具有包容力，得到了部族人的极度信任。西晋发生内乱时，刘氏一族为了摆脱自东汉以来隶属于汉族王朝的局面，谋求匈奴独立，拥立刘渊为大单于。刘渊建立政权（304）时，除了匈奴的官制以外，还兼用中国式的官制，称汉王。因为自己姓刘，便自封为汉朝的接班人。另外，他还对抗当时胡族不能当皇帝的普遍观念，于 308 年即皇帝位，派王弥等人进攻洛阳，未果而病殁。

石勒（274—333）

五胡十六国后赵的开国皇帝，330—333 年在位。

出生于山西上党地区匈奴羌渠部的羯族部落的小族长家中，从少年时起便在族人中很有威望。然而，当时的羯族受汉人蔑视，经济也很穷困，石勒也饱受饥寒之苦，最终在二十岁的时候落入奴隶贩子手中，被卖给山东的地主。在八王之乱时，辗转效力于各军阀帐下，后投奔刘渊（汉）。也就是在这个时候，他开始以据说来自中亚的石姓为姓。石勒采取了谋臣张宾的计策，在河北一带发展势力，不久灭掉据于长安的前赵，将华北全境控制在自己手中。330 年，以襄国为首都，即皇帝位。石勒尊重学问，虽然没有虐待汉族，却对蔑视胡族的行为报以严惩。相传他品评中国历史上的人物，嘲笑曹操、司马懿，说“大丈夫行事当磊磊落落，如日月皎然”。

刘裕（353—422）

南朝宋的开国皇帝，庙号武帝，420—422 年在位。

江苏彭城人。自幼家贫，年轻时是个无业游民，据史书记载，他赌博的欠债甚至要当时的名族王谧代为偿还。信奉天师道的孙恩发动叛乱时，刘裕追随刘牢之进行讨伐，立下了大功。402 年，建康的司马元显与据于长江中游的桓玄之间发生对抗，因刘牢之归降桓玄，刘裕便率北府的士兵追随桓温。然而，刘牢之后来被迫自杀，桓玄灭了东晋，建立楚国，刘裕于是发起义兵，与刘毅等人一同讨伐桓玄，掌握了江南的霸权。随后向山东出兵，灭掉鲜卑慕容部的南燕，并转战胡族控制下的洛阳、长安，灭掉羌族建立的后秦政权。刘裕以这些功绩为基础，于 420 年接受东晋恭帝的禅让，建立宋朝。另外，还推行桓温所实施的土断政策，抑制豪族，努力革除东晋末年的弊害。

拓跋珪（371—409）

北魏开国皇帝。386—409 年在位。也常被称作道武帝（谥号）。

在前秦苻坚的攻击导致其祖父拓跋什翼犍死去后，拓跋部族联盟国家瓦解。拓跋珪在母家贺兰部的支持下，以重建联盟国家为目的，于 386 年即代王位。此后大约十年间，致力于在长城地带的称霸，随后南进，攻击后燕，并于 397 年攻陷其首都中山。第二年在平城称帝，改国号“代”为“魏”。就这样，控制着山西、河北地区的北魏，开始扩张成为中原王朝。拓跋珪重用崔宏（字玄伯）等出身汉人名族的人才，致力于建立国家体制。另外，果断实施部族解散政策，将族长对部民的控制权收归中央，将各部人民集中迁到平城一带，努力从原来的五胡诸国一跃升级为中央集权国家。然而，这种激进的政策引起了原来部民们的反感，使政治局势一时动荡不安，拓跋珪被其子清河王绍弑杀。

孝文帝（467—499）

北魏第六代皇帝。471—499 年在位。

名拓跋（元）宏，献文帝长子，于 471 年接受其父让位而登基。然而，当时是冯太后专制，孝文帝亲政始于 490 年冯太后死后。他在位时正值中国再统一的趋势日益明显的时期，孝文帝致力于将民族对立现象较为显著的北魏国家进一步提升为普遍性国家。为此，他效仿南朝，导入了贵族制原则，对北魏的国家制度进行重大调整，在官制、祭祀等各个层面果断推行改革，并于 493—494 年实施了可称为这一系列改革的象征的洛阳迁都（假装进行南伐）。通过这次迁都，孝文帝命令此前住在平城的鲜卑迁居到洛阳，同时禁止在朝廷上穿胡服、讲胡语。另外也一并推行将胡姓改为汉姓的改革，皇族拓跋氏改为元氏。496 年又实行姓族分定，根据汉族式的贵族制原理对北魏的统治核心阶层鲜卑进行了重组。

萧衍(464—549)

南朝梁的开国皇帝，502—549 年在位，也常被称为武帝(庙号)。

父萧顺之为南齐建国者萧道成的族弟，创业功臣。萧衍文武全才，名列在南齐竟陵王萧子良府邸交游的“八友”之一。南齐末年，被任命为雍州刺史，到襄阳(湖北省)赴任，以此为根据地，培养势力。当时东昏侯的暴政无以复加，甚至其兄萧懿也被杀害。于是萧衍联合部下以及襄阳地区的豪族、土豪，谴责东昏侯的暴行，起兵东下，攻陷建康，于 502 年建立梁王朝。武帝在位期间长达五十年，以六世纪二十年代为界，分为任用沈约等人为宰相励、精图治的前期和宠信朱异等寒人、沉迷于佛教的后期。武帝在前期实施宽政，致力于恢复疲敝的民生，寻求贵族阶层的自我革新，推行官制改革，力图重组贵族制。到了后期，武帝则大兴土木，建造许多寺院，举办大法会，还数次舍身佛寺，显示对佛教的尊崇，给王朝灭亡埋下了隐患。

陈霸先(503—559)

南朝最后王朝陈的开国皇帝。557—559 年在位。

浙江吴兴人。起初是乡的里司，建康油库吏。后来为平定岭南的叛乱，追随梁朝的萧暎出征，立下功劳。侯景进攻建康时，于 550 年率军三万北上，与王僧辩结盟，成功讨伐了侯景。然而，北齐强迫王僧辩立萧渊明为帝，王僧辩迫于当时的局势而不得不听从，陈霸先遂杀掉王僧辩，立晋安王为敬帝。北齐趁机来袭，陈霸先大破北军，不久废掉敬帝，登上帝位，以陈为国号(557)。陈王朝被北朝的攻势所压制，其控制领域是南朝各王朝中最小的。不过，此前南朝各王朝都由北来的军人建立，陈朝则有所不同，是江南本土人士所建立的政权。另外，陈霸先的霸业基础是从岭南挥师北上时率领的军事力量，这一点值得注意。

宇文泰(505—556)

作为西魏宰相，奠定北周基础的人物。

据说先祖是匈奴人，统率着辽西的鲜卑各部落。四世纪中叶被慕容部灭掉后，到燕国做官。燕被北魏灭掉后，宇文氏根据北魏的政策迁移到武川镇(内蒙古呼和浩特北部)，代代担任北边的守备，是当地的名门。北镇之乱爆发时，宇文泰随同父兄一起迁居中国内地，投奔葛荣、尔朱荣，并追随贺拔岳平定了关中的叛乱。主帅贺拔岳被杀后，宇文泰被诸将推举为首领，在长安迎奉北魏孝武帝，成为西魏事实上的统治者。国军的将帅中大多是武川镇同乡，因此其地位得到巩固，成为独揽军政大权的最高权威。最初西魏国力不如东魏，宇文泰便致力于提升国力，以汉人官僚苏绰为谋士，成功进行内政革新。其施政理念继承了孝文帝改革中尊重《周礼》的路线，归于朴素主义。

宇文邕（543—578）

北周的第三代皇帝。560—578 年在位。

北周实质上的建国者宇文泰的第四子。自幼孝敬聪明，宇文泰曾点评道："成吾志者，此儿也。"孝闵帝（宇文觉）建立北周后，宇文邕被封为大将军，明帝（宇文毓）时官至大司空，参与大政。他按明帝遗诏继承帝位，杀掉了专横之极的宇文护，开始亲政（572）。573 年发兵讨伐北齐，两年后成功灭掉多年的夙敌北齐。他废除了北齐末年的苛政，录用旧齐遗民，国力大振。然而，在讨伐北方突厥的归途中，得病突然去世。有人认为，如果再给宇文邕多些时日，中国再统一的大业就会在北周武帝在位时期实现，而不必等到隋朝了。宇文邕也是佛教史上著名的灭佛皇帝（三武一宗法难），他禁止佛教、道教，毁灭经像，勒令僧侣和道士还俗。

王羲之（307？—365？）

东晋时期书法家，山东琅邪人。

也被称为王右军（官名）。东晋元勋王导之侄。王羲之早年丧父，在叔父王导、王仪的护佑下长大。后来身为贵族社会的宠儿出任仕途，历任参军、长史、刺史。经王导屡次力邀到中央做官，曾短期就任护军将军，无奈不习惯中央的风气，于 351 年以右军将军、会稽内史之职到会稽郡治下的山阴县赴任。在任四年间，他结交当地的豪族如谢安等名士，其中于永和九年三月三日上巳日在名胜兰亭举行的曲水流觞兰亭宴在历史上非常有名。当时来宾所创作的诗词汇编成卷，王羲之为卷首所书写的序文手稿便是著名的《兰亭序》。一般认为如今王羲之的真迹已全部失传了，而日本收有临其真迹的《丧乱帖》和《孔侍中帖》，从中可以想象其书法的风采。

顾恺之（344—408？）

东晋时期的画家。

与南朝宋的陆探微、梁的张僧繇并称为六朝的三大家。字长康，生于江苏无锡，是名族吴郡顾氏的旁支。顾恺之毕生的大半时间都辗转于长江中游地区为中心的军阀首领之间，出任他们的幕僚。起初作为桓温的参军获得宠遇，桓温去世后没有投奔什么人，因此其传记资料中三十岁到四十多岁近二十年间的情况是一片空白。太元十七年（392）前后成为荆州刺史殷仲堪的参军，同时其天真烂漫、极具幽默的个性亦深受江州刺史桓玄的喜爱，有若干趣事流传下来。405 年，回到建康，被封为散骑常侍。408 年为复兴晋室的刘裕书写牙旗（即大将军的旗帜）祭文，此后便再无消息。顾恺之绘画的才能在肖像画上展露无遗，继承了晋初以来对其对象进行精神性描绘的传统，用流畅华美的线条巧妙地表现了人物的个性和周遭氛围。

鸠摩罗什（350—409）

五胡十六国后期的西域僧人，龟兹人。

相传其父生在印度宰相之家，逃亡到龟兹后与国王的妹妹结婚，生下鸠摩罗什。他跟随笃信佛教的母亲外出留学长达二十五年，在克什米尔修习小乘佛教，随后又到喀什研习大乘空义之学。他晚年时作为龙树菩萨中观论的布道者，根源即在此。随后，他接受 384 年征服龟兹的前秦武将吕光的保护。其间由于他通晓中国国情，401 年被迎接到后秦首都长安。国王姚兴将佛典的翻译作为国家事业大力推进，让鸠摩罗什在八年的时间里完成三十五部二百九十四卷的译经。此时翻译出来的法华经、阿弥陀经、大品般若经等对后来的东亚佛教产生了不可估量的影响。是早期中国佛教史上最大的贡献者。

寇谦之（365—448）

北魏太武帝时期的道士，将道教与北魏政权结合，将道教提高到国家宗教的地位。

字辅真。寇氏为上谷的豪族，后来迁居关中，在前秦、北魏朝中为官。其兄寇讚为北魏的州刺史。寇谦之年轻时便守志天师道，入嵩山修行。不久太上老君显身，授予天师之位，令其对原来的道教进行革新。随后又有自称太上老君玄孙的牧土宫主授予他道书，命令他辅佐北方的太平真君，宣扬道教。寇谦之凭着这样的宗教体验，接近北魏朝廷，经由太武帝的宠臣崔浩的介绍，得到了皇帝的尊崇。在首都平城东南兴建天师道场，又营建高大的静轮宫，修筑道坛。太武帝改年号为太平真君，并在太平真君三年（442）登道坛接受符箓。以后诸帝即位时，都以这一仪式为惯例。寇谦之亦兼任太武帝的政治顾问。对道教的尊崇引发了废佛，但寇谦之本人并不赞成彻底的废佛行为。

颜之推（531—590？）

中国六朝末年的代表学者、文人。

字介，山东琅邪人。颜氏家族是在东晋朝中为官的南迁贵族，《周礼》、《左氏传》之学世代相传。其父为梁的湘东王萧绎幕僚，学问和草隶书法受世人称赞。颜之推也因学问、文章而闻名，成为萧绎的左常侍、参军。侯景之乱爆发之后，便过上流浪的生活。江陵陷落后被俘虏到关中。后来因厌恶北周的专制统治，偕同妻子趁黄河水势涨高之时，乘坐小船偷渡到北齐。虽然在北齐受到重用，担任黄门侍郎等要职，然而北齐胡汉对立严重，也说不上是安居之地。随后北齐被自己过去选择逃走的北周所灭，又遭遇不幸。后来又见证了北周改朝换代为隋。颜之推坎坷多舛的一生中的见闻和体验，在《颜氏家训》中随处可见。他也是一位虔诚的佛教信徒。

历史关键词解说

五斗米道

二世纪末至三世纪初在中国四川省、陕西省南部传播的宗教。因创始人张陵要求信徒入教需缴纳五斗米，“五斗米道”而得名。张陵之孙张鲁完善了五斗米道的教义，确立了相当于主教、司祭的治头，祭酒等教会组织，建立了独立的宗教王国。建安二十年（215），张鲁投降曹操。然而，其教团仍以天师道之名继续存在，发展成道教的一个重要分支。根据五斗米道的教义，生病是因为犯罪引起的，因此为了治病，必须在祭酒的指导下，在静室向天、地、水的神灵忏悔告白自己的罪行，并写下不再重犯的誓约。志愿参加修路修桥的劳动等善行可以赎罪。信众争相奉行教义。

屯田

魏国曹操为了实现筹集军粮的目的，于196年设置屯田制。他招募民众，开荒种地，并设置典农中郎将、典农校尉等官职管理屯田。这些官员有别于郡县的官员，直属于中央的司农卿。规定屯田民使用官牛和私牛的，分别需要缴纳收成的六成和五成。这种屯田（民屯）设置于中原的沃野上，魏国的财政在很大程度上依靠从民屯中所得的税收。除此以外，魏国还有出于军事需要而设置的军屯，设置在对吴、蜀的前线基地——淮水流域和渭水流域。魏末264年和西晋初的266年，废止了典农官，民屯也随之废除。

九品官人法

三国时期的魏到隋初实行的一种官吏选拔法。按一品到九品的品级授予官位，因此称为九品官人法，后来又称九品中正制度。220年曹操去世，其子曹丕（文帝）逼迫东汉献帝禅让、建立魏王朝前夕，为了根据才能德行将汉朝官僚吸收到新政府中，由魏王的尚书陈群（？—236）建议实施，随后又推广到普通官吏的选拔中。

户调式

西晋武帝平定吴国、实现天下统一不久，于 280 年颁布的税法，见于《晋书》的记载。户调是指对户课征的税目，汉末曹操执政时创设，按户征收绢和绵。户调式一改汉代的人头税，而以户为单位进行征税。264 年发布的晋令中包括户调令，因此可知户调式是由魏传到晋的。据《晋书》记载，丁男之户每年缴纳绢三匹，绵三斤。

八王之乱

晋代的内乱。始于外戚杨、贾两氏的政权争夺，因汝南王司马亮、楚王司马玮、赵王司马伦、齐王司马冏、长沙王司马乂、成都王司马颖、河间王司马颙、东海王司马越等宗室八王互相残杀，故称“八王之乱”。290 年武帝去世后，外戚杨骏实权在握，惠帝的皇后贾氏厌恶杨氏一族的繁盛，于 291 年杀掉杨骏等数千人，随后又杀掉汝南王、楚王等，掌握了实权。后来，深得贾后信任的赵王伦起兵，杀掉贾后及其党羽，迫使惠帝退位，自己登顶。然而，司马伦的政治乱象重生，为此朝廷威望极为低下。齐王和成都王趁机起兵，讨伐赵王，逼迫赵王自杀，并使惠帝复辟。然而此后斗争并未停歇，一直持续到 306 年东海王拥立怀帝即位。宗室诸王之间的如此内乱姑且平息了，而在此期间诸王为利用匈奴的军事力量而引狼入室，以匈奴为首的各民族在华北各地建立独立的政权，最终导致了西晋的灭亡。

永嘉之乱

西晋末年蛮族引发的动乱。这场动乱的中心是移居山西省一带的匈奴，在八王之乱时成都王司马颖就曾借助匈奴的武力。其族长刘渊看到中原的混乱，于 304 年称王，以“汉”为国号。当时，他将羯族的石勒、汉族流民首领王弥收归帐下，不断扩大其势力。另外，此时西晋王朝因八王之乱而疲敝不堪，仅靠东海王司马越苦苦支撑。司马越在忧虑中死去，石勒乘虚而入，捕杀了晋军十余万人（311）。此时，汉军大举进攻洛阳，破城之后极尽掠夺之暴行，西晋至此已名存实亡。

兵户

魏晋南北朝时期实行的士兵制度，为世袭士兵，亦称为军户、兵家、士家。东汉时期废除了从郡县的普通平民中征兵的制度，已出现兵民分离的趋势，魏晋之后各政权将流民、降民等编入兵籍，使之世袭、从事军事劳动。由于兵户不同于郡县普通平民，带着国家直属户的身份，因而受人轻视。南朝屡屡解放兵户，使之成为郡县平民，兵户制度逐渐衰亡。五胡、北朝的士兵也是一种兵户，但在北方民族中具有较高的地位，其特征为后来的府兵制所继承。

寒门

东晋时期，乡品根据门第决定，便形成了一种门第二品的阶级，他们可以得到乡品二品，而从六品官起家。随后其范围逐渐扩大，属于门第二品的人，起家时将七品官也囊括在内。另一方面，乡品被定为三品以下的人，本来最终都可以做到与各自乡品相当的官品，然而，随着门第二品的扩大，乡品三品以下的人其擢升机会自然就会被挤占。当时把这类人称作次门、寒门。

《文选》

梁代所编的一套诗文集，编者为梁朝的昭明太子萧统，三十卷，收录了从古时周代到梁朝的代表性诗文约八百篇。这种诗文的编撰事业始于三世纪末，《文选》堪称其集大成，对唐代以后的文学也有很大的影响。昭明太子在序中说，选择的标准是在经书、史书、诸子以外的诗文中，挑选兼具深刻内容和华丽辞藻的作品。按时期分类，晋代的作品入选最多，而按作者区分，则陆机的作品最多。《文选》的注释中以显庆三年（658）上表的李善的《文选注》六十卷尤其具有重要意义，以其划时代的成就，至今仍然是解读《文选》的基本参考。

云冈石窟

位于山西省大同市以西大约十五公里的云冈镇的北魏时期的一处佛教石窟。每当征服五胡诸国，北魏都会将其文化转移到平城。北魏三代太武帝时期征服北凉之后，便将当时佛教较为发达的凉州文化转移到平城，力图运用在政治上。佛教虽然在太武帝后期受到镇压，但第四代文成帝却废除了废佛政策，使佛教得以复兴。文成帝重用凉州僧人师贤、玄高，并批准了昙曜的奏请，在云冈开凿石窟。这便是云冈石窟的起源。昙曜主持开凿的石窟特别称为“昙曜五窟”，可以见到凉州、中亚的影响。

三长制

中国北魏太和十年（486），为强化警察和征税功能，文明太后冯氏采纳了汉人官僚李冲的献策而实施的一种邻保制度。三长制的渊源可追溯到周代制度。以五家为邻，五邻（二十五家）为里、五里（一百二十五家）为党，分别设置邻、里、党三长。不久又改成一百家一党，畿内党、里、邻则采用族、闾、比的名称。后来北齐将三长制变成一百家、五十家、十家的编制，西魏、北周则废除比、邻，变成二长制，隋初天下统一时，三长制废止。

均田制

始于北魏，北朝、隋、唐时期实施的土地制度。根据儒家的学说，保障一夫一百亩土地的井田制被视为理想的土地制度，秦汉以后，为解决土地所有严重不均的问题，曾试行了设定土地所有最高限度的限田制（西汉末）、占田制（西晋）等。同时秦汉以来各王朝均实施劝农政策，通过屯田制（曹魏）、课田制（西晋）努力确保农民的再生产。北魏继承了这种趋势，实施均田制，成丁授田，老死还公。均田制是北魏的文明太后与孝文帝采纳了汉人官僚李安世、李冲等人的献策而实施的制度（485），与彻底的户籍登记、以成丁夫妻为对象的均额赋课的租调制、一定户数的三长制配合实施，授田时甚至包括奴婢、丁牛分配在内。

龙门石窟

位于河南省洛阳以南十四公里的一处佛教石窟。北魏于太和十八年（494）迁都洛阳，随后便在此处营造石窟。敕命的营建最早是宣武帝于景明元年（500）为孝文帝及其皇后开凿的洞窟，根据《魏书·释老志》的记载，这两座洞窟由于规模宏大，未能完工，于正始二年（505）缩小计划。另外，永平年间（508—512）为宣武帝营造了一座石窟。这三座洞窟便是位于西山北面的宾阳洞三窟，只有宾阳中洞完工了，南北洞到了隋、初唐时才完成本尊。宾阳中洞是依照一定设计规划营造的，是龙门各窟中最完备的一座。除了宾阳洞三窟之外，西山还有古阳洞（第 21 窟）、莲华洞（第 13 窟）、魏字洞（第 17 窟）等北魏末年的石窟。古阳洞是最古老的洞窟，有许多太和十八年（494）以后的佛龛，可看成是云冈石窟的残照。

北镇之乱

北魏末年的叛乱，亦称“六镇之乱”。北魏讨伐了据于蒙古高原的敕勒之后，在阴山山脉南麓一带设置军镇，充当北方防卫。其中主要的六座军镇（沃野、怀朔、武川、抚冥、柔玄、怀荒）称为“六镇”，让出身鲜卑原族长家庭的人定居在六镇，作为军镇的核心。随着北魏的门阀化逐渐加深，他们成了时代的弃儿，遭受冷遇，军镇内部日益不满。正光四年（523），以沃野镇民破落汗拔陵的暴动为契机，六镇一起发动叛乱，随后波及陕西和甘肃。数十万的镇民虽然暂且投降，但他们南下到了河北一带，又再次蜂起，武泰元年（528）被尔朱荣平定。北镇之乱使北魏的国威扫地，随后持续的军阀斗争使北魏王朝瓦解。

府兵制

西魏、北周、隋、唐实行的兵制，也是日本古代的军团制的原型。中国存在势力强大的将军开军府的制度，到了魏晋南北朝，在中央、地方设置军府，其士兵称为府兵。而狭义的府兵制则始于西魏大统十六年（505）前后完成编制的二十四军制。关于府兵或府兵制的历史特征众说纷纭，关于制度的起源有鲜卑兵制说和中国兵制说。府兵原是国家招募的应征者，建立功勋则有机会晋升为将官。自北周武帝以来，府兵被授予侍官的称号，具有侍卫天子的名誉。西魏以来的掌权者、君主作为府兵军的统帅而掌握政权，是中国再度统一的原动力。

科举

旧中国实行的以选拔官吏为目的的资格考试。科是指按科目进行考试的学科目，举则意为选拔任用官员。科举制在隋代至清代一千三百多年间实行，是中国独特的一种制度。三国以后到南北朝时期，中国处于贵族制的时代，政府官员的位置被门阀所垄断，往往是世袭的。隋文帝取代北周统治中国的半壁江山后，立即废除了承认门阀特权的九品官人法，实施科举制，根据个人的才能选拔官吏。其时为开皇七年（587），两年后灭掉南朝陈，通过科举选拔官吏派遣到全国各地。

参考文献

面向普通读者和专家读者所著的文献

（1） 三崎良章《五胡十六国 中国史上的民族大移动》（东方选书东方书店），2002年

◆ 对这一时期的民族问题以通史的形式进行探讨的近年成果。对五胡十六国的兴亡、十六国时期的国际关系、佛教的普及、各民族的迁移与融合等进行研究，是一本简洁详细地展现这一时期全貌的优秀著作。

（2） 桦山紘一 等编《中华的分裂与重生》（岩波书店世界历史 9 卷），1999 年

◆ 根据 1969 年至 1971 年出版的《岩波讲座世界历史》后的研究成果，在新的构思下针对当前研究现状、研究焦点等问题，以三世纪至十三世纪之间为研究领域的专家基于各种不同的观点进行纵横论述的专著。妹尾达彦在“中华的分裂与重生”的标题下，以欧亚大陆的视野、相对化的立场审视中国史，构成了本书的总论。与魏晋南北朝时期直接相关的部分收录了中村圭尔的“南朝国家论”、川本芳昭的“北朝国家论”、金子修一的“皇帝祭祀的开展”等。

（3） 关尾史郎《从西域文献看中国史》（世界史读本 10 山川出版社），1998 年

◆ 从魏晋南北朝时期到隋唐时期，以所谓的西域为通道的东西方交流极为繁盛。二十世纪初，属于西域的敦煌、吐鲁番等地发现了数量巨大的汉文文献。本书探讨了古文献与中国史之间的关系，亦简要地展示了这一领域研究的全貌。

（4） 松丸道雄等编《中国史 2——三国～唐》（世界历史大系、山川出版社），1996 年

◆ 由研究魏晋南北朝时期的专家分工执笔而成、于近年出版的网罗式通史，包括隋唐部分。窪添庆文负责撰写魏晋南北朝时期的政治史，中村圭尔负责魏晋南朝的社会经济，关尾史郎负责五胡、北朝时期的社会经济，池田温负责魏晋南北朝时期的文化史。本书是由当前站在研究第一线的研究者撰写的，可以从中全面了解当前研究状况和新出现的史料。另外，补说部分的记述也别有

深意。除此之外，窪添庆文还有专著《魏晋南北朝官僚制研究》（汲古书院，2003年）、中村圭尔著有《六朝贵族制研究》（风间书房，1987年）。

（5）福原启郎《西晋武帝：司马炎》（白帝社），1995年

◆ 以司马炎为中心，围绕建立西晋王朝的司马氏一族的兴亡而写成的一部优秀著作。对司马懿、司马昭、司马师的记述十分详尽，描写了这段时期的时代精神、八王之乱的实际情况等，是把握魏晋时期的必读书目。

（6）冈崎文夫《魏晋南北朝通史》（东洋文库 平凡社），1989年

◆ 日本第一部关于这一时期的通史。编入东洋文库中，读者很容易找到。详细而又简洁地叙述了历史发展，从宏大的视野把握和解析各项制度。时至今日，仍然随处可见作者的敏锐眼光。

（7）尾形勇《东亚的世界帝国》（图像版世界历史8卷 讲谈社），1985年

◆ 与这个时期相关的许多图片资料大多收录，目的在于让读者通过视觉把握这一时期。另外，书中亦详尽介绍了最新发掘出土的新史料。除了本书以外，作者还有《中国古代的"家"与国家》（岩波书店，1979年）等。

（8）谷川道雄《世界帝国的形成》（现代新书　讲谈社），1977年

◆ 作为从二战后到现在一直以来研究魏晋南北朝时期的领军人物，作者将其思考浓缩在这一时期而写成的新书版通史。作为古代世界帝国的汉朝衰亡了，从汉的衰亡中进行了哪些摸索，从而创造了新的时代？胡族与汉族维持着什么样的关系，历经北魏末年的动乱而走向隋唐帝国？本书对这些问题进行了简洁的论述。

（9）川胜义雄《中国的历史3——魏晋南北朝》（讲谈社），1974年。列入讲谈社学术文库再版，2003年

◆ 在上一次的《中国的历史》丛书中已故川胜义雄所著的概说书。这本书作为魏晋南北朝时期的概说书，至今仍是许多人首先推荐的读本。笔者也受到了这本著作很大的影响。另外，在笔者撰写本书时，这本著作也给了我很多启发和参考。

（10）吉川忠夫《侯景之乱始末记：南朝贵族社会的命运》（中公新书　中央公论社），1974年

◆ 由这一时期的思想史专家按时间顺序对侯景之乱以后的南朝历史进行的详尽分析。除此之外，作者的专著还有《六朝精神史研究》（同朋舍出版，1984年）、这一时期的人物传记《刘裕》（人物往来社，1966年）、《王羲之——六朝贵族的世界》（清水书院，1972年）。

（11）川本芳昭《中国史中的诸民族》（世界史读本 61、山川出版社），2004 年

◆ 魏晋南北朝时期的民族问题与中国历史整体的发展之间存在一定的关联——从这个问题与汉民族的形成之间的关系这种视角对之进行分析。与之相关的著作还有《魏晋南北朝时代的民族问题》（汲古书院，1998 年）。

面向专家和研究者所著的文献

（12）安田二郎《六朝政治史研究》（京都大学学术出版会），2003 年

◆ 在对《晋书》进行的彻底的史料批判、南朝的当地豪族阶层所进行的贵族制革新的动向、陷于颓废状态的南朝贵族的自我革新等贵族制的研究中，开启新局面。

（13）渡边信一郎《中国古代的王权与天下秩序——以日中比较史的视角》（校仓书房），2003 年

◆ 本书阐明了中国古代的天下概念、日本的天下概念，并尝试对两者进行比较。另外，作者关于魏晋南北朝时期的专著还有《天空的宝座——中国古代帝国的朝政与仪礼》（柏书房，1996 年）等多本著作。

（14）西嶋定生《倭国的出现》（东京大学出版会），1999 年

◆ 作者是中国古代史、东亚世界论的倡导者，本书是在作者前些年去世后出版的论文集，探讨的问题是东亚世界中倭国是怎样出现的、倭国出现以后以什么样的形式发展等。另外，作者所写的与这些问题相关的著作还包括《中国古代国家与东亚世界》（东京大学出版会，1983 年）、《日本历史的国际环境》（东京大学出版会，1985 年）等。

（15）谷川道雄等编《魏晋南北朝隋唐时代史的基本问题》（汲古书院），1997 年

◆ 本书是以“中国史学的基本问题”为题的共四卷系列丛书的第二卷，也包括隋唐时期。几乎涵盖了当前日本研究魏晋南北朝隋唐时期的专家，介绍了时代的全貌及其研究状况。本书较为艰深，对“中华”的概念、民族问题、西域文献、皇帝制度、律令等研究这一时期所遇到的重要问题进行了纵横论述。

（16）堀敏一《中国与古代东亚世界——中华的世界与诸民族》（岩波书店），1993 年

◆ 本书围绕从汉到唐的中国的中华思想、天下观念、倭国、高句丽、百济、新罗的国家形成，对五胡诸国的国家等进行了深入浅出的论述。要想理解古代东亚世界，必读本书。另外，作者关于这一时期的著作还有《曹操》（刀水书房，2001 年）、《东亚中的古代日本》（研文出版，1998 年）、《中国古代史的视

点》（汲古书院，1994 年）、《律令制与东亚世界》（汲古书院，1994 年）、《中国古代的身份制》（汲古书院，1987 年）、《均田制的研究》（岩波书店，1975 年）等，是深入理解这一时期的必读书目。

（17）川胜义雄《六朝贵族制社会研究》（岩波书店），1982 年

◆ 根据在前面开列的《中国的历史 3—— 魏晋南北朝》（讲谈社）中展开的观点写成的论文，编成本书。所收录的论文生动地描绘了贵族制社会从汉末反抗运动中逐渐形成的过程，时至今日仍然对学会具有很大的影响。

（18）越智重明《魏晋南朝的贵族制》（研文出版），1982 年

◆ 由大学者从多层面的视角对日本魏晋南北朝时期的贵族制进行考察，尤其是在对魏晋南朝的研究中成果丰硕的著作。对魏时期的九品官人法、晋代的贵族制、南朝的贵族制等各个问题进行多层面的论述。除了本书以外，作者关于这一时期的著作还包括《魏晋南朝的人与社会》（研文出版，1985 年）、《魏晋南朝的政治与社会》（吉川弘文馆，1963 年）等多部专著。

（19）宫崎市定《九品官人法研究：科举前史》（同朋舍），1974 年。列入中公文库再版，1997 年

◆ 由大学者对这一时期的官制、政治史为中心进行分析的古典研究名著。是研究这一时期的必读书目。阐明了如副标题所揭示的、科举以前的官吏选拔法——九品官人法的全貌。提出并分析了九品官人法的出现、九品官人法的贵族化及其在南朝的变迁、北朝中的贵族制等如今已逐渐形成定论的许多问题。另外，作者的视野并未局限于九品官人法这一制度，还对这一时期的政治派别，乃至扩展到官僚制的基本情况及其与贵族制的关系，从汉到唐的宏观展望等极为广泛的领域，提出了透彻的见解。

（20）内田吟风《北亚史研究（匈奴篇、鲜卑 柔然 突厥篇）》（同朋舍），1975 年

◆ 收录了论述这一时期与匈奴、鲜卑等相关的历史、制度、文物、风俗等涵盖面广的诸多问题的论文。有关目前研究中的五胡历史的各个具体现象，大部分都由内田所阐明，后来的研究者一直从中获得有益的营养。

（21）谷川道雄《隋唐帝国形成史论》（筑摩书房），1971 年。1998 年增补版刊行

◆ 本书从隋唐时期的本源来自何处这一观点，在五胡十六国时期的各政权、始于北魏的北朝各朝的发展中寻找。本书的观点作为当前五胡北朝史研究的基本视角，一直对许多研究者产生很大的影响。本书围绕五胡各政权的结构、北魏国家的结构、北魏末年的内乱所具有的历史意义，对历史进行动态把握，并逼近其本质。增补版一并收录了初版刊行后使得作者的论点得以继续展开

的府兵制等相关各篇论文。

（22）滨口重国《秦汉隋唐史研究》上、下卷（东京大学出版会），1966 年

◆ 值得向有志于对魏晋南北朝时期进行专门研究的人推荐的一部古典研究名著。内容除了魏晋南北朝之外，还包括与秦汉、隋唐关系的研究。不过，要对魏晋南北朝时期进行研究的话，也必须考察其前后的秦汉、隋唐时期。本书是作者所发表的多篇论文的汇编，上卷收录了有关魏晋南北朝时期军制的各篇论文，下卷则收录了有关北朝的各篇论文。

历史年表

公历	年号	中国	日本　世界
184	中平元	黄巾之乱爆发	期间，卑弥呼成为倭国王。印度的龙树奠定了“空”的思想基础。
189	六	何进被宦官所杀。袁绍歼灭宦官。董卓控制洛阳，立献帝。辽东太守公孙度自立。	
190	初平元	东方各州发起讨伐董卓的大军。董卓从洛阳转到长安。	
192	三	孙坚（孙权父）战死。子孙策继任。董卓被部下吕布讨伐，关中陷入大混乱。曹操招降青州的黄巾军，将之重组为青州军。	
196	建安元	曹操将逃出长安的献帝迎到许。	
200	五	官渡之战，曹操破袁绍。孙策被杀，弟孙权继任。	
208	十三	赤壁之战，曹操被刘备、孙权联军击败。	其间，高句丽以丸都为都。
214	十九	刘备入成都，成为益州牧。因荆州的归属问题刘备、孙权对立。	
216	二一	曹操由魏公晋升魏王。南匈奴单于归附魏。	罗马皇帝卡拉卡拉建造大浴场。
220	延康元	曹操去世。九品官人法制定。	其间，卑弥呼归附辽东的公孙氏。
	黄初元	曹丕受禅。魏朝建立。	
221	二	刘备即帝位（昭烈帝），任命诸葛亮为丞相。	

222	三	孙权改元黄武，建立吴国。	
223	四	昭烈帝去世。后主即位。	
226	七	曹丕去世，明帝即位。	
227	太和元	诸葛亮上出师表。	
229	三	孙权即帝位。	
234	青龙二	明帝亲征吴，诸葛亮在五丈原去世。	
238	景初二	司马懿灭辽东公孙渊。	
239	三	明帝去世，齐王芳即位。	卑弥呼向魏遣使，获亲魏倭王印绶。
240	正始元	曹爽掌握魏的实权。	
242	三	孙和成为吴国太子。	
244			魏将毌丘俭进攻高句丽，攻陷丸都城（次年再征）。
249	嘉平元	设置州大中正。吴国太子党与鲁王霸对立。司马懿发动政变，诛杀曹爽、何晏等人。	
250	二	司马懿去世。吴国废掉太子孙和，鲁王霸被赐死。	罗马皇帝德基乌斯发布敕令，迫害基督教徒。
252	四	司马师成为大将军。孙权去世，孙亮即位。	
253	五	魏击败吴军北征。吴国诸葛恪被杀，孙峻为丞相。	
254	正元元	司马师废齐王芳，立文帝之孙高贵乡公曹髦。	
255	二	毌丘俭等人讨伐司马师，失败。司马师去世，其弟昭继任。	

258	甘露三	司马昭平定诸葛诞。吴立孙休（景帝）。景帝诛孙綝。	
260	景元元	司马昭杀君主曹髦，立元帝曹奂。	
262	三	“竹林七贤”之一嵇康被处死。	
263	四	司马昭成为相国晋公。灭蜀。	
264	咸熙元	司马昭成为晋王。吴景帝去世，孙皓继位。	
265	泰始元	八月，司马昭去世。十二月，其子司马炎接受魏帝禅让，晋朝建立。	
266	二		倭女王壹与向西晋朝贡。
280	太康元	三月，吴灭，天下统一。十月，大规模削减州郡军队。占田课田法（户调式）发布。	
284	五		罗马皇帝戴克里先即位。
289	十	鲜卑的慕容廆成为鲜卑都督。刘渊成为匈奴北部都尉。	
290	永熙元	武帝去世。惠帝即位，外戚杨骏执政。刘渊任匈奴五部大都督。	
291	元康元	贾后专权。处斩司马玮。	
296	六	氐族族长齐万年叛乱。	
299	九	平定齐万年叛乱。江统《徙戎论》未被采纳。	
300	永康元	赵王伦诛灭贾后一党，又杀张华、裴頠等名臣。	
301	二	赵王伦称帝，幽禁惠帝。八王之乱开始。李特攻入蜀。	
303	太安二	李特被杀，李雄继而割据益州。成都王颖等讨伐长沙王乂。荆州爆发张昌之乱，石冰进攻江南。	

304	永兴元	长沙王乂被杀。琅邪王睿从洛阳逃回封地。刘渊称汉王，李雄称成都王相继独立。江南豪族平定石冰之乱。	
305	二	成都王颖据于洛阳。江南爆发陈敏之乱。	
306	光熙元	李雄即帝位，国号为大成。	
307	永嘉元	陈敏之乱平定。琅邪王睿、王导等人入建邺。	
308	二	刘渊在平阳即帝位。江南豪族协助琅邪王睿。	
310	四	刘渊去世。刘聪即帝位。周玘平定江南吴兴之乱。	
311	五	石勒歼灭王衍等众，王弥等人攻陷洛阳，将怀帝俘往平阳。琅邪王睿灭周馥军。	罗马皇帝伽列里乌斯承认基督教。
313	建兴元	刘聪杀怀帝。愍帝即位。琅邪王睿为丞相，讨伐江西华轶，以王敦为总指挥。	高句丽灭乐浪郡。罗马皇帝君士坦丁发布米兰敕令，正式承认基督教。
314	二	据于襄国的石勒灭王浚，控制了河北全境。前凉张轨去世，张寔继位。	高句丽灭带方郡。
316	四	刘曜攻陷长安，愍帝投降，西晋正式灭亡。	
317	建武元	刘聪杀愍帝。琅邪王睿成为晋王。葛洪著《抱朴子》。	
318	太兴元	石勒灭刘琨，控制山西北部。刘聪去世，刘曜自立。琅邪王睿即帝位（元帝）。	
319	二	刘曜改国号为赵（前赵）。石勒亦称赵王（后赵）。	高句丽被慕容廆击败。期间，笈多王朝确立了在北印度的统治。
322	永昌元	王敦谋反。元帝去世，明帝即位。	

324	太宁二	前凉张茂去世，张骏继位。王敦去世。	
325	三	明帝去世，成帝即位。庾太后摄政。	罗马皇帝君士坦丁召开尼西亚宗教会议。
327	咸和二	苏峻、祖约等人发动叛乱。	
328	三	石勒与刘曜在洛阳大战，杀刘曜。苏峻控制建康。	
329	四	石勒灭前赵，控制华北。陶侃等平定苏峻之乱。	
330	五	石勒在襄国称帝。	
333	八	慕容廆去世。慕容皝继位。石勒去世，石弘继位。	
334	九	陶侃去世。庾亮继任西府。石虎杀石弘，成为居摄天王。	
335	咸康元	后赵迁都邺，以佛图澄为国师。	
337	三	石虎杀太子邃。慕容皝称燕王（前燕）	君士坦丁帝去世。罗马帝国被各王子分裂。
338	四	成国的李寿改国号为汉。鲜卑拓跋部的什翼犍成为代王。	
339	五	王导、郗鉴去世。	燕王慕容皝进攻高句丽。
340	六	庾亮去世。	
341	七	东晋实施土断。	
342	八	前燕迁都龙城。成帝去世，康帝即位。	高句丽首都丸都被前燕攻陷。
343	建元元	成国李寿去世，其子势继位。	
344	二	前燕灭宇文部。康帝去世，穆帝即位，褚太后摄政。	
345	永和元	前凉张骏称凉王。庾翼去世，桓温成为西府领袖。	期间，百济建立。
347	三	桓温灭成汉，蜀成为东晋领土。	

348	四	佛图澄去世。慕容皝去世，其子儁继位。桓温成为征西大将军。	
349	五	石虎称帝，病死。后赵陷入大乱。冉闵虐杀胡族。	
350	六	冉闵建立魏国。前燕南下，迁都蓟。中原持续混乱。	
351	七	氐族族长苻健入长安，称天王大单于（前秦）。殷浩与桓温对立。	
352	八	苻健即帝位。前燕杀冉闵，灭魏。慕容儁即帝位。	
353	九	殷浩北征失败。王羲之举行兰亭会。	
354	十	殷浩垮台，桓温掌握实权。桓温北伐。前秦击退桓温，控制关中。	
355	十一	前秦苻健去世，苻生继位。前凉张祚被杀，张玄靓继位。高句丽向前燕送人质。	
356	十二	桓温北伐，夺回洛阳。	
357	升平元	前秦苻坚成为天王。前燕迁都邺。	
360	四	前燕慕容儁去世，慕容暐继位。	
363	兴宁元	前凉张天锡自立。桓温任大司马都督中外诸军事。	
365	三	前燕占领洛阳。哀帝去世，海西公奕即位。此时敦煌开始营造石窟寺院。	
369	太和四	前燕慕容垂在枋头破桓温。随后慕容垂逃亡前秦。	百济近肖古王大胜高句丽。
371	六	前秦苻坚攻陷邺，灭前燕。桓温废帝，立简文帝。	百济攻入高句丽平壤。
372	咸安二	前秦任命王猛为宰相。简文帝去世，孝武帝即位。	
373	宁康元	前秦夺取东晋控制的蜀。桓温去世，谢安等辅政。	

375	三	王猛去世。	匈奴控制东哥特王国。西哥特族渡过多瑙河，进入罗马帝国境内。
376	太元元	前秦灭前凉、代国，统一华北。	
380	五	苻坚将关中氐族一五万户分散遣置到东部。	
383	八	苻坚讨伐东晋，在淝水大败。谢玄等与前秦军大战。	
384	九	慕容垂独立（后燕）。羌族的姚苌称秦王（后秦）。慕容冲独立（西燕）。晋军北伐。	
385	十	姚苌杀苻坚。吕光在姑臧独立（后凉），乞伏国仁称大单于（西秦）。谢安去世。	
386	十一	拓跋珪成为代王。四月，改代为魏。后燕定都中山，后秦定都长安。前秦苻登继帝位。	
388	十三	西秦的乞伏国仁去世，其弟干归继位。谢玄去世。	
392	十七	殷仲堪成为西府领袖。	基督教成为罗马国教。
393	十八	后秦姚苌去世，其子兴继位。	古代奥林匹亚竞技告终。
394	十九	后燕灭西燕。东晋司马道子专权。	
396	廿一	后燕慕容垂去世，其子宝继位，国势渐衰。拓跋珪即帝位（道武帝）。北魏进攻后燕。东晋孝武帝死于非命，安帝继位。	高句丽广开土王（好太王）进攻百济。
397	隆安元	南凉、北凉独立。北魏控制黄河以北的中原地区。慕容部逃到龙城，维持后燕。北府王恭逼迫司马道子改革内政。	
398	二	北魏迁都平城。此时实施部族解散。慕容德在滑台独立（南燕）。慕容宝被杀，慕容盛继位。因刘牢之背叛，王恭被杀。	

399	三	吕光去世，后凉陷入混乱。吕纂继位。法显从长安出发，踏上从陆路到印度的求法之旅（412 年经海路回到山东）。孙恩之乱爆发。桓玄与殷仲堪交战，成为西府领袖。	
400	四	西秦投降后秦。西凉在敦煌独立。南燕迁都广固。孙恩的水军逼近建康，刘裕将之击退。	其间，笈多王朝为最盛期（超日王）。
401	五	后凉吕纂被杀，吕隆继位。沮渠蒙逊杀段业，夺北凉。桓玄东下，控制建康。司马道子、刘牢之等人被杀。鸠摩罗什抵达长安	
402	元兴元	北魏与后秦大战。孙恩自杀。	
403	二	后秦灭后凉。桓玄受禅，建立楚国（永始元年）	
404	三	鸠摩罗什出任后秦国师。刘裕政变成功，桓玄被杀。	
407	义熙三	赫连勃勃建立夏国。后燕被高句丽王的支族高云夺取政权，后燕灭亡。	
409	五	冯跋建立北燕。西秦再次从后秦独立。北魏道武帝被杀，明元帝继位。刘裕伐南燕。	
410	六	刘裕灭南燕。卢循逼近建康，被刘裕击退。	西哥特王阿拉里克进攻罗马，永远之都陷落。
412	八	刘裕讨灭刘毅。实施土断。	
413	九		高句丽广开土王去世。高句丽向东晋遣使。
416	十二	后秦姚兴去世，陷入混乱。刘裕就任中外大都督，发兵北伐，攻陷洛阳。	

417	十三	刘裕攻陷长安，灭后秦。司马休之、司马国璠、王慧龙等投靠北魏。慧远去世。	
418	十四	夏国夺取长安，控制关中。刘裕成为宋公。	
420	永初元	北凉进攻西凉，次年灭西凉。刘裕受禅，即帝位（武帝）。东晋灭亡，宋建立。	
421	二		倭国向宋遣使。
422	三	宋武帝去世，少帝即位。	
423	景平元	北魏明元帝去世，太武帝继位。宋徐羡之等专权。	
424	元嘉元	少帝被废，文帝继位。	
425	二	夏赫连勃勃去世。北魏太武帝驱逐柔然。宋文帝亲政。	
426	三	北魏讨伐夏，占领长安。宋文帝杀徐羡之等。	
427	四	北魏占领夏首都统万。陶渊明去世。	高句丽长寿王修筑平壤城。
431	八	北魏占领关中全境。	以弗所公会议，驱逐聂斯脱利。其间，白匈奴侵略波斯萨珊王朝。
433	十	北凉的沮渠蒙逊去世。谢灵运被处死。	
436	十三	北魏灭北燕。	
439	十六	北魏灭北凉，统一华北。南北朝时代开始。	汪达尔人占领迦太基。
446	廿三	北魏镇压佛教。	
449	廿六	北魏大胜柔然。	

450	廿七	宋的北伐引发北魏南征。宋从元嘉之治中衰落。因国史事件崔浩被处死，汉人士大夫被镇压。	
452	廿九	太武帝被宦官暗杀，文成帝即位。佛教复兴。	
453	三〇	宋文帝被皇太子暗杀。皇子刘骏讨伐太子，即帝位。	匈奴王阿提拉去世。
454	孝建元	宋爆发南郡王义宣之乱。	
459	大明三	宋爆发竟陵王诞之乱	
460	四	北魏开凿云冈石窟。	期间，白匈奴入侵印度。
462	六	祖冲之上呈大明历。	
464	八	宋孝武帝去世。前废帝即位。	
465	泰始元	北魏文成帝去世。献文帝即位。冯太后摄政。宋王族刘昶逃亡北魏。宋发行二铢钱，允许私铸，币制混乱。明帝继位。	
466	二	宋爆发晋安王子勋之乱。	
469	五	北魏从宋手中夺取青州。	
471	七	北魏献文帝让位于五岁的太子宏（孝文帝）。	
472	泰豫元	柔然侵略北魏。	百济向北魏遣使。
475	元徽三		高句丽长寿王进攻百济，杀盖卤王。
476	四	北魏冯太后杀献文帝，摄政。	奥多亚克叛乱，西罗马帝国灭亡。
477	昇明元	萧道成废帝，立顺帝。袁粲等人讨伐萧道成，事败身亡。	
478	二		倭五王最后的倭王武向宋遣使。
479	建元元	萧道成（高帝）受禅。齐国建国。	

482	四	萧道成去世，武帝即位。	
485	永明三	北魏颁布均田制。	
486	四	北魏推行三长制。	
490	八	北魏冯太后去世，孝文帝开始亲政。	
493	十一	决定迁都洛阳。南齐武帝去世，废帝继位。	西奥多里克讨伐奥多亚克，东哥特王国建国。
494	建武元	孝文帝在邺接见从南朝逃亡到北魏的王肃。禁穿胡服。龙门石窟开始开凿。萧鸾杀帝自立（明帝）。	
496	三	北魏姓族分定。上一年北魏首次发行五铢钱。	法国国王克洛维斯在天主教受洗。
498	永泰元	南齐爆发王敬则之乱。明帝去世，东昏侯继位。	
499	永元元	孝文帝去世，宣武帝继位。南齐东昏侯暴政。	
500	二	萧衍在襄阳起兵。	
501	中兴元	洛阳大兴土木。萧衍控制建康。	
502	天监元	萧衍（梁武帝）受禅。梁朝建立，南齐灭亡。	
505	四	梁武帝设置五经博士、学馆。	
508	七	北魏爆发京兆王愉之乱。高肇杀彭城王勰。梁将九品官阶改为十八班。	
515	十四	宣武帝去世，孝明帝继位。灵太后胡氏摄政。大乘贼爆发。	
519	十八	羽林之变爆发。上一年宋云踏上前往印度的求法之旅。	
520	普通元	北魏元乂幽禁灵太后。	新罗颁布律令。

523	四	北镇之乱爆发。宋云从印度西北归来。梁将法定通货改为铁钱。	百济武宁王去世。
524	五	北魏改镇为州。叛乱波及全境。	波伊提乌《哲学的慰藉》
525	六	灵太后再次摄政。	
527	大通元	梁武帝舍身同泰寺。	筑紫国造磐井在九州谋反。圣本笃在卡西诺山创建本笃修道院。
528	二	灵太后杀孝明帝。尔朱荣入洛阳，问责以太后为首的皇族、朝臣，大虐杀。	特里波尼亚努斯等人开始编纂罗马法大全。
530	中大通二	北魏孝庄帝杀尔朱荣。尔朱兆杀帝。	
531	三	尔朱氏立节闵帝。高欢自立，立废帝。梁昭明太子（萧统）去世。萧纲成为太子（后来的简文帝）。	继体天皇去世。
532	四	高欢占领邺，灭尔朱氏军，立孝武帝。	
534	六	孝武帝从洛阳投奔关中宇文泰。高欢立孝静帝，迁都邺。宇文泰杀孝武帝。	汪达尔王国被拜占庭帝国所灭。
535	大同元	宇文泰立文帝，北魏分裂成东、西魏。	
537	三	高欢进攻宇文泰，在沙苑败北。	查士丁尼大帝兴建圣索菲亚教堂。
543	九	在邙山之战中，宇文泰大败于高欢。	
547	太清元	高欢去世，高澄继任。侯景谋反，梁武帝接受侯景的投降。	
548	二	侯景之乱爆发。	
549	三	侯景攻陷建康。武帝去世，简文帝继位。	
550	大宝元	高洋接受孝静帝禅让。东魏灭亡，北齐建国（文宣帝）。此时西魏发布府兵制。	

551	天正元	西魏文帝去世，其子钦（废帝）即位。侯景杀简文帝，自称汉帝。	
552	承圣元	王僧辩、陈霸先讨灭侯景。湘东王绎在江陵即位（元帝）。破柔然，突厥伊利可汗即位。	围绕佛像礼拜，苏我、物部氏对立
554	承圣三	西魏军攻陷江陵，将梁百官俘往关中。元帝去世。	
555	绍泰元	陈霸先杀王僧辩，立萧方智为帝（敬帝）。	
556	太平元	西魏实施六官制度。宇文泰去世，其子觉成为周公。	
557	永定元	宇文觉接受恭帝禅让，西魏灭亡，周朝建立。宇文护废宇文觉，立宇文毓（明帝）。陈霸先接受敬帝禅让，陈朝建立（武帝）。	
559	三	北齐文宣帝去世，废帝继位。陈武帝去世，文帝继位。	
560	天嘉元	北齐常山王演废帝自立（孝昭帝）。杨愔等被杀。北周宇文护废帝，立宇文邕（武帝）。	
561	二	北齐孝昭帝去世，武成帝继位。	
564	五	北齐破北周军。陈灭福建陈宝应，统一江南。	
565	六	北齐武成帝让位于太子纬（后主）。	其间，突厥同时灭掉波斯萨珊王朝和白匈奴。
568	光大二	北周的杨忠去世，其子杨坚继任。陈的安成王顼废帝，次年正月即帝位（惠帝）。	
571	太建三	齐琅邪王俨杀和士开等人，俨亦被杀。	
572	四	周武帝诛宇文护，亲政。齐名将斛律光被杀。	
573	五	齐祖珽失势，文林馆的汉人知识分子等被杀。	

574	六	周武帝镇压佛教、道教。	
577	九	周灭齐，统一华北。	
578	十	周武帝去世，宣帝继位。	
580	十二	北周杨坚掌握实权，封隋王。	
581	十三	杨坚废静帝，隋朝建立。	
582	十四	隋在龙首山兴建新都。陈宣帝去世。后主即位。	
583	至德元	迁都大兴城。	突厥东西分裂。
589	祯明三	平定陈，统一天下。陈灭亡。后主被俘，押送关中。	

著作权合同登记图字：20-2012-046号

图书在版编目(CIP)数据

中华的崩溃与扩大：魏晋南北朝 / (日) 川本芳昭著；余晓潮译.
—桂林：广西师范大学出版社，2014.1（2022.5 重印）
（中国的历史 05）

ISBN 978-7-5495-1147-1
Ⅰ.①中… Ⅱ.①川… ②余… Ⅲ.①中国历史－魏晋南北朝时代－研究
Ⅳ.①K235.07

中国版本图书馆CIP数据核字(2012)第003673号

广西师范大学出版社出版发行

广西桂林市五里店路9号　邮政编码：541004
网址：www.bbtpress.com

出 版 人：黄轩庄
全国新华书店经销
发行热线：010-64284815
山东韵杰文化科技有限公司

开本：787mm×1092mm　1/32
印张：11.75　字数：167千字　图片：95幅
2014年1月第1版　2022年5月第13次印刷
定价：68.00元

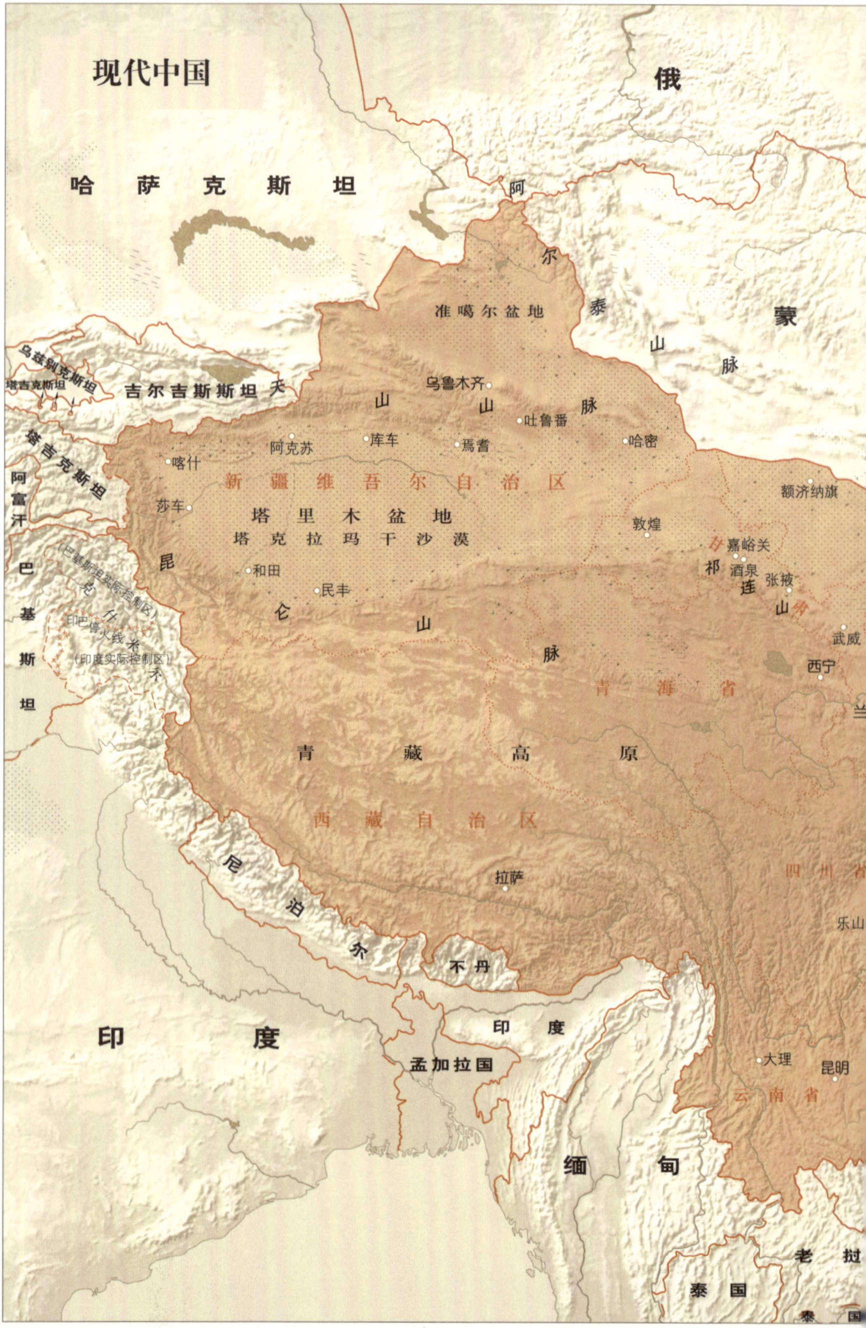
现代中国
俄
哈萨克斯坦
阿尔泰山脉
蒙
准噶尔盆地
乌兹别克斯坦
塔吉克斯坦
吉尔吉斯斯坦
天山山脉
乌鲁木齐
吐鲁番
阿克苏
库车
焉耆
哈密
喀什
塔吉克斯坦
阿富汗
新疆维吾尔自治区
额济纳旗
莎车
塔里木盆地
塔克拉玛干沙漠
敦煌
甘
嘉峪关
祁连山
酒泉
张掖
昆仑山脉
和田
民丰
武威
西宁
巴基斯坦
(巴基斯坦实际控制区)
克什米尔
印巴停火线
(印度实际控制区)
青海省
兰
青藏高原
西藏自治区
尼泊尔
拉萨
四川省
乐山
不丹
印度
印度
孟加拉国
大理
昆明
云南省
缅甸
老挝
泰国
泰国